地方法治与基层社会治理探索

丁寰翔　著

图书在版编目（CIP）数据

地方法治与基层社会治理探索 / 丁寰翔著 . -- 北京：中国原子能出版社，2020.11

ISBN 978-7-5022-9541-7

Ⅰ . ①地… Ⅱ . ①丁… Ⅲ . ①地方政府 – 社会主义法治 – 建设 – 研究 – 中国 Ⅳ . ① D927

中国版本图书馆 CIP 数据核字 (2020) 第 197904 号

内容简介

法治建设是政治文明建设的重要内容，法治进步是社会文明进步的重要标志。一个国家的法治是由一个个独特的地方法治建设构成的，而基层社会治理是国家治理体系和治理现代化的基础。要坚持依法治国、依法执政、依法行政共同推进，坚持法治国家、法治政府、法治社会一体建设，有必要进行地方法治与基层社会治理的总结和探索，从而为更好地构建地方法治与基层社会治理的关系提供理论支撑和实践途径。本书从以下方面对地方法治和基层社会治理进行了详细阐述：推进地方人大立法，提升地方治理法制水平；强化基层人大建设在社会治理中的作用；地方行政法治建设探索；人民调解化解纠纷机制的再探索；社区矫正工作相关理论与实践探索；司法体制改革地方实践与司法公正；新时代地方法治文化建设路径探索。

地方法治与基层社会治理探索

出版发行　中国原子能出版社（北京市海淀区阜成路 43 号　100048）
责任编辑　高树超
装帧设计　河北优盛文化传播有限公司
责任校对　冯莲凤
责任印制　潘玉玲
印　　刷　定州启航印刷有限公司
开　　本　710 mm×1000 mm　1/16
印　　张　15.75
字　　数　270 千字
版　　次　2020 年 11 月第 1 版　　2020 年 11 月第 1 次印刷
书　　号　ISBN 978-7-5022-9541-7
定　　价　59.00 元

发行电话：010-68452845

前　言

党的十八届四中全会通过《中共中央关于全面推进依法治国若干重大问题的决定》以后，坚持依法治国、依法执政、依法行政共同推进，坚持法治国家、法治政府、法治社会一体建设，统筹推进科学立法、严格执法、公正司法、全民守法，坚持依法治国和以德治国相结合，在全国逐步得到贯彻和实施。法治建设是政治文明建设的重要内容，法治进步是社会文明进步的重要标志。“地方法治”是国家一级地方行政区域在遵循法治全国统一的前提下，在不违背国家宪法、法律（基本法律、单行法律和行政法律）的基础上，在宪法、法律授予的权力范围内，根据法治的原则和精神，根据本行政区域的政治、经济、文化和社会的特点，依法开展地方性立法，促进司法公正，依法行政，进行法治文化建设，推动法治建设进程，保障社会和谐发展的系列目标、活动、状态和过程。一个国家的法治是由一个个独特的地方法治建设构成的，主要体现在 3 个方面：一是地方法治建设比全国性的法治建设更能切合地方实际，满足地方的法治需求；二是国家法治建设由各个不同地方的法治建设有机组合而成；三是每个地方都会有自己特殊的法治要求，加强地方法治建设是地方自身发展的客观需要。地方法治建设在国家法制统一的基础上，可以结合本区域经济、社会、科技、文化等的发展情况，按照法治精神有意识、有步骤地推进，是一个国家法治建设的必要和需要。党的十九届四中全会审议通过了《中共中央关于坚持和完善中国特色社会主义制度、推进国家治理体系和治理能力现代化若干重大问题的决定》，开启了国家治理体系和治理现代化的进程，而法治是国家治理体系和治理现代化的重要支撑，法治本身就是国家治理的重要方式。基层社会治理是国家治理体系和治理现代化的基础。因此，有必要进行地方法治与基层社会治理的总结和探索，从而为更好地构建地方法治与基层社会治理的关系提供理论支撑和实践途径。2014 年 12 月颁发的《中共宁波市委关于认真贯彻党的十八届四中全会精神全面深化法治宁波建设的决定》，按照中央提出的“建设中国特色社会主义法治体系，建设社会主义法治国家”的总目标，认真贯彻和落实形成完备的法律规范体系、高效的法治实施体系、严密的法治监督体系、有力的法治保障体系和完善的党内法规体系的法治要求，全面提升宁波市经济建设、政治建设、文化建设、社会建设、生态文明建设以及党的建设的法治化水平，力争使法治宁波建设走在全国、全省前列。2014 年至 2018 年，宁波市连续进行全国范围的区县（市）和市直行政机关的法治政府建设评估，有效提升法治政府建设的效果，在全省法治政府建设考核中处于先行位置，在全国性法治政府建设测评中也位列前茅。2019 年 12 月通过的《中共宁波市委关于高水平推进市域治理现代化的决定》提出了高水平推进市域治理现代化的工作布局，坚定不移地沿着“八八战略”指引的路子走下去，把“最多跑一次”的理念方法作风运用到市域治理各方面的全过程，深入推进“六争攻坚”行动的治理实践和制度建设，推动省域治理的总体部署与市域治理的实践创新，明确了“健全现代法治体系，推进更高标准法治宁波建设，构建规范高效的依法行政体制，强化社会公平正义法治保障”的内容。

本书的内容是在宁波市社科联“宁波市地方法治研究基地”的项目（课题）基础上形成的成果，主要从宁波市“地方法治建设和基层社会治理”的视角在相关方面进行研究，并且只能是一个阶段性的研究成果，许多内容还有待继续探索，只是通过公开来促进交流。本书的主要内容包括：地方立法的现状与创新探索，从而认识地方立法的价值和提升途径；基层人大是最基础的权力中心，以人民为中心体现民意，有效监督行政行为，加强基层人大建设是完善地方政权建设的重要途径；地方法治政府建设及其评估的实践探索，从而认识地方法治政府建设在法治建设中的地位和应有方向；地方行政法治及其运行，从而明确行政法治的基础、内容和基本要求；审判工作是基础司法，通过司法改革提升司法公正和司法权威，从而体现司法公正；人民调解是化解社会矛盾纠纷的传统而又重要的手段，建构适应社会矛盾纠纷的化解模式、机制，创建平安地方社会；社区矫正是改造社会服刑人员的一项重要社会治理内容，探索地方社区矫正实施的有效运行方式，以利于改善社会关系，维护社会稳定；法治文化是法治建设的认知基础，新时代地方法治文化建设路径探索成为必要。

本书的完成是以下各部分内容的课题组成员共同努力的结果，在此深表感谢！

第一章的作者是孙祥生、肖子策、姜彦君；第二章的作者是丁寰翔、王宏志；第三章的作者是黄书建、邵一琼；第四章的作者是金慎；第五章的作者是丁寰翔、舒晓、庄华忠、余建明；第六章的作者是苏家成；第七章的作者是姜彦君。

以上各部分的个别内容可能在相关杂志上发表，有的内容不一定成熟，因此肯定存在不足，望请读者原谅或批评。

丁寰翔

2020 年 10 月 11 日

目　录

第一章　推进地方人大立法　提升地方治理法制水平

一、宁波地方立法实践与经验

（一）宁波地方立法的主要成效

地方立法是国家立法的必要补充。宁波自 1988 年取得地方立法权以来，已经走过了 30 多年历程，经历了一个从起步、探索到规范、提升的发展过程。30 多年来，宁波市人大及其常委会在省人大常委会的大力支持、指导、帮助和市委的领导下，严格遵循宪法和法律规定，坚持“不抵触、有特色、可操作”的基本原则，推进科学立法、民主立法、依法立法，在实践中探索，在改革中提升，制定了一批有质量、有影响、有特色的地方性法规，建立了一整套立法工作长效机制，为宁波的经济社会发展、民主法治建设提供了有效引领和有力保障。特别是 2014 年党的十八届四中全会以来，宁波市人大及其常委会按照全面依法治国的要求，建立完善了科学立法、民主立法、依法立法的各项制度，制定修改了 100 多项适应改革、促进发展、保障稳定的地方性法规，有效推进了宁波的法治建设。在这些地方性法规中，除了根据宁波市实际需要对上位法及时作出具体规定的“执行性立法”之外，许多法规属于国家和省尚没有相关法律、法规规定的“先行性立法”，蕴含着“宁波元素”“宁波经验”，展现了“宁波模式”“宁波解法”。具体来说，宁波地方立法主要有以下几个方面的成效。

1. 围绕改革发展大局，发挥引领、推动和保障作用

宁波市人大及其常委会紧紧围绕宁波市经济社会改革发展战略决策，努力发挥立法的引领、推动和保障作用，实现改革和法治同步推进，形成了改革发展重点领域一个个具有鲜明特色的地方性法规。例如，围绕实施创新驱动发展战略，制定了《宁波市科技创新促进条例》《宁波市企业技术秘密保护条例》《宁波市专利管理条例》《宁波市信息化条例》《宁波市职业教育校企合作促进条例》《宁波市职业技能培训条例》等法规；围绕节约型城市建设，制定了《宁波市城市供水和节约用水管理条例》《宁波市城市排水和再生水利用条例》《宁波市再生资源回收利用管理条例》《宁波市节约能源条例》等法规；围绕重点区域开发建设，制定了《宁波保税区条例》《宁波大榭开发区条例》《宁波东钱湖旅游度假区条例》《宁波杭州湾新区条例》《宁波国家高新技术产业开发区条例》等法规。这些法规为推动宁波经济快速高效发展和产业结构转型升级提供了有力的法治引领和保障。

2. 围绕城市治理创新，提高城市现代化管理水平

城市管理历来矛盾集中、舆论聚焦、社会关注。为推进城市管理的法治化，提高城市现代化管理水平，宁波市人大及其常委会从创新城市治理理念和方式方法入手，先后制定了《宁波市市政设施管理条例》《宁波市市容和环境卫生管理条例》《宁波市甬江奉化江余姚江河道管理条例》《宁波市出租汽车客运管理条例》《宁波市城市房屋使用安全管理条例》《宁波市医疗纠纷预防与处置条例》《宁波市历史文化名城名镇名村保护条例》等法规，及时回应广大市民群众普遍关心的城市治理现实问题。例如，《宁波市医疗纠纷预防与处置条例》构建了具有显著宁波特色的医疗纠纷预防与处置长效工作机制；《宁波市城市房屋使用安全管理条例》确立了房屋使用安全常态化、网格化监管制度和危险房屋解危及应急管理体系等。

3. 围绕生态城市建设，保障环境污染防治取得实效

宁波市人大及其常委会对生态城市建设高度重视、持续关注。第一部法规《宁波市象山港水产资源保护条例》以生态保护立法开启宁波市地方立法历程，具有重要的象征意义。多年来，为推进生态文明建设，宁波市人大及其常委会先后制定了《宁波市余姚江水污染防治条例》《宁波市环境污染防治规定》《宁波市大气污染防治条例》《宁波市城市绿化条例》《宁波市农村绿化条例》《宁波市气候资源开发利用和保护条例》《宁波市无居民海岛管理条例》《宁波市再生资源回收利用管理条例》等法规。其中，《宁波市大气

污染防治条例》针对宁波市大气污染明显的产业和地域特色，将燃煤总量控制、高污染行业淘汰、重点工业企业监管、港口船舶和集装箱车辆污染防治等作为重点，明确规定“原煤消费总量不得超过2011年水平”，同时规定了严格控制大气污染的相关具体措施。生态领域一系列地方性法规的制定和实施为美丽宁波建设提供了坚实的法治保障。

4. 围绕文明城市建设，促进社会民生事业发展进步

宁波是全国文明城市。在创建文明城市过程中，社会公益事业不断推进，民生事业持续发展。地方立法在引领文明城市建设、促进民生事业发展中发挥了重要作用，《宁波市文明行为促进条例》《宁波市献血条例》《宁波市遗体捐献条例》《宁波市慈善事业促进条例》《宁波市志愿服务条例》《宁波市精神卫生条例》《宁波市居家养老服务条例》《宁波市住宅小区物业管理条例》《宁波市燃气管理条例》《宁波市公共汽车客运条例》《宁波市轨道交通运营管理条例》等法规具有鲜明的时代特征和宁波特色。许多属于国内率先或首次立法，产生了积极的文明法治示范效应。例如，2017年7月1日开始施行的《宁波市文明行为促进条例》从“禁止与倡导分设”的文明行为基本规范和相对应的“惩戒与奖励并举”的多元化处置机制入手，构建了一个全方位、多层次、立体化的文明行为社会共治体系，规定了彰显高尚文明道德风范、提升现代城市文明高度的一系列公益行为鼓励措施。公益事业领域一系列地方性法规的制定和实施为创建历史古韵与时代新风相得益彰、传统文化与现代文明交相辉映的东方文明之都奠定了法治基石。

（二）宁波地方立法的基本经验

1. 坚持根本政治遵循，把党的领导贯穿于立法工作始终

立法工作是国家重要的政治活动，党的领导是立法工作坚持正确政治方向的根本保证。宁波市人大及其常委会始终自觉接受党对立法工作的领导，坚持立法工作紧紧围绕党的中心工作，使党的主张通过法定程序成为国家意志，成为全社会一体遵循的行为规范和活动准则，在法律上保证党的路线方针政策和重大决策部署的贯彻落实；始终深入领会并坚定贯彻宁波市委对宁波市发展作出的理论分析和政策指导，统一思想认识，妥善解决立法工作中遇到的难点问题，不断提高立法工作水平；始终坚持立法工作重大事项、重点问题和重要法规请示报告制度，立法规划计划编制和调整、年度立法审议项目、重要立法涉及的指导思想和原则、重大体制和重大政策调整等严格按

照规定及时向市委请示报告。

2. 坚持地方特色，把维护国家法制统一和突出地方实际需要贯穿于立法工作始终

宁波市人大及其常委会坚持从本市实际出发，在遵循与上位法“不抵触”原则、维护国家法制统一的前提下，在设区的市地方立法权限范围内，运用地方立法的“自主性”和“创制性”，将有限的立法资源集中到经济社会改革发展急需解决和人民群众普遍关心的现实问题上，聚焦于本行政区域内有突出需要而国家尚未进行专门立法的重点项目。例如，《宁波市征收集体所有土地房屋拆迁条例》《宁波市学校安全条例》《宁波市无居民海岛管理条例》《宁波市职业教育校企合作促进条例》《宁波市职业技能培训条例》《宁波市遗体捐献条例》《宁波市居家养老服务条例》《宁波市医疗纠纷预防与处置条例》等法规均属于在国内较早或最先立法，在现行国家法律框架下，具有鲜明的地方特色，体现了地方立法的有效性、针对性、可行性。同时，在“执行性立法”方面，宁波市人大及其常委会坚持以上位法为直接依据，避免照搬照抄上位法，结合本市实际需要，创设具有地方特色的具体规定，增强法规的可操作性。

3. 坚持开门立法，把反映人民意愿贯穿于立法工作始终

习近平指出：“通过多种形式的协商，广泛听取意见和建议，广泛接受批评和监督，可以广泛达成决策和工作的最大共识。”多年来，宁波市人大及其常委会坚持“问法于民”，在立法过程中积极探索拓宽“开门立法”渠道，采取多种形式，广泛听取市民和社会各界的意见，努力使每一部法规的制定、修改都成为回应人民群众意愿的过程。在编制五年立法规划项目库、年度立法计划时，宁波市人大及其常委会公开向社会征集立法建议项目，做到从立法的源头上就让广大公众直接参与。每一部法规草案在一审之后，都要在新闻媒体公开征求市民和社会各界的意见，并通过座谈会、现场走访调研、书面通知等各种方式直接征求有关部门和单位、区县（市）人大常委会、基层立法联系点、立法咨询专家、人大代表、政协委员、市民群众代表及与立法事项相关的各方利益代表的意见。对于与广大人民群众利益密切相关的法规，通过举行听证会听取有关方面的意见，对于草案中存在的重要专业技术性问题，通过召开论证会征询专家的意见。近年来，针对提请人代会审议和表决通过的重要法规案，宁波还实行由市级领导干部分批带队进驻基层代表联络站开展主题接待活动，通过一系列广泛征求意见与建议的途径和

措施，保证立法反映人民群众的意愿。

4.坚持改革创新，把完善立法体制机制贯穿于立法工作始终

创新是“引领发展的第一动力”，也是立法工作的生命线。习近平指出：“推进科学立法，关键是完善立法体制，深入推进科学立法、民主立法，抓住提高立法质量这个关键。”宁波人大立法进程也是立法工作体制机制不断创新和完善的过程。宁波市人大及其常委会在系统规范立法程序、逐步健全工作机制的基础上，专门就立法计划编制、法规草案起草指导和初审、草案征求意见、草案重要条款单独表决、立法听证、立法协商、立法咨询、立法沟通协调、立法基层联系、立法技术规范、立法后评估等制定工作制度，在统筹立项安排、改进起草方式、提高审议表决质量、强化法规实施监督等各个环节，做到了制度化、规范化的全覆盖，形成了一系列行之有效的经验做法。例如，实行宁波市人大代表分专业、有重点地参与立法工作制度，将代表议案中的立法建议转化为当年度立法审议项目，发挥代表在立法工作中的主体作用；全面推行法规草案联合起草小组制度，并对重要法规的起草实行宁波市人大常委会和市政府分管领导“双组长”负责制；改进和创新完善法规草案审议机制，在省人大常委会法工委的指导和帮助下，在各有关专门委员会和市政府法制办及有关部门的协同和配合下，保障每一部法规草案审议和修改的质量；从2015年开始，每年选择涉及面广、关注度高、影响力大的重点立法项目提请人代会审议，形成了宁波市人民代表大会审议实体性法规案常态化机制；每年重点选择若干件现行法规进行立法后评估，加强法规实施监督。

二、新时代宁波地方立法面临的主要挑战与问题

（一）当前宁波地方立法面临的主要挑战与基本要求

1.新时代宁波主要矛盾变化给宁波地方立法带来的挑战

新时代宁波社会主要矛盾变化给宁波地方立法带来新的挑战，对宁波地方立法工作提出了更高的要求。十九大报告明确指出：“中国特色社会主义进入新时代，我国社会主要矛盾已经转化为人民日益增长的美好生活需要和不平衡不充分的发展之间的矛盾。”“人民美好生活需要日益广泛，不仅对物质文化生活提出了更高要求，而且在民主、法治、公平、正义、安全、环境

等方面的要求日益增长。”从当前宁波社会发展来看，改革开放40多年来，宁波经济社会发展取得显著成就，但是相对于人民对美好生活的需要，发展不平衡不充分的问题依旧突出，涵盖经济、社会、政治、文化、生态等各领域。当前是宁波聚力推进“六争攻坚”、加快建设“名城名都”的关键时期，全面深化改革需要地方立法来引领，经济转型升级需要地方立法来推动，法治宁波建设需要地方立法来支撑，社会公平正义需要地方立法来保障，这些任务对宁波地方立法提出了更高的要求。从立法调研情况来看，当前宁波地方立法引领、保障、规范、推进的作用还没有充分发挥，部分立法引领还停留在表层状态，在协同发展的同时对立法的考虑还不足，没有达到中央提出的立法决策与改革决策相衔接的要求。针对当前宁波经济社会发展存在的不平衡不充分的问题，通过立法供给侧改革引领、保障、推进经济社会发展，成为宁波地方立法工作的中心任务。

2. 较大的市地方立法权限变革对宁波地方立法的影响

2015年3月15日，第十二届全国人民代表大会第三次会议通过了《全国人民代表大会关于修改〈中华人民共和国立法法〉的决定》。新的《中华人民共和国立法法》（以下简称《立法法》）对地方立法主体进行扩容，对地方立法权限范围进行限定。《立法法》修改之后，较大的市被并入设区的市范畴，其立法权也被缩减在城乡建设与管理、环境保护、历史文化保护3个方面，不再享有其他方面的立法权。2015年《立法法》修订之前，宁波作为较大的市，其人大立法制定权限涉及经济发展、公共服务、社会管理、民生保障及教育、卫生、社会保障等多个领域，为宁波的经济发展、社会稳定提供了有力的法治保障。2015年《立法法》修订之后，由于立法权限于城乡建设与管理、环境保护、历史文化保护3个方面，部分城市公共事务内容难以通过地方立法规范和调整。在地方立法主体全面扩容、失去原有的立法红利的新形势下，宁波市需要根据新《立法法》的要求，从自身发力，找优势、补短板，提升地方立法的能力和水平。因此，新形势对地方立法工作提出了更高的要求。

3. 全面推进依法治国对宁波地方立法提出了新的要求

全面推进依法治国对地方立法提出了新的要求，要求按照科学立法、民主立法、依法立法的基本方向，切实提高地方立法的质量和水平，提高地方立法的可操作性与实效性。党的十八届四中全会通过的《中共中央关于全面推进依法治国若干重大问题的决定》对推进科学立法、民主立法、依法立法

进行了全面部署。党的十九大报告进一步提出："推进科学立法、民主立法、依法立法，以良法促进发展、保障善治。"浙江省第十四次党代会对全面推进法治浙江建设及地方立法工作进行了具体安排。2018 年 7 月 12 日，车俊在浙江省立法工作会议上的讲话中指出，要深入学习贯彻习近平新时代中国特色社会主义思想和法治中国建设部署，深刻领会习近平对浙江工作的重要指示精神，按照省第十四次党代会提出的法治浙江建设要求和省委批转的立法工作意见，以高质量地方立法护航"两个高水平"建设，切实扛起"干在实处永无止境，走在前列要谋新篇，勇立潮头方显担当"的使命和责任。车俊对推进地方立法工作提出了明确的要求，他要求各地深刻把握科学立法、民主立法、依法立法的实践要求，从市县立法实际出发，着重在 3 个方面下更大功夫：一是突出精准立法；二是突出精细立法；三是突出精干立法。上述文件与领导讲话对做好地方立法工作具有重要的指导意义，为推进宁波地方立法工作指明了方向。

（二）当前宁波地方立法工作存在的主要问题

1. 人大立法主导作用需要进一步增强

党的十八届四中全会通过的《中共中央关于全面推进依法治国若干重大问题的决定》明确提出："健全有立法权的人大主导立法工作的体制机制，发挥人大及其常委会在立法工作中的主导作用。"近年来，宁波地方立法在人大主导立法体制机制方面有了长足的进步。但是，从调研情况来看，人大主导作用的发挥还存在一些不足，需要进一步增强。其一，立法项目立项阶段人大主导作用发挥不够。从实践调研来看，人大对收集到的部分立法项目建议，调研论证还不太深入；对改革发展的内在规律认识不够，立法调研工作缺乏针对性；对一些新出现的改革性事务，没有现成经验可学，缺乏立法所需的基础思路，难以把握立法的走向，难以发挥立法的引领作用。其二，立法起草阶段人大主导作用发挥不够。从调研情况来看，在法规起草过程中，虽然有政府部门、人大、第三方等多个起草参与主体，部分法规实行"双组长制"，但整体上在法规起草过程中政府部门主导色彩较为浓厚，导致部分法规草案有部门利益倾向。虽然部分草案人大会提前介入政府部门起草工作，但由于没有法律法规明确规定，提前介入不够主动、及时，随意性较大。其三，立法审议阶段人大主导作用发挥不够。立法工作是一项专业性、技术性较强的工作，人大在审议立法草案过程中，由于部分人员受专业知识、业务水平的限制，难以提出有针对性的意见，影响了人大主导作用的发挥。

2.立法民主参与机制不太完善

从调研情况来看，当前地方立法民主参与机制有了较大的进展，但还存在一些问题需要完善。一是公众的参与热情不高，部分立法公众征求意见流于形式。在立法过程中，向社会公众征求立法意见，往往是在党报、人大官网等媒介上发一则征求立法意见公告，受制于报纸、网站的受众面、影响力，能看到的民众有限，关心此项工作的民众更少，能够提出高质量的立法项目建议的民众则少之又少，结果导致立法征求公众意见流于形式。二是立法咨询专家意见质量难以保障。立法是一项涉及面较广的工作，既涉及法律专业知识，又涉及相关领域专业知识，而且很多新的立法难度较高，对立法咨询水平的要求很高，兼职的立法咨询专家平时工作较为繁忙，难以对所咨询的立法草案开展深入系统的研究，无法提出有针对性的或高质量的意见或建议。

3.地方立法可操作性有待增强

地方立法的可操作性不强是当前地方立法普遍存在的突出问题。从近几年宁波地方立法的立法后评估情况来看，部分地方立法可操作性不强，实施效果不佳。以《宁波市征收集体所有土地房屋拆迁条例》立法后评估为例，立法评估意见认为："《宁波市征收集体所有土地房屋拆迁条例》整体上具有一定的可操作性，但部分制度的可操作性存在较为突出的问题，有待进一步修改与完善。主要问题：其一，《宁波市征收集体所有土地房屋拆迁条例》规定过于原则，可操作性不强。其二，拆迁管理主体多元导致责任不明，职能交叉重叠，监管乏力。其三，相关执法部门权力与责任不明确。其四，法规实施缺乏相应工作基础，导致操作困难。"从近年来立法评估和立法执法检查来看，地方立法主要存在以下几个问题：第一，部分法规由于缺乏协调性、权责不清晰，导致同一事项多头管理或无人执法，如对违法建筑的认定涉及多个部门，由于缺少统一协调，实践中难以操作。第二，部分法规缺乏相应的工作基础，如对合法建筑的认定，由于历史原因，相关权属资料缺失，导致相关工作无法开展。第三，大量存在的宣示性法规或综合性法规的原则性、理念性规定较多，缺乏必要的操作程序，影响实施效果。

4.立法实施监督机制不太完善

立法的生命在于实施。近年来，地方立法实施监督机制虽然不断完善，但是还存在一些薄弱环节。一是对地方立法实施监督的职能有待进一步发

挥。从调研情况来看，由于受人手少、制度不完善等因素的限制，立法实施监督力度不到位，立法实施监督权威难以树立。二是法律实施监督检查方面亟待制度性安排。目前有关立法实施监督的规定过于原则化，缺乏具体化的法律依据和程序指导，导致实践中具体监督工作无章可循，难以操作，法律实施监督工作的人为因素较多，法律实施监督工作软性化。三是法规落实情况督查和执法检查活动开展得偏少。现阶段，人大开展执法检查活动仍在部分执行阶段，执法检查项目的计划安排、开展的范围存在局限性，属于内部检查形式的多，影响力有限，社会各界和广大人民群众了解少，一些法律实施过程中的热点难点问题还反映不上来。四是公众对法律实施的监督渠道较少。目前，公众主要通过参与立法调研、座谈会及网络公开征求意见的形式，对立法工作提出意见及建议，对法律实施过程中的意见及建议的反馈渠道不太健全。

5. 立法专业队伍建设需要进一步加强

近年来，宁波地方立法专业队伍建设有了进一步的发展。但是，从当前地方立法面临的繁重任务来看，立法专业队伍建设相对薄弱，现有的立法专业队伍还难以满足立法的需要。虽然近年来通过设置立法研究中心增加了一些事业编制人员，但是相关专业能力还有待进一步提升。就全市从事立法研究和立法实务的人员来看，目前宁波专门从事立法研究的人员匮乏。近年来，宁波市人大常委会立法咨询专家团队不断扩大，但是由于咨询专家都是兼职工作，平时业务繁忙，立法咨询专家参与地方立法的广度与深度还有待进一步提升。

三、宁波地方立法民主化、科学化提升基本路径

（一）以十九大精神和习近平新时代中国特色社会主义思想为指引，不断提高地方立法质量

在新形势下，宁波地方立法工作应当以十九大精神和习近平新时代中国特色社会主义思想为指引，不断提高地方立法质量，为宁波经济社会发展提供法治保障。党的十九大报告明确提出："推进科学立法、民主立法、依法立法，以良法促进发展、保障善治。"科学立法、民主立法、依法立法是我们党在新时期对立法工作（包括地方政府立法工作）提出的基本要求，为地

方政府立法工作指出了明确的发展方向。

1.坚持科学立法

科学立法要求立法尊重法律发展的基本规律，反映新时代社会主义的基本要求，体现立法技术的最新水平。我国社会主要矛盾的历史性变化对地方立法的发展提出了新的要求。这就要求地方立法工作必须紧紧围绕发展这个主题，通过法律解决不平衡不充分的发展问题，努力为经济发展和社会全面进步创造良好的法治环境，使制定的法规适应完善社会主义市场经济体制的需要，有利于引导、促进先进文化和先进生产力的发展，有利于形成统一开放、规范有序的市场，有利于政府全面履行市场监管、经济调节、公共管理、社会服务职能，实现经济社会的全面发展。

2.坚持民主立法

民主立法要求立法反映最广大人民群众的意愿，最大限度地保障人大代表和社会公众有效参与立法的权利。民主立法的本质和核心是立法以人为本，要在充分尊重人、调动和发挥人的积极性的基础上促进人的和谐发展。立法要由以政府权力、公民义务为本位向以公民权利、政府职责为本位转变；由注重对管理相对人的约束、控制的“管理型立法”向保护管理相对人合法权益的“维权型立法”转变，按照全面、协调、可持续发展的要求，充分发挥社会法促进社会和人的全面发展的作用，以立法的手段体察民情、关心民意、维护民权、启迪民智、开发民生，使法律成为尊重和保障权利的有力保障。

3.坚持依法立法

依法立法要求立法主体遵守宪法、法律设定的程序和实际权力的授权界限，依法履行法律赋予的立法职责。党的十八届四中全会提出，“实现立法和改革决策相衔接，做到重大改革于法有据、立法主动适应改革和经济社会发展需要”，“对不适应改革要求的法律法规，要及时修改和废止”。地方立法应当遵循法治原则，坚持在法治的框架内推进立法。

（二）坚持与完善党对地方立法工作的领导，充分发挥人大对地方立法的主导作用

1.坚持与完善党对地方立法工作的领导

地方立法要始终坚持党的领导，进一步推进党对地方立法工作领导的规

范化和制度化建设。一是进一步完善立法重大事项向党委请示报告制度。坚持立法规划、年度计划的制订和重要立法项目报党委研究决定并使之规范化、制度化。对党委提出的关系经济社会发展全局和人民群众根本利益的立法建议和要求及时开展调研论证。重大的经济社会立法应在常委会审议前将法规草案及相关要点书面报送党委研究同意。制定法规过程中涉及重大制度改革或者存在明显重大分歧意见时，主动向党委请示、汇报，取得党委支持，确保立法的正确性和权威性。二是进一步明确人大常委会党组织的功能定位。充分发挥人大常委会党组织的作用，进一步理顺人大常委会党组织与主任会议、常委会会议的关系，厘清各自的权力边界，既支持和保障人大及其常委会发挥法定职能作用，又发挥党组织的领导核心作用，做到既尽职尽责，又不包办代替。坚持问题导向，使地方立法与党委推动的改革发展进程相适应，围绕党委中心工作谋划开展立法工作，认真贯彻党委的决策部署，做到重大改革于法有据，及时将党委意图体现在立法中，使立法项目适应宁波市经济社会发展需要，为保证党委重大决策部署的贯彻落实提供有力的法律保障。

2. 充分发挥人大对地方立法的主导作用

人大对地方立法的主导作用应贯穿于地方立法的全过程。市人大及其常委会应从地方立法理念创新、统筹立项安排、改进起草方式、提高审议表决质量、强化法规实施监督入手，进一步创新完善地方立法工作机制，实现对立项、起草、审议、法规实施监督等立法各环节的全过程主导。在项目的征集、调研、论证、筛选、确定各个环节上，加强调查研究，科学确定立法项目、编制立法规划和立法计划，严把法规项目准入关；在项目起草过程中，坚持提前介入和实质介入，从法规的论证、起草环节入手，全面了解和熟悉法规的主要内容、基本框架，及时跟踪掌握法规起草的进度、重点难点和突出问题，适时对法规草案提出意见和建议，与起草部门共同研究法规制度设计的针对性、合法性和适当性，防止部门强化权力、弱化或者推卸责任，避免因部门利益影响立法质量；在法规草案审议过程中，把握立法决策主导权，通过引导委员认真审议、做细做实基础工作，进一步建立有效的审议制度，增强对法规实质性内容的决策能力，发挥常委会审议和法制委员会的统一审议作用，严格审查法规案中管理职责权限、执法主体权利义务等方面的设定。同时，进一步推进与完善人民代表大会立法。人民代表大会审议通过法规案，不仅是程序上的要求，更是严格依法办事的要求。这既有利于坚持和完善人民代表大会制度，充分发挥人大代表的主体作用，也有利于发挥人大在立法中的主导作用，推动解决立法重点难点问题，还有利于提升全社会对立法的关注度，从而更广泛地凝聚社会共识。

（三）进一步完善地方科学立法体制机制，提高地方立法科学化水平

1. 健全地方立法项目规划、论证与审议机制

立法前评估是近年来立法科学化发展的一个重要方面。按照立法过程划分，立法项目规划、论证均属于立项评估。在一般地方立法实践中，人们往往只注重从法规案起草、审议到通过的立法中评估，对立法前评估的意义缺乏重视。当前，立法项目的规划、论证和审议机制还不太健全，课题组建议下一步推进宁波地方立法工作，需要借鉴与参考国内外的立法前评估方式，开展地方立法项目的立法前评估，对列入立法规划和计划的项目的必要性、可行性作出评估和论证，从而使立法规划和计划的编制更具科学性和可行性。

2. 围绕重心，科学编制地方立法规划

其一，按照立法决策和改革发展相结合的原则，科学编制立法规划。立法不能仅仅是现存社会关系的被动记录，要把地方立法同改革决策、发展战略和解决特殊问题结合起来，紧扣优化产业结构、建设生态文明、构筑现代都市、加强社会建设、推动文化发展等重点，善于通过立法促进经济发展方式转变，通过立法促进社会公平正义与和谐进步，通过立法促进文化发展与繁荣。其二，妥善把握立法需求与立法可能的关系，突出立法重点。宁波地方立法要从宁波市经济社会发展实际需要出发，根据设区的市立法权限规定，重点加强城乡建设与管理、环境保护、历史文化保护等方面的立法，调整和规范各种社会利益关系，保障和促进改革开放和现代化建设的顺利进行。妥善把握立法需求与立法可能的关系，在有限的立法资源中突出立法重点，尤其要注重经济立法、社会立法和文化立法的相对平衡，扎实开展立法规划调研工作，摸清各方面的立法“底数”，使法规能够更加充分、更加及时地适应和反映经济社会发展的客观要求。

3. 注重精细立法，增强法规可操作性

针对当前宁波市地方立法可操作性存在的不足，课题组建议进一步推进精细立法，增强法规的可操作性。一是推进立法项目精细化。宁波市人大及其常委会要深入了解实际需求，坚持问题导向，围绕推进“六争攻坚”、建

设“名城名都”战略部署，抓住必要性突出、针对性较强、成熟度较高、意见较统一的项目以及经济社会发展稳定急需立法的项目，尤其要抓住改革的重点领域和关键环节，使地方性法规规定的内容科学合理地协调利益关系，真正解决现实中的问题。二是推进立法方式精细化。宁波市地方立法已有30年历史，现行法规中难免存在一些问题。比如，有些法规已经明显不适应当今形势需要，有些法规之间存在不尽一致或不够衔接协调之处，有些法规因上位法修改产生了不一致问题，等等。这些都需要通过立法后评估、法规清理，综合运用立、改、废、释等立法方式，适时加以修改完善，切实做到各项制度相互衔接、统筹协调。三是推进制度设计精细化。要坚持“有几条立几条、管用几条制定几条”的原则，在细化和补充上位法上下功夫。在具体制度设计上，既要准确反映客观规律，又要适度前瞻地研判趋势，探索规律，对可能出现的问题进行预先设防和引导，确保每一项制度可执行、易操作、真正管用。

4. 健全立法后工作机制，完善立法后评估、清理制度

第一，进一步健全立法后评估制度。立法后评估一般指法律法规颁布实施一段时间后，结合法律法规的实施情况，对特定法律法规进行评价，目的在于更好地实施、修改完善被评估的法律法规，并从中总结经验，为开展相关立法提供借鉴和指导。立法后评估机制的主要作用是总结经验和纠正偏差，与执法检查更注重法律法规执行不同，它指向的是立法质量问题。当前地方立法后评估还存在一些问题，在评估主体、评估方式、评估内容、评估指标体系等方面还不够完善，需要进一步健全，以提高立法后评估的科学性与专业性。第二，完善地方立法清理制度。要坚决维护国家法律体系的科学、和谐、统一，及时修改、废止与经济社会发展不适应、与上位法规定不一致、与同位法规定不协调和操作性不强的地方性法规、规章。抓紧研究建立地方立法清理的长效机制。凡有新的上位法出台时，应当依照规定对相关法规进行及时清理；把立法后评估、执法检查与法规清理三者有机结合起来，及时反馈有关问题，适时启动立、改、废程序，增强法规的针对性、实用性和可操作性。

（四）进一步完善地方民主立法体制机制，提高地方立法民主化水平

1. 增强开门立法理念

要进一步推进“立法公开”，从计划立项、调研论证、草案起草到法规审议、立法后评估，都要全程向社会公开；树立“兼听诉求”的理念，规范

和引导不同利益诉求充分表达，最大限度地吸纳社会各方面的意见和建议，最大限度地集中人民群众的智慧。

2.拓展立法公开渠道

课题组建议将立法征求意见工作与立法信息公开、网络平台建设紧密融合，不断拓展人民群众有序参与立法的途径，使人民群众在工作和生活中遇到或者听到的立法或者执法中的问题都可以随时通过各种渠道予以反映；可以根据法规案的不同内容，设计可进行量化分析的软件，对不同社会阶层、地域、职业、年龄和利益群体的意见与建议等进行分类统计和分析，更准确地把握社情民意，通过广泛征求意见，把政府部门、人大代表、政协委员、专家学者、社会公众等各方的意见吸纳进来。

3.完善公众意见反馈机制

对征集的立法意见和建议要全面梳理、逐条研究，做到既“听”又“取”，并对采纳情况及时进行反馈，让社会各方面知晓法规如何吸取了他们的意见、回应了他们的诉求，以增强公众对法规的亲密感，为下一步法规的实施推进形成社会共识，营造良好的社会舆论环境。

4.完善立法专家参与制度

进一步扩大立法咨询专家队伍，制定与完善立法咨询专家参与地方立法的有关制度，提高专家参与地方立法的积极性，探索专家参与地方立法的有效途径与方式。

（五）创新立法宣传工作机制，加强立法实施监督

1.创新立法宣传工作机制，加强立法宣传

针对法规草案立项、起草、审议、通过等不同阶段，选准立法宣传时机，增强立法宣传的实效，妥善回应社会关切。要加强立法制定过程中的宣传。坚持宣传与立法同步，把每一次座谈会、调研论证会、新闻发布会都当做立法“广而告之”的契机，用人民群众“能明白、易读懂”的语言阐释立法目的、描述主要制度、提出焦点问题，做到立法工作“接地气”。加强法规通过后的宣传，充分利用媒体和网站，采取新闻发布会、答记者问、专访、发表文章、编写法规释义等形式，在法规实施后第一时间作出说明和解读，使社会各方面正确理解立法的背景、目的和意义，为法规有效实施营造良好的环境。

2.加强地方立法执法监督，完善地方立法实施监督制度

加强地方立法实施检查监督的制度性安排，制订年度法律实施监督检查总体计划，切实加强组织协调和督促指导，及时跟踪了解各部门推进地方立法实施工作的进展情况。通过开展广泛、全面、深入的督查和执法检查，保证所有的法律法规得到有效实施。进一步创新监督检查形式，使其与专题调研、听取和审议工作报告、专题询问、听取利益相关者的意见等多种形式构成行之有效的监督链条，进一步提升人大法律实施监督工作的质量和效能，真正起到法律实施监督的效果。考虑到人手紧张，可以探索聘请相关社会团体、法人单位开展法律实施情况的第三方评价。

（六）注重自身建设，提高立法工作水平

1.进一步完善地方立法专业人才培养机制

不断推进地方立法专业队伍建设，为做好地方立法工作提供有力的智力支持和人才保障。高度重视立法人才队伍建设，制定科学合理的人才培训机制，通过培训进修、基层调研、挂职锻炼、理论研讨等多种途径，创造有利条件，大力提升现有立法工作人员的政治水平、业务能力和综合素质，努力打造一支政治立场坚定、理论功底深厚、熟悉国策民情的高水平地方立法人才队伍。探索创新立法人才培养、任用、交流和激励保障等机制，在提升立法工作人员的工作积极性和主动性的同时，吸引高素质的立法专业人才加入立法队伍。

2.进一步推进地方立法咨询专家库建设

在已成立立法咨询专家库的基础上，进一步扩充立法咨询专家队伍。同时，通过课题合作、平台建设、学术交流等多种形式，与高等学校联合建立地方立法研究基地或平台，加强地方立法研究，为立法工作水平的持续提升提供坚实的理论基础。

3.进一步推进地方立法信息资料库建设

地方立法涉及面广泛，为了充分了解地方立法需求。借鉴地方立法经验，应当建立日常性地方立法信息采集、分类、编辑工作机制，完善地方立法信息资料库，提高立法工作人员收集、分析、使用立法信息的能力，为开展地方立法工作和立法研究提供资料基础。

四、市域社会治理中社会协同的立法可行性研究

市域是我国社会治理的前沿阵地，其社会治理的现代化水平不仅是国家社会治理能力的体现，也是国家深化社会治理的根基。党的十九大报告所确立的现代化社会治理体制不仅突出了社会协同机制的构建，更强调了制度建设是关键。也就是说，建构社会协同制度是党对完善立法工作的目标要求。但是从目前的实践来看，市域社会治理主要表现为政策引领和政治推进，市域社会治理制度建设还很薄弱。要真正建构起社会协同机制，发挥社会协同主体的作用，就需要从完善立法方面进行思考。为此，本书做出市域社会治理中社会协同的立法可行性研究。

（一）市域社会治理的基本理解

1. 市域及拥有立法权的市域

市域一般是指城市行政管辖的全部地域。在我国，城市是依法设定的行政管辖区。目前共有 34 个省级政府所在地的市、15 个副省级市、293 个地级市、388 个县级市。这些城市行政管辖的范围都属于市域。

拥有立法权的市域比普通的市域范围窄。我国宪法将直辖市以外的市分为“设区的市”与“不设区的市”。在 2015 年修改的《立法法》中对设区的市赋予了地方立法权[①]。从地方能对社会治理进行立法的角度来看，本书所指的市域是指设区的市行政管辖的全部地域。

2. 社会治理及社会治理体制

社会治理是指多元治理主体通过纵向与横向协同的方式，对社会事务、社会生活进行引导和规范，促进公共事务的和谐发展。

在我国，社会治理概念表现出中国化特征，是指在党委领导和政府主导下，吸收企事业单位、社会组织、公民等多元化社会主体的广泛参与，实现对社会公共事务的共建、共治、共享，达到“化解社会矛盾，促进社会公平，推动社会有序和谐发展”目标的过程。

党的十九大报告明确了构建共建共治共享的社会治理格局的目标，以加强

① 《立法法》第七十二条规定：设区的市的人民代表大会及其常务委员会根据本市的具体情况和实际需要，在不同宪法、法律、行政法规和本省、自治区的地方性法规相抵触的前提下，可以对城乡建设与管理、环境保护、历史文化保护等方面的事项制定地方性法规。

社会治理制度建设为抓手，打造党委领导、政府负责、社会协同、公众参与、法治保障的社会治理体制。这是新时代我国社会治理体制的新概念，强化了社会治理的系统性，也突出了社会协同地位，催生了社会协同概念的产生。

（二）社会协同、社会协同法

1.社会协同概念的由来及内涵

协同，顾名思义，即协作、配合、共同行动。通说的观点认为协同是主体间相互配合，同步运行，通过集体行动和关联实现资源最大化利用和整体功能放大的效应[①]。

社会协同是我国社会转型中产生的一个颇具中国特色的概念，在2004年《中共中央关于加强党的执政能力建设的决定》中首次出现，当时是作为社会管理模式的框架组成部分提出来的[②]。十八届三中全会提出了“创新社会治理体制”，使社会治理概念出现在我国政治生活领域，实现了社会从“管理”到“治理”理念的飞跃。国家“十三五”规划中，对社会治理的建设格局突出“共建共享”，党的十九大报告进一步增加了“共治”内涵，于是在我国打造共建共治共享的社会治理格局，加强社会治理制度建设，完善党委领导、政府负责、社会协同、公众参与、法治保障的社会治理体制，就成为新时代社会治理体制的顶层设计，社会治理中社会协同的概念就提出来了。相对于西方“公民社会政府工作的监督者或某个社会群体代言人”的概念界定，我国的社会指代广泛，主要包括社会组织、城乡基层自治组织和企事业单位等。因此，我们所说的社会协同就是指在各级党委政府的主导下，发挥各类社会组织、人民团体、基层自治组织和企事业单位的合作、共建作用，推进社会治理的规范化、专业化、社会化、法制化[③]，实现社会公共事务健康、和谐发展，促进社会利益最大化。

2.社会协同法

关于社会协同法的概念的思考是我们从完善法律制度的视角，以贯彻落实十九大“打造共建共治共享的社会治理格局”为目标的创新思考，目前在

① 赫尔曼·哈肯.协同学：大自然构成的奥秘[M].凌复华，译.上海：上海译文出版社，2013.

②《中共中央关于加强党的执政能力建设的决定》指出：建立健全党委领导、政府负责、社会协同、公众参与的社会管理格局。

③ 郑力虎.推进社会协同 激发社会活力[N].人民日报，2012-06-13(17).

学理界、政界尚无人提及此概念。我们认为，社会协同法可以从广义和狭义两个方面来定义。从广义来看，社会协同法是指所有社会治理中涉及社会协同内容的法律规范的总称，包括具有社会协同内容的人大及人大常委会制定的法律、国务院制定的行政法规、各部委制定的部委规章、地方性法规和规章及相关规范性文件都属于社会协同法的范畴。从狭义来看，社会协同法专指对社会治理中社会协同的立法。这是一个创新概念，我们认为其基本内涵应当包括以下几个方面：第一，关于社会主体地位的立法。长期以来，大政府小社会的治理格局中，社会主体地位不明显，现有立法多是将社会主体作为管理对象，而没有将社会主体作为治理主体，社会主体的作用没有得到很好的发挥。所以，应当以立法明确社会主体地位，强化社会主体作用。第二，社会主体协同社会治理内容的立法。尽管我们提出了要打造社会协同的治理体制机制，但是在社会治理中社会协同治理的内容不明确，其内容边界、基本制度应当以法律规定予以明示。第三，社会主体协同社会治理权利义务的立法。在社会治理中，社会主体从被动走向主动，必然需要享有权利，承担义务，这就需要对社会主体协同社会治理的权利义务作出规定。第四，社会主体协同社会治理程序的立法。社会主体如何能协同社会治理，需要具体程序引领。在立法中规定社会主体协同程序，使社会主体协同社会治理形成有序参与。

（三）市域社会治理中社会协同立法的必要性

1.以立法促进“管理”到“治理”理念的转变

目前，从中央到地方，“社会管理”到“社会治理”理念的转变还仅仅表现在政治层面，社会治理的运行主要依赖政策推进，法律制度层面还没有实现从管理到治理理念的根本转变，大量的社会发展类立法，尤其是地方性立法，依然沿袭社会管理模式进行设计，没有突出社会协同主体地位，没有规定社会协同主体权利义务，有少许规定还会受到各种规则的限制，以至于社会治理国家战略无法落地。从法律规范上看，相关立法中政府职责规定多，社会组织、公众被管理责任多，社会协同、公众参与规定少，从国家到地方都未对社会协同推进社会治理作出立法。这种从“社会管理”到“社会治理”理念的转变必须在立法层面得到扭转，才能真正建构起共建共治共享的社会治理格局。对市域社会治理中社会协同进行立法，就可以突出社会协同主体地位，影响其他有社会治理内容的相关立法，促进立法层面从“管

理”到“治理”理念的转变。

2. 以立法促进社会治理体制机制建设

要促进市域社会治理现代化，就应当按照现代化的要求，以立法规范和引领社会治理体制机制建设。明确发挥党委总揽全局、协调各方的核心作用，做好战略规划、制度建设等顶层设计，确保社会治理的正确方向的主要职责。明确政府社会治理的主导职责。既要自身转变职能，建设服务型政府，又要协调社会组织和公众做好社会治理，提供更多更好的公共服务。明确社会协同主体地位、权利义务，协同的内容、程序；明确公众参与的主体、内容、路径。依法建构起党委政府与社会力量互联、互补、互动的社会治理和公共服务网络。这一现代化社会治理体系的建构需要法律的引领和规范。

3. 以立法促进社会治理深层矛盾的化解

随着改革开放的不断深入、经济体制的深刻变革、社会结构的深刻变迁，我国的社会治理体系正面临着社会转型的多重压力，入学、就业、住房、征地拆迁、医疗保险、养老保障、食品安全、基层社会稳定等事关民生的问题层出不穷，社会治理深层矛盾越来越突出。要解决好这些问题，不仅要做好顶层设计，优化设置社会治理机构，还要深化立法，以立法调动社会协同主体和公众参与的积极性，解决社会治理深层矛盾。以市域社区公共维修基金使用管理为例，目前各地新建商品房住宅小区，业主入户时都交了大量的公共维修基金，每个城市都形成了一笔庞大的基金数字。但是关于公共维修基金的使用目前就出现管理缺位、协同不足的问题。依照《中华人民共和国物权法》和《物业管理条例》的规定，业主大会监督物业共用部位、共用设施设备专项维修资金的管理和使用。在实践中，由于小区业主参与意识淡漠，业主大会很难召开，所以决定权就交给了业主管委会的少数个人支配。这又引来个别有参与意识的业主的不满，投诉上告，管理部门又无权介入。如此的社会底层矛盾需要完善基层社会组织协同治理。所以，应该深化立法，促进社会治理深层矛盾的解决。

（四）市域社会治理中社会协同立法的可行性

1. 协商民主为社会治理中社会协同立法奠定了政治基础

协商民主的推进使社会组织受到了锻炼而成为市域社会治理的主体，为深化社会治理，加强社会协同立法奠定了良好的政治基础。党和国家一系列协商民主制度安排都为社会治理中社会协同立法提供了依据。第一，社会组织协商进入协商民主体系。党的十八大以来，协商民主建设逐步深化，从中央到地方，再到基层，基层协商及社会组织协商被列入协商民主体系。第二，城乡社区协商受到重视。中共中央办公厅、国务院办公厅印发的《关于加强城乡社区协商的意见》提出了到2020年基本形成协商主体广泛、内容丰富、形式多样、程序科学、制度健全、成效显著的城乡社区协商新局面的奋斗目标，并对协商主体、内容、形式、程序及协商成果运用等具体问题都作出了系统安排，这就为城乡社区这一重要社会组织体参与社会协同打下了基础。第三，加强协商民主制度建设。十八大以来相继出台的一系列决定和文件为协商民主制度化提供了重要依据。在实践中建立了社会团体和企业协商对话制度，城镇和农村社区建立了民主恳谈会、村民评议会、社区议事会等制度。这些制度的建立和推行保证了协商民主的可行性、稳定性和有序性，也为社会协同立法奠定了制度基础。

2. 社会组织的健康发展为社会协同立法奠定了社会基础

近年来，我国社会组织发展迅猛，社会组织在国家治理体系中的地位和作用进一步显现，社会组织成为新时代全方位参与国家建设的重要力量。据中国社会组织公共服务平台统计，截至2019年6月30日，全国社会组织共有831 760个。据《中国社会组织报告(2018)》分析，截至2017年底，全国社会组织总量位居前十的省份分别是江苏、广东、浙江、山东、四川、湖北、湖南、河南、河北、安徽。排名前十的省份占全国份额接近2/3①。可见，经济发达与社会组织发展速度成正比。以宁波为例，宁波市委、市政府出台的《关于加快建立现代社会组织体制促进社会组织健康有序发展的意见》对社会组织发展建设作出了总体部署，并配套《关于开展四大类社会组织直接登记的通知》《宁波市社会组织培育发展专项资金使用管理办法（试行）》等政策，推进了宁波社会组织健康发展。截至2019年6月30日，宁波全市登记社会组织共7 647家，其中社会团体2 511家，民办非企业单位5 096家，基金会40家②。社会组织的健康发展为社会协同立法奠定了社会基础。

---

① 黄晓勇，蔡礼强．社会组织蓝皮书：中国社会组织报告(2018)[M]. 北京：社会科学文献出版社，2018.

② 数据来来源：宁波社会组织网。

3. 各地相关立法实践为社会治理中社会协同立法积累了经验

近年来，各地立法实践已经开始引入社会治理理念，将社会协同作为立法内容呈现在法律法规中，为社会治理中社会协同立法积累了经验。在此，我们仅列举几项代表性地方立法。第一，社区工作类立法。目前，一些地方开始关注社区基层建设立法，充分发挥社会协同功能，推进社会治理。例如，作为全国首部社区工作专项法规，被誉为“贵阳经验”的《贵阳市社区工作条例》(2013)为基层社会治理立法提供了经验：一是明确社区服务中心公共服务和社会管理职能，使政社分离落到实处；二是规定政府向社会组织、企业和居(村)民委员会购买服务制度化；三是考核评价社会化。要求区(市、县)人民政府制定以群众满意度为主要标准的考核办法和指标体系，将社区工作纳入年度考核目标。同时，考核评价社区工作要动员、组织社区居民参与。第二，社会服务类立法。随着老龄社会的到来，居家养老成为社会治理的主要矛盾。地方政府开始引入社会治理理念，进行居家养老服务立法。例如，宁波在全省率先出台了《宁波市居家养老服务条例》，强化社会协同治理，对社会组织协同社会养老作出激励性规定，鼓励和支持医疗机构、养老机构和物业服务企业、家政服务企业及其他社会组织和个人成立居家养老服务机构或者参与居家养老服务。鼓励区县(市)通过公开招标等方式将居家养老服务设施委托给专业组织、机构运营管理。第三，社会发展类立法。在“全民健身”“体育强国”新理念和国家战略引领下，各地强化《全民健身条例》的制定。全民健身也是基层社会治理的重要方面，可以充分调动社会协同做好健身体育工作，所以很多地方对推进社会组织协同治理作出规定。例如，《北京市全民健身条例》(2017)对健身社会组织和健身团队作出专章规定，明确社会组织取得合法地位的路径、推进全民健身的职责、提高自我管理和服务能力等规则，使社会组织在全民健身中获得社会协同主体地位。这些地方性法规从不同社会治理侧面，都对社会协同内容作出规定。这些规定虽然分散、凌乱、不成体系，但是为我们制定一部系统的、全面的市域社会治理中社会协同法积累了经验，提供了借鉴。

4. 从政府购买公共服务制度看社会治理中社会协同立法的可行性

政府购买公共服务，是政府职能转变和事业单位改革的重要举措，直接体现了在公共事业管理中社会组织的协同作用。在这方面，我国已经出台了一系列的规范性文件和部门规章[①]。总的来看，这些规范性文件和部门规章所建立的政府购买社会服务的制度与社会治理中社会协同制度有很大的相似度，可以说是政府推进社会协同治理的前期尝试和阶段性成果，这些规范性文件，尤其是《政府购买服务管理办法》中所确立的制度规则，可供社会治理中社会协同立法参考。第一，积极稳妥、有序实施的原则。这一原则表现在各种规范性文件中，强调发挥政府主导作用，探索多种方式，加大社会组织承接政府购买服务的支持力度，增强其承接政府购买公共服务的能力，有序引导社会力量参与，形成公共服务的合力。这一原则在社会协同立法中也可适用。第二，承接主体采用广义社会组织概念。明确了企业、社会组织、事业单位都可以成为承接主体，这与社会治理中社会协同主体概念一致。社会治理中社会协同主体也应当采用广义的概念，既要包括公益性社会组织，也要包括企业、事业单位。第三，内容明晰化值得借鉴。对政府购买服务内容作出明确规定，有利于区分政府职责与社会服务范围的边界，明确社会提供服务的范围、内容，对社会治理中社会协同立法关于社会协同内容的规定有参考意义。例如，对基本公共服务、社会管理性服务、行业管理与协调性服务、技术性服务、政府履职所需辅助性事项以及其他由社会力量承担的服务事项作出列举，便于社会治理中社会协同的推进。第四，实施程序有参考价值。上述规范性文件明确的政府购买社会服务程序主要有信息公开程序。例如，及时、充分地向社会公布购买的服务项目、内容及对承接主体的要求和绩效评价标准等信息。再如，强化工作流程程序化。要求建立健全项目申报、预算编报、组织采购、项目监管、绩效评价的规范化流程。这些程序性规定对社会协同程序性问题的立法具有参考意义。第五，完善监管机制。加强政府向社会力量购买服务的绩效管理，严格绩效评价机制。这种规定适宜在社会协同立法中使用。

---

① 参见国务院办公厅发布的《国务院办公厅关于加快推进行业协会商会改革和发展的若干意见》(2007)、《国务院办公厅关于政府向社会力量购买服务的指导意见》(2013)；民政部、财政部联合发布的《民政部 财政部关于政府购买社会工作服务的指导意见》(2012)；财政部、民政部、国家工商总局印发的《政府购买服务管理办法》(2020)；财政部、民政部印发的《关于通过政府购买服务支持社会组织培育发展的指导意见》(2016)；各部委发布的《政府采购代理机构资格认定办法》(2010)、《财政部 民政部关于支持和规范社会组织承接政府购买服务的通知》(2014)、《2017 年度文化部政府购买服务指导性目录》(2017) 等。

（五）市域社会治理中社会协同立法建议

1. 立法进路与立法模式选择

市域社会治理中社会协同立法采用怎样的进路合适？课题组认为可以采用地方立法先行先试的方式。理由有三：第一，地方立法有试错纠偏功能。地方立法先行先试，通过对立法实施效果的评估考核，总结经验和教训，为国家立法提供经验借鉴，再进行国家立法可以事半功倍。第二，市域社会治理本身就是地方事务，其基础在地方。全国各地社会治理发展不平衡，各地有各地的特点，制定一部统一的立法，还不能做到有的放矢，应该由地方创新立法。第三，拥有地方立法权的市域按照《立法法》的规定，可以对城乡建设与管理事项作出立法。

市域社会治理中社会协同立法采用怎样的立法模式合适？通常的立法模式有 3 种类型，第一，合并立法。即将社会治理中社会协同立法内容并入一个更为宽泛的立法主题中，如制定社会治理法，将社会协同内容纳入其中。第二，独立立法。即将社会治理中社会协同立法作为单一的法律规范出台，系统规定社会治理中社会协同基本原则，规定社会协同的主体、内容、权利义务、利益分配、法律责任等。第三，分散立法。即将社会协同治理内容融入其他法律制度中作出附带性规定。课题组赞同第二种模式，即采用单一的立法形式，出台一部系统规定社会治理中社会协同法。其优势是提升社会治理理念，突出社会主体地位，明晰社会协同具体规则，为其他社会治理内容的立法提供指引。

2. 立法要解决的关键问题

（1）明确主体关系

明确党委、政府、社会协同组织、公众的相互关系。第一，依法确立各主体的统一体系。即明确党委领导、政府负责、社会协同、公众参与四位一体关系。第二，明确政府负责的基本内涵。一是政府是社会治理的责任主体，就要明确其在社会治理中的主要职责；二是明确其发挥主导作用的角色定位，如确立其支持者、组织者、倡导者的角色；三是明确其政策制度供给责任，要求政府提供良好的政策法律环境和制度安排，促进多元社会主体的协同发展。第三，明确社会协同主体协助共治的平等地位。各个协同主体的地位是平等的，其通过平等协商、合作共建、共治共享形式协同政府完成社会治理，政府无权强制或命令其服从。第四，明确社会公众的参与地位。

（2）明确权利义务

一是要明确市域社会治理中社会协同内容。区分社会治理中哪些事项是政府依法应完成的职责，哪些事项是社会组织依法应履行的义务，哪些事项是公民应尽的职责，哪些是仅靠政府难以完成而需要社会协作完成的社会公共治理事项，明晰市域社会治理中社会协同事项范围，明确边界，使社会协同治理有明确的内容。二是以立法明晰政府和社会协同主体的权利义务。政府作为主导主体有决定社会协同事项的权利，有向社会协同主体发布信息的义务，有制定政策、制度、规则引导社会协同主体行为的权利，也有平等签约、平等履约的义务；社会协同主体有平等参与社会协同事务的竞标、签约、管理、运作，获得相应利益等权利，也有按规、按约履行、参加集体行动、接受监督、完成协同任务的义务。

（3）明确协同程序

一是明确主管部门和办事规则。二是明确社会协同主体协同社会治理的程序规则。例如，现行的政府与社会主体协作事项主要采用招标投标、签订合同、委托代管、购买服务等形式明确社会协同主体参与路径。三是明确社会协同的进入程序和退出程序，明确具体操作办法和流程，并规定相关接续问题的处理程序。

（4）确立基本制度

第一，责任分担制度。社会协同治理强调责任共担，但是此责任是无限责任还是有限责任需要明确。我们认为，政府应当承担社会治理的无限责任，而社会治理主体应当承担有限责任。要以立法确立社会各协同主体合理分担的有限责任机制，以使各协同主体依据自身参与社会协同的责任能力选择参与项目。第二，成本分担、收益分配制度。社会协同必然会涉及成本承担和收益归属问题。确立成本分担和收益分配制度，合理确立分担与分配原则，使其能够获得维持自身发展的资金支持①，是维持社会协同发展的长效机制。第三，确立合作动力制度。社会协同主体相互之间的合作是推进社会协同的重要内容。实践中多元主体之间的合作意愿、合作动力不足，是当今推行社会协同的障碍。以规则明确利益获得机制，可以激励社会组织之间社会协同合作。第四，集体行动制度。社会协同就是要求各社会治理主体共同处理社会事务，针对要解决的社会公共问题采取共同行动。这就需要在各

---

① 邵静野，来丽梅．社会治理体制创新中社会协同机制的构建[J]．东北师大学报（哲学社会科学版），2014（1）：204-206.

个社会协同主体之间形成高效的共同行动制度。第五，评价、监督制度。社会主体参与社会治理是否实现了预期目标需要政府把关，及时作出评价，以保障社会协同机制在社会治理工作中发挥效力。建立协同网络的对各治理行为的整体性监督机制，实现政府监督、同业监督、社会监督与第三方评估监督。

第二章　强化基层人大建设在社会治理中的作用

一、明确街道人大工委定位，发挥街道人大工委的应有功能

国家经济社会的发展加快了城镇化的进程，各地区县（市）政府撤乡镇设街道普遍存在，设立街道党工委、街道办事处作为基层党政的派出机构。改革开放以来，随着管理职能的逐步下沉，街道办事处担负的职责越来越广泛和繁重，承担着城市管理、社区建设、经济发展、社会治安、民事调解、优抚救济、计划生育、文化卫生、群众生活公共服务和精神文明建设等社会治理的各项基础工作，履行着基层政府的众多职能，虽然街道没有基层人民代表大会，但是需要有与基层权力机构相对应的建设，以体现基层民众的意志和参与街道行政等工作的有效监督。为此，从21世纪初始以来各地探索街道的人大工作，以基层人民代表大会及其人大常委会通过一定的形式在街道设立人大工作平台，有街道人大工委、街道人大工作联络站或街道人大办公室等称呼，开展了程度不等的基层人大的相关工作，有的地方进行创新性探索，如结合人民代表工作进行以社区为基础的居民议政会。为了进一步推进基层人大工作在全社会的全面深入，有必要探索街道人大工作的价值，分析街道人大工作出现困境的关键问题，寻找街道人大工作有效开展的路径。

（一）充分认识加强街道人大工委工作应有的价值

1. 加强街道人大工委工作是新时期完善人大工作的需要（重要内容）

我国宪法明确规定，中华人民共和国是工人阶级领导的、以工农联盟为基础的人民民主专政的社会主义国家。中华人民共和国的一切权力属于人

民。人民行使国家权力的机关是全国人民代表大会和地方各级人民代表大会。国家的性质决定了我国人民代表大会制度的民主属性。在人民代表大会制度的框架下，各级国家权力机关一律由人民选举产生，国家行政机关、审判机关、检察机关、监察委员会由国家权力机关选举产生，对它负责、受它监督、向它报告，从而确保人民当家作主的真正实现①。人民代表大会制度是中国特色社会主义的根本政治制度，街道人大工委工作是基层人大工作的延伸和覆盖，是党和国家联系人民群众的桥梁和纽带，是群众表达意愿、实现有序政治参与的重要渠道，使区县（市）人大及其常委会的工作能够在基层得到落实，从而较好地发挥区县（市）人大常委会的作用，并将有力地推进基层政权建设和民主法治建设。同时，由于我国经济社会发展过程中撤销行政乡镇建制后，原有的乡镇人民代表大会和人大主席团不再存在，出现基层人大制度和民主法治建设的削弱现象，而加强街道人大工委工作，可以弥补由此造成的缺陷。因此，加强基层人大建设和作用发挥理应是完善新时期我国人大制度的重要内容与支点。

2.加强街道人大工委工作是打破西方相关政治家对马克思主义人民民主思想怀疑的客观基础

人民主权思想是马克思主义民主思想的核心，是无产阶级民主制度即人民当家作主原则的直接理论来源，也是社会主义国家制度即国家一切权力属于人民的直接理论基础。人民民主是马克思主义人民主权思想的直接体现。马克思主义人民民主思想是对以往民主思想精华的批判性继承和创造性发展。洛克的天赋人权理论、卢梭的人民主权学说、黑格尔的市民社会与国家关系理论、托克维尔的社会制约权力思想及空想社会主义的民主思想等曾深深影响着马克思，马克思、恩格斯通过对只能成为人民生活的“调味品”的资产阶级形式民主的彻底改造和本质性超越而提出的科学的人民主权思想，成为我国人民代表大会是国家权力机关的理论渊源②。但是，马克思主义的人民主权（民主）思想也受到西方相关政治家的质疑，如熊彼特在《资本主义、社会主义和民主》一书中通过理论与现实的脱离，质疑和否定马克思的“人民的统治”可能性，进而间接否定马克思主义的民主思想。卡尔·波普认为马克思所提倡的社会主义社会和共产主义社会是“封闭的社会”，是一

① 艾其来．中国人民代表大会制度[M]．北京：中国民主法制出版社，2017：39.

② 蔡文成．民主形态论：中国人大制度的理论与实践[M]．北京：中国社会科学出版社，2013：68-69.

种乌托邦式的社会工程，是对民主政治基本作用的忽视[①]。我国推进街道人大工委工作，是我国人民代表大会制度深入社会基础的、体现大众民意和监督基层政府的基本内容，是人民民主最具有感性的现实运行，有利于否定西方相关政治家对马克思主义人民民主思想的怀疑。

3. 加强街道人大工委工作有利于推进街道（基层社会）的民主治理

创新社会治理体系、方式，加强我国治理体系、治理能力建设，强化政府管理与社会治理的科学融合，达到法治、自治、共治的结合，是中国共产党第十八次全国代表大会以来党和政府工作的重要内容。“街道民主治理既是加强基层民主政治建设和治理现代化的需要，还是回应居民利益要求，提供公共服务，化解各种矛盾，促进基层稳定和谐的需要。政权层面的民主治理要以一定的制度结构作为依托，基本要求就是公民能够产生并控制代表机构，代表机构能够监督控制行政机构[②]。”由于街道是区县（市）政府的派出机构，街道治理事务只是区县（市）政府的部分治理事务，其重要的治理事务需要区县（市）人大代表会议决定，多数事务在人大监督下通过区县（市）政府委托街道实施。这样，街道自身对街道事务的治理没有完全的决定权和实施权，街道事务的治理必须在一个比街道政权更大的权力与制度平台上进行，这就造成了街道的人大代表不能完全决定街道的治理事务，而本街道外的人民代表在对本街道治理事务不甚了解的情况下却可以参加本街道治理事务的现象，增加了制度运行的成本。因此，从治理的合法性与效率角度看，一个街道的治理事务最好由街道辖区产生的人大代表组成某种代议机构进行讨论与决策，否则，街道治理民主化就缺乏平台和依托，其有效性将受到制约[③]。加强和完善街道人大工委工作，可以完善街道政权构成，有利于人民代表联系群众、反映民意，推动街道及其所属政府的决策民主化，符合基层社区自治精神与公益的要求，从而有效监督街道办事处等派出机构的工作，并尽可能推进更高层次的区域治理的民主化。

4. 加强街道人大工委工作是对我国主要矛盾变化的很好回应

中国共产党第十九次全国代表大会确定了中国特色社会主义进入新时

---

① 蔡文成 . 民主形态论：中国人大制度的理论与实践 [M]. 北京：中国社会科学出版社 . 2013.

② 赵永红 . 城市基层治理中的街道人大工委：组织设立、运作现状与地位重塑 [J]. 领导科学论坛，2016（3）：44-57.

③ 同上。

代，我国社会主要矛盾已经转化为人民日益增长的美好生活需要和不平衡不充分的发展之间的矛盾。社会主要矛盾体现着社会基本矛盾的性质，反映了一种社会形态某个发展阶段存在的最突出的问题。主要矛盾的转变预示着党和国家重心工作的调整。改革开放以来，我国的经济社会得到了长足的发展，人民的生活水平得到了明显的提升，基本解决了温饱问题，我国已经成为世界第二大经济体，现在的目标是实现小康社会，人民美好生活需要日益广泛，不仅对物质文化生活提出了更高的要求，而且在民主、法治、公平、正义、安全、环境等方面的要求日益增长。因此，经济基础与上层建筑的关系需要进行新的调整，社会主要矛盾将随着党和国家目标的转移而适时做出变化，以便更好地推进中国特色社会主义建设。社会主要矛盾变化要求国家全面推进各项工作，推动“五位一体”建设协调发展，除了着力解决经济社会发展不平衡不充分问题、保障和改善民生外，还必须健全人民当家作主制度体系，完善基层民主制度，保障人民的知情权、参与权、表达权和监督权。坚持以人民为中心，努力增强人民群众的获得感、幸福感和安全感，确保民众的民主权利，是人大履职的价值准则。关注贴近民生、保障改善民生，将成为人大代表履职的重点领域。加强街道人大工委工作是我国“五位一体”建设协调发展的需要，也是对我国主要矛盾变化的很好回应。

（二）街道人大工委的定位不清是造成街道人大困境的关键

尽管街道人大工作平台在全国各地逐步建立和运行，但是与乡镇人大相比，具有不可比性。乡镇是最基层的一级政府，乡镇人大属于最基层的一级人大，实行人民代表大会和主席团制度，可以按照宪法及地方人民代表大会组织法的规定进行常态化工作，正常履行人大职能。而街道办事处属于基层政府的派出机构，街道人大工委的设置和工作开展没有可参考的范式，不可避免地遇到了困境。具体困境表现在以下几个方面。一是法律依据不甚明确。目前《中华人民共和国地方各级人民代表大会和地方各级人民政府组织法》第五十三条第三款对人大街道工委做了相关规定，这一规定虽然明确了其产生及与人大常委会之间的隶属关系，但并没有对其机构设置、职权和工作机制等做出明确规定。由于缺乏法律和地方性法规的保障，不少地方人大街道工委工作定位不明确、职责不清晰，“究竟能做什么，应该做什么，如何发挥作用”一直没有形成统一明确的规范。二是性质不甚清晰。街道人大工委是区县（市）人大常委会参照同级党委、政府设立派出机关的做法，在街道设立的工作机构，而不是直接依据法律由选民或代表选举产生的代议机构，不具有代议组织的性质、权力和功能，尤其缺乏实质性的人事权、决策权和监督权。三是运行机制难以完善。街道人大工委及其工作的开展受到各地人大建设重视程度的影响，其作用发挥不一，没有形成相对统一的全国性的基本运行机制模式。普遍存在的问题有街道人大工委力量薄弱或配备不科学，没有办事机构、没有编制，许多地方街道人大工委的专职主任、副主任和工作人员还要承担党政工作任务，不能集中精力从事人大工作，影响到工作的专业性。各地在实践中已经建立了一些工作制度，但是有些制度还不够完善，有的制度落实还不够到位，还不能很好地适应新形势、新任务的要求。街道人大工委虽然在联系、服务代表和组织代表开展活动等方面做了大量工作，如建立了代表履职档案、定期开展代表述职评议等工作，但对人大代表履职管理方面缺乏有效的约束和激励机制，特别是对不经常参加活动、履职作用发挥不好的代表缺乏硬性管理措施，影响了代表作用的发挥。此外，街道人大工委与街道党工委、街道办事处和职能派出机构之间也没有建立一种有效协同的促进关系。基于此，许多地方出现街道人大工作机构缺位，或者地位不高现象，工作人员工作没有主动性、实效性，没有发挥该有的作用，使其变得可有可无并被逐渐“虚化”。

总之，法规制度不健全、职责任务不明确、机构建设不完善、工作开展不规范、各地发展不平衡，是当今街道人大工作存在的困境[①]。以上困境的出现关键在于街道人大工作的地位未被重视，街道人大工委的定位不明确，从而模糊了街道人大应该具有的宪法地位和相对统一的工作平台（机构）及职能。

（三）明确街道人大工委的定位，推进地方人大工作与时俱进

1. 街道人大工委现实定位的不清晰

2015年，第十二届全国人民代表大会常务委员会第十六次会议修订的《中华人民共和国地方各级人民代表大会和地方各级人民政府组织法》第五十三条规定：“市辖区、不设区的市的人民代表大会常务委员会可以在街道设立工作机构。工作机构负责联系街道辖区内的人民代表大会代表，组织代表开展活动，反映代表和群众的建议、批评和意见，办理常务委员会交办

① 李伯钧．街道人大工作机构若干问题研究[J]. 人大研究，2019（7）：4-10.

的监督、选举及其他工作，并向常务委员会报告工作。”实践中多地街道人大工作机构将名称设置为“街道人大工作委员会”（简称“街道人大工委”），这一规定为街道人大工委的设立提供了法律依据，我们可以得出街道人大工委及其工作应有的定位：街道人大工委是（基层）人民代表大会常务委员会的工作机构。街道人大工委的出现弥补了街道没有人大工作平台的“盲区”，克服了街道可能没有人大监督的“短板”，顺应了新时期人大工作发展的需要。街道人大工委是基层人大常委会派驻街道的工作机构，接受基层人大常委会的领导，向基层人大常委会负责并报告工作。街道人大工委将成为基层民主政治建设的前沿阵地，是人民群众参与国家事务管理、行使人民当家作主权利的基本形式和重要途径。

同时，根据这一规定，街道人大工委的职能主要有以下几个方面。一是联系人大代表，做好服务、组织、搭桥的工作，充分发挥代表的作用。街道人大工委是区人大常委会的派出机构，是一个联系代表、服务代表、保障代表依法履职的重要工作机构。二是在人大常委会交办范围内做好街道的人大监督、选举等工作。交办范围多大、有无边界，并无明确规定，街道人大工委没有实质的决策权与审议权。

2. 深化改革与街道人大工作探索为明确街道人大工委定位提供了客观基础

随着改革开放的进一步深化，机构改革推进“放管服”，改革传统的行政管理体制，提升政府治理体系的现代化水平，提升机关行政效能，加强人员、权力的下沉，为此街道行政将承担更多涉及政治、经济、文化、社会、生态建设的政府职能，担负更多职责，同时加强基层社会治理。党政工作的下移和社会治理的强化，历史性地要求作为代议性质的人民代表工作必须以基层为基础，更好地体现基层社会的民意，更好地满足人民群众对美好生活的向往。另外，许多地方开始探索和创新街道人大工委工作，如2018年10月浙江省人大常委会下发的《关于开展街道人大工作和建设试点的实施方案》（浙人大常办〔2018〕70号），确定地市相关街道开展街道人大工作和建设试点，旨在探索、推进和规范街道开展街道人大工委工作。因此，政府职能转变的行政工作下移使街道人大工作和建设成为客观需求，为街道人大工作机构的定位（性质、职权）、价值和规范提供了客观基础。

3. 提升街道人大工委的定位，完善并赋予其相应的职能

建议明确街道人大工委的定位，其地位应该相当于人民代表大会的专门

工作委员会（区别在于专门工作委员会有特别的职能领域，街道人大工委工作职能具有相对综合性），可视为区域（特别）工作委员会，具有基层准代议机构的性质，但按照经济与效率原则不设立一级人大的级别，仅赋予其相应的代议机构的职能，真正体现基本人民民主的实施。其地位的提升可以通过如下途径：一是通过修改现行的《中华人民共和国地方各级人民代表大会和地方各级人民政府组织法》，赋予街道人大工委应有的地位；二是通过全国人大制定专门的决定（如“关于街道人大工委及工作职能的决定”），赋予街道人大工委应有的地位；三是授予地方人大通过立法确认街道人大工委应有的地位。其中第一种和第二种途径最有效且可行，又可以确保全国街道人大工委工作的相对的法制统一。通过提升街道人大工委的地位，使人大工作下沉到基层、社区，切实体现基层民众的民意，维护基层民众的公共利益，加强对基层政府及其派出机构的权力监督，有利于推进基层法治的建设和社会治理能力的提升。

确定街道人大工委工作具有的相应职能，是提升街道人大工委定位的前提和保障。根据《中华人民共和国宪法》《中华人民共和国地方各级人民代表大会和地方各级人民政府组织法》《中华人民共和国全国人民代表大会和地方各级人民代表大会选举法》和《中华人民共和国各级人民代表大会常务委员会监督法》，并通过以上法律修改或由全国人大常委会决定的形式，赋予街道人大工委工作相应职能。除了联络服务人大代表工作之外，街道人大工委应该在发挥人民代表的作用的基础上被赋予如下职能：履行对本街道的经济、社会发展、公共事务与服务、环境保护等民生相关事务的专门决定权、提案权、评议权、报审权、实施监督权等；参与人大及其常委会的相关会议和活动；在人大常委会的指导下开展本街道的相关视察、调查、执法检查、询问与质询等工作；参与地方立法的相关调研工作；接受街道相关工作汇报；接受人大及其常委会委托办理的专门工作。

结合以上叙述，可以得出街道人大工委的以下定位：街道人大工委是区县（市）人大常委会下设外派的区域工作机构，是联系区域人大代表发挥其职责的重要工作平台，是汇聚区域民意的综合平台，是人大常委会其他专门工作委员会工作依靠的平台，是区县（市）人大工作的基础平台。

中共中央政治局常委、全国人大常委会委员长栗战书 2018 年 9 月在浙江省人大调研座谈时在讲了街道人大工作机构组织本辖区内的各级人大代表开展活动的情况后，要求研究街道人大工作的职责地位、履职方式、人员配

备、经费和物质保障等问题，进一步健全完善相关制度。这为新时代加强街道人大工作和建设指明了方向[①]。在法律明确和提升了街道人大工委的定位的前提下，根据法律赋予的职能，才可以按照经济、效率原则，依法架构街道人大工委的构成，制定与职能相匹配的工作制度，加强包括人大代表在内的队伍建设、运行机制和评估考核制度的建构，推进街道人大工委有序有效地开展街道人大活动，发挥街道人大工作在区县（市）人大的基础作用。

二、基层人大监督全覆盖问题与对策探索

人民代表大会监督制度是人民民主制度的体现。根据宪法的制度设计，我国各级人民代表大会对其所产生的人民政府、监察机关、司法机关具有监督的职权职责。随着经济社会的发展，在行政区划存在没有相应人大对应的行政组织和司法机关。同时，为了加强某些行政领域的专业管理，存在国家垂直管理行政机关和上级人民政府职能部门垂直管理的行政机关。垂直管理部门工作范围和履行职责在本行政区域，并且是当地的主要行政执法部门及经济管理部门，不属于或不完全属于当地政府的职能部门。在《中华人民共和国各级人民代表大会常务委员会监督法》第五条“同级监督”的制度框架下，地方人大面临着监督无据、监督乏力的实际问题。在实践中，地方人大是否存在监督盲区，在法理上是否存在地方人大不能监督的非典型机构，能否实现人大监督工作的全面覆盖，如何创新地方人大对非典型组织的监督机制，为了回答这些问题，宁波市鄞州区人大工作理论研究会于 2019 年 7 月至 8 月对区人大对非典型机构的监督工作进行了专题调研，组织召开了座谈会。

（一）基层人大监督工作全覆盖的意义

基层人大监督工作全覆盖是指作为基层国家权力机关，基层人大常委会全面反映所在行政区域的人民群众意志，最大限度地维护所在地域民众的合法利益，对选举行政、司法、监察等机构的产生及运行进行全面监督。它发挥了宪法和法律赋予人大常委会的监督职能，充分体现了人大在国家生活中的根本制度的作用。基层人大监督工作全覆盖重点是监督内容的全覆盖，即关乎本地区社会经济发展和民生事务的公共权力运行的全覆盖。《中华人民

① 李伯钧 . 街道人大工作机构若干问题研究 [J]. 人大研究，2019（7）：4-10.

共和国宪法》第一百零四条、《中华人民共和国地方各级人民代表大会和地方各级人民政府组织法》第四十四条及《中华人民共和国各级人民代表大会常务委员会监督法》明确规定了基层人大常委会的监督对象、监督范围、监督程序、监督方式，但是法律规范与经济社会发展之间总是存在不一致，需要从基层人大常委会监督的制度价值出发，以属地主义为核心，突出基层人大监督工作全覆盖的法律意义和现实意义。

首先，基层人大监督工作全覆盖是深化与发展人大工作的需要。人民代表大会制度作为国家根本制度，随着新时期经济政治的发展必须与时俱进，不断发挥自身制度的优越性。基层人大常委会负有本级行政区域内的宪法、法律、行政法规实施的监督权，在行政区域内的上级政府派出行政机关、政府垂直部门作为政府或行政机关的延伸职能部门，不能享有基层人大监督例外的特权；同时，基层人大及其常委会在本行政区域内依法做出关乎经济社会发展的重大事项的决定与决议，在本区域内的所有公共权力组织都应当遵守和贯彻。其次，体现和维护本行政区域内人民群众的需要。基层人大常委会作为基层权力机关的常设机构，必须履行基层人民群众的委托，处理人民群众对本行政区域内公权力组织的申诉，解决人民群众普遍关注的重大问题，方能体现国家人民主权的性质。

（二）基层人大监督工作全覆盖的难题

1.法律上的难题

依据宪法法律设计的制度框架，基层人大常委会监督工作应按照层级开展监督，即地方各级人大常委会对同级人民政府、司法机关、监察机关进行监督[①]。如果严守法律文本的字面解释，对于被派出机关，则应由其派出人民政府、司法机关相对应的地方人大常委会进行监督；对于垂直管理部门，则应由主管行政部门所属的人民政府所对应的人大常委会实施监督权。如此一来，基层人大常委会对于本行政区域内非基层人大产生的组织权力运作则处于监督无据的局面。

以鄞州区为例，基层人大法律依据无法全覆盖的组织有以下四类。

① 参见《中华人民共和国宪法》第一百零四条、《中华人民共和国地方各级人民代表大会和地方各级人民政府组织法》第四十四条、《中华人民共和国各级人民代表大会常务委员会监督法》第五条、《中华人民共和国监察法》第五十三条的规定。

一是宁波市人民政府派出机构，包括宁波国家高新技术产业开发区管理委员会和宁波东钱湖旅游度假区管理委员会，这两个管委会由宁波市政府授权，在其管理区域内行使相关的市级经济管理权限[①]，两个管委会属于特殊功能区综合管理机构，在其辖区内具有相当于基层人民政府的行政管理职能。

二是宁波市中级人民法院的派出法院，即宁波高新技术产业开发区人民法院。宁波高新技术产业开发区人民法院的上级法院为宁波市中级人民法院，宁波高新技术产业开发区人民法院虽然行使基层人民法院职权，管辖宁波国家高新区（新材料科技城）区域范围内的第一审案件，但是法院院长、副院长和审判员由宁波市人大常委会任免，故其属于宁波市中级人民法院设置在高新区的基层人民法院。

三是国家垂直管理的行政机构，即宁波市鄞州区税务局。鄞州区税务局在行政管理上实行国家税务总局和浙江省双重领导管理体制，是不属于鄞州区人民政府的职能部门，工作人员的职务任免、工资奖金由税务总局和省局负责，但鄞州区人民政府对税务部门进行年终考核，根据考核补足与区政府同级职能部门的同类级别相差的工资奖金部分，故不同地区税务部门的工资收入有所不同，差异部分就在于地方政府补足的部分。其他国家垂直管理行政组织如中国人民银行宁波市支行、国家外汇管理局宁波市分局、宁波海关等直属国家行政机构领导，在行政职权范围内对宁波全市进行属地管理。

四是宁波市政府职能部门垂直管理的行政机构，在鄞州区内有宁波市自然资源和规划局鄞州分局、宁波市生态环境局鄞州分局。这两个单位是鄞州区政府和市同类职能部门的“双重领导”部门，上级主管部门负责管理业务“事权”，地方政府负责管理“人、财、物”，但其部门负责人实际由上级主管部门任命。其属于宁波市人民政府职能部门的派出机构[②]。虽然其行政管理职权具有垂直性和相对独立性，但其业务运行未脱离同级政府的行政管理框架。

此外，随着政府机构改革的落实，在鄞州区内具有公共管理职能的非典型机构可能更复杂。例如，在税务行政领域，除了成立宁波市鄞州区税务

① 参见《宁波国家高新技术产业开发区条例》第五条、《宁波东钱湖旅游度假区条例》第六条的规定。

② 宁波市鄞州区人民政府网站之政府机构显示，宁波市自然资源和规划局鄞州分局、宁波市生态环境局鄞州分局属于“市级部门派出机构”。

局，还成立了宁波市国家税务局稽查局，为税务行政执法部门，直属国家税务总局宁波市税务局管理，下设第一、第二、第三稽查分局，分别负责不同行政区域的税务稽查。鄞州区行政区域内的税务稽查事务由宁波市税务局稽查局第一稽查分局负责，第一稽查分局与鄞州区税务局都属于国家垂直管理机构，不需要接受鄞州区政府的考核。在宁波市生态环境局鄞州分局之外，按照机构改革方案，还包括行政执法机构鄞州区生态环境监察大队、事业单位鄞州区生态环境监测站两个部分，行政执法机构鄞州区生态环境监察大队的行政执法事务由浙江省生态环境厅垂直管理，事业单位鄞州区生态环境监测站由宁波市垂直管理，两个单位的行政经费由宁波市保障。

2.事实上的难题

第一是“监督无力”，由于派出组织、派出法院和垂直管理机构对所属组织负责，其“人、财、物”由或者主要由所属组织决定，尤其是负责人由上级相关组织任免，这决定了基层人大对其缺少必要的权力制约，必然监督无力。而这些组织又在本行政区域内行使公共权力，从事行政管理和司法裁判，必然对当地人民群众的利益产生影响，人民群众希望基层人大常委会履行监督职责，反映诉求解决问题，因而产生了监督需求和监督无力的矛盾。

尽管从法律逻辑上讲，派出组织、派出法院和垂直管理机构可以接受上级组织所对应的同级人大监督，但是这种监督由于链条过长，存在监督不及时和无法监督的客观现实。例如，宁波高新区管委会和宁波东钱湖旅游度假区管委会接受宁波市人大常委会的监督，但是宁波市人大常委会需要通过宁波市政府才能实施全面监督职能，对管委会下设职能部门实施监督环节更多，链条更长，更具有明显的间接性。高新技术产业开发区人民法院也存在同样的情况。进一步的问题是，宁波市人大常委会有时面临无法监督垂直管理机构的局面。例如，根据《中华人民共和国各级人民代表大会常务委员会监督法》第二十二条的规定，国家税务总局应当接受全国人大常委会的执法检查监督，浙江省税务局也应当接受浙江省人大常委会的执法检查监督，但是宁波市税务局、鄞州区税务局由于受国家税务总局和省税务局的双重领导，市、县两级人大常委会是否有权对其进行执法检查监督，还存有疑问。

第二是监督错位。在宁波高新区和宁波东钱湖旅游度假区的行政区域内，有全国、省、市、区四级人大代表，按照法律规定的属地原则，鄞州区

人大代表听取和审议行政区内的鄞州区人民政府、人民法院和人民检察院的年度工作报告和专项工作报告，这些代表听不到自己最关心的所在地的高新区管委会、东钱湖旅游度假区管委会的社会经济发展报告，也很难发表有针对性的意见，在监督无力的基础上叠加了监督错位。另外，宁波高新技术产业开发区人民法院作为基层人民法院，按照目前的法律框架，将面临不知向哪一级人民代表大会做年终工作报告，接受权力机关审查监督的局面，因为从人员任免和机构属性上看，应该向宁波市人民代表大会做工作报告，接受其审议，但是从审判管辖范围和法院级别性质上看，向鄞州区人民代表大会做工作报告并接受其审议也符合法理。

根据调研，目前作为行使"相当于县级社会和行政管理职能"的宁波高新区管委会和宁波东钱湖旅游度假区管委会，尚未设立专门的人大工作机构和办事机构。在调研中，区人大常委会专委委员反映，对高新区管委会、东钱湖旅游度假区管委会的监督比较少，联系也比较少，监督手段也比较贫乏，通常对功能区的监督以"议案"的方式进行。区人大常委会对管委会有考核权，但具体监督工作比较少，除非以"市人大代表"的名义进行。为了加强与园区人大代表的联系，他们建立了一个定期沟通机制，每年开两次会，由高新区管委会办公室负责答复区人大代表提出的问题。街道人大工委主任也表示了对管委会监督的困难，具体的人大监督工作是通过管委会办公室来协调的，如涉及当地群众反映的行政执法问题，街道人大工委会发函给高新区管委会，请求解决处理。现在街道人大工委实施的监督工作都是靠熟人情面运行的，区人大监督工作是通过管委会的党群部门、办公室沟通、协调进行的，缺乏制度化的保障。

调研中，区人大代表员反映对垂直管理部门的监督存在现实中的困境，因为被监督者是对上级主管部门负责的，如鄞州区人大常委会专委代表群众对某垂直管理部门提出了具体意见，而该部门说这是市局的决定，最后不了了之，区里的监督没有强有力的手段，缺乏有效的监督机制。

（三）基层人大监督工作全覆盖的创新思路（对策）

为了解决基层人大工作存在盲区的问题，各地人大机构开展了有益的探索和实践。据不完全统计，在333家国家级经济技术开发区和高新技术产业开发区中，已有70多家建立了不同模式的人大组织，其形式可以分为设立基层人大常委会派出机构、设立代表联络机构、强化区域内的乡镇街道人大组织或人大常委会本部设立开发区人大机构、区人大与政协联体合署办公等[①]。尽管如此，众多开发区及功能区的人大工作未予覆盖。此外，上级行政机关为加强宏观调控、减少地方干扰而设立中央、省直接领导的垂直管理部门和上级及当地政府双重领导的半垂直部门，针对这些全垂直部门和半垂直部门，基层人大能否进行监督及如何监督的问题一直悬而未决。有些基层人大对垂直部门的监督工作进行有益探索，力图推进基层人大监督工作。例如，早在2007年12月，宁波市江东区第九届人大常委会出台了《关于加强对市垂直管理部门工作监督的指导意见》，对宁波市垂直管理部门的基层人大监督内容和方法做了规定。随着社会的发展，垂直管理部门的形态越来越复杂，需要继续强化基层人大监督工作的法律依据，拓宽基层人大监督工作的范围，创新人大监督的工作方式方法，直至使基层人大监督工作制度化和规范化。

1.明确基层人大监督工作的法律依据

根据《中华人民共和国地方各级人民代表大会和地方各级人民政府组织法》第四条、第八条的规定，我国地方各级人民代表大会是地方国家权力机关，地方各级人民代表大会在本行政区域内保证宪法、法律、行政法规的遵守和执行，监督本级人民政府、监察委员会、人民法院和人民检察院的工作职责等。该规定明确了人大监督工作的职权职责。《中华人民共和国地方各级人民代表大会和地方各级人民政府组织法》第五十三条规定："常务委员会根据工作需要，设立办事机构和其他工作机构。"这款规定也表明基层人大有权对管委会和垂直管理部门进行监督。此外，《中华人民共和国各级人民代表大会常务委员会监督法》明确了人大监督工作的几个方面的内容，包括听取和审议报告、审议和批准决算、检查法律实施情况、备案审查规范性文件、进行询问和质询、特定问题调查等。由此可知，基层人大有权监督检查本行政区域内法律法规的遵守和执行情况。而管委会和垂直部门作为新形势下的特殊对象，涉及当地经济社会发展的决策执行、专业领域的行政管理职能行使，均将影响当地民众生产、生活的质量，其运行的合法性和正当性如何，依法需要纳入基层人大监督工作的范围。

虽然基层人大对管委会和垂直管理机构实施监督符合宪法和法律的规范和精神，但是缺乏具体的、有针对性的法律规定。因此，细化和完善相关人大监督法律，促进全国人大立法，或者退而求其次，以省级人大常委会出台

① 黄胜平.各级开发区不能游离于人大监督之外——从全国经验看人大对开发区工作的探索与创新[J].人大研究，2018（5）：23-30.

对特殊对象实施人大监督的指导性条例，成为地方人大自身发挥监督作用的首要的基本要求。在国家层面未修订《中华人民共和国各级人民代表大会常务委员会监督法》以及明确地方各级人大常委会对特殊对象的监督权力的情况下，基层人大常委会可以通过对相关宪法和法律文本的体系解释、目的解释，以文件的形式明确基层人大监督的权力，避免开展基层人大监督全覆盖工作时在法律依据层面上的疑虑和犹豫。

2. 明确对特殊对象的监督内容和监督目标

作为特殊对象的管委会和垂直管理部门，均有其特别的工作内容和工作目标。不同于监督本级人民政府、司法机关、监察机关的监督范围和方式，基层人大监督的内容需要体现专门性、专业性、具体性。针对特殊对象的基层人大监督要有所为有所不为，需要考虑监督对象、监督内容的必要性和可行性。基层人大的监督内容是监督对象在本行政区域内对宪法、法律、法规的遵守和执行情况，其监督目标是实现依法行政和公正司法。因此，基层人大对管委会的监督是“点”的监督而不是“面”的监督，是具体监督而不是抽象监督。

在监督对象方面，如宁波海关，因为海关执法的专业性和专门性以及与地方关系的独立性，基层人大对其实施监督没有必要也无可能。对于半垂直管理部门，其领导人事任免权归上级管理部门，财政由地方人民政府承担，由于半垂直部门的财政依赖于或者部分依赖于地方，其工作与地方关系密切，并且其工作职能与地方经济社会发展联系密切，如鄞州区国税局、自然资源和规划局鄞州分局、生态环境局鄞州分局，因此基层人大监督就非常有必要也有可能性。在监督方式方面，对垂直管理部门的监督难度在于其权限是有限度的，很多权限和决定是由市局决定的。基层人大可以通过以下方式进行监督：一是区人大对分局的监督建议书要抄告给市局；二是可以通过“市人大代表鄞州中心组走进职能部门”的方式进行日常监督；三是对垂直部门的基层站（所）进行监督，乡镇人大代表（或者街道人大工委）对垂直管理部门的站（所）进行“专项工作评议”，评议结果作为政府的考核标准。对于半垂直管理部门及其在街道辖区内的站（所），市人大常委会可以授权区人大常委会进行监督，基层人大对垂直管理部门的人事任免方面无法实施监督，但对其具体行政管理和行政执法工作则可以实施监督。基层人大常委会对区内的垂直管理部门监督，街道人大工委对辖区内的站（所）进行监督，可以实现监督无盲区。

3. 构建对特殊对象的监督机制，深化人大监督功能

在厘清基层人大直接监督与间接监督的关系、基层人大监督与其他权力

监督的关系、层级监督与地域监督的关系的前提下，探索基层人大监督对不同监督对象的类型化模式。根据《中华人民共和国各级人民代表大会常务委员会监督法》的规定，基层人大可以在管委会设工作委员会，将其作为正式机构开展监督和代表服务等工作，也可以成立人大工作办公室或者办事处作为协调机构。在调研中，基层人大代表认为，在园区建立人大协调机构是不足以保障基层人大开展监督工作各事项的，应当在园区设立市人大常委会的人大工作机构，由园区党组织副书记级别的人担任工作机构的主任，基层人大的监督通过市人大常委会的人大工作机构，才能切实在园区落实。

对于垂直管理部门的监督机制，鄞州区人大常委会也进行了积极的探索，如财经工委通过定期举行"市人大代表鄞州中心组"走进职能部门活动，对垂直管理部门进行视察和专题调查研究，如果对垂直管理部门有意见，就会通过市人大常委会发出建议书，间接实施监督职能。也有人大代表建议，可以借鉴宁波市公安局的做法，在对鄞州区垂直管理部门进行考核之前，要求市职能部门定期向区人大和人大代表征求意见，将他们的意见作为该垂直管理部门的考核指标之一。

当然，在法律框架范围内，基层人大也可以探索其他有效的监督方式，以更好拓宽监督工作覆盖范围，如进行有选择的执法评议，督促特殊对象依法行政，严格执法，提高行政工作效率；听取专项报告，做出相关的决议或提出审议建议并反馈，督促其改进工作作风；进行针对性的执法检查，组织常委会或者人大代表对适用法律规范的情况进行检查，发现存在问题提出整改意见；对特定问题开展专项调查，涉及特殊对象且对当地有重大影响的事件，应组织专门调查委员会进行调查，并向人大常委会提交调查报告，由人大常委会做出最后决议；采取组织人大代表进行视察、开展询问与质询、督办代表意见与建议、督促处理信访案件、联合上级人大合作监督等多种多样的监督方法，更好地发挥人大的监督功能。

（四）基层人大监督全覆盖工作的原则

通过调研，鄞州区基层人大监督全覆盖工作在监督重点下沉方面已经取得了宝贵经验，梅墟街道人大工作已经成为浙江省人大工作试点，但是在对管委会、垂直管理部门的监督方面还有很大的创新空间。基层人大对管委会、垂直管理部门的监督创新应当遵循以下原则。一是在监督对象层面，以属地监督为原则，以层级监督为例外，即除相关法律规定的上级人

大监督的对象外，在本行政区域内的公权力组织都应受当地人大监督；二是在监督内容层面，以具体事项监督为原则，以职责履行监督为例外，应就影响本行政区域经济社会发展和人民生活的具体问题实施监督，而对特殊对象具体履行行政职责的行为，则应尊重行政层级监督和其他监督；三是在监督方式层面，以间接监督为原则，以直接监督为例外，即由于特殊对象多是授权或派出机构，其行使权力的后果由授权或派出机关承担，当地人大可以通过监督其派出机关传递监督效果，而对于无权直接监督的特殊对象，则可以通过向有权机关发出建议书等形式进行监督。

三、乡镇人大建设的现状、问题及对策建议

乡镇作为国家政权体系中的最基层单位，其社会治理能力关系到基层人民群众的现实利益。乡镇人民代表大会是我国最基层的地方权力机关，是我国人民代表大会制度的组成部分，是基层人民群众参与管理地方国家事务、管理地方经济和文化事业、管理社会事务、行使民主权利的主要途径和基本形式。近年来，各地加强乡镇人大建设得到了长足的进步，但是依然存在应然与实然的矛盾，本书以鄞州区镇人大建设为基础，总结乡镇人大建设经验，分析乡镇人大建设存在的问题并提出相应的对策。

（一）乡镇人大建设现状

中国共产党第十八次全国代表大会以来，中央非常重视基层人大建设。2015 年 6 月，中共中央转发了《中共全国人大常委会党组关于加强县乡人大工作和建设的若干意见》。2015 年 8 月，全国人大常委会通过了关于修改地方组织法、选举法、代表法的决定[①]，为乡镇人大建设提供了更为具体的法律依据。地方党委和政府将乡镇人大建设纳入基层治理现代化的框架内进行思考，在乡镇人大建设的法治化、制度化、规范化上创新发展，取得了很多经验和成果。

1. 组织建设明显加强

根据《中华人民共和国地方各级人民代表大会和地方各级人民政府组织

---

① “地方组织法”是指《中华人民共和国地方各级人民代表大会和地方各级人民政府组织法》，“选举法”是指《中华人民共和国全国人民代表大会地方各级人民代表打呼选举法》，“代表法”是指《中华人民共和国全国人民代表大会和地方各级人民代表大会代表法》。

法》第十四条的规定，乡镇人大设主席，并可设副主席 1 至 2 人。主席、副主席由本级人民代表大会从代表中选出，任期同本级人民代表大会每届任期相同。宁波市鄞州区下辖 10 个镇（无乡行政区划），每镇设人大主席、副主席各 1 人，设置人大专职联络员 1 至 2 人。各镇均设有人大办公室，办公室设主任 1 人。办公室主任通常由镇党政办主任或副主任兼任，基本实现了人大工作的“专人专管”。鄞州区 10 个镇都设立了人大代表联络总站，联络总站基本实现了“四化”，即硬件标准化、制度规范化、活动常态化和联络信息化。镇联络总站通常设在镇政府院内，也是镇人大召开主席团会议、进行议事的场所。除镇设人大代表联络总站外，在各村也设立代表联络站，密切与选民进行互动。

2. 主席团运行日趋规范

主席团是乡镇人大的重要组织，其运行的规范和成效最能体现乡镇人大建设的效果。根据《中华人民共和国地方各级人民代表大会和地方各级人民政府组织法》第十五条的规定，鄞州区各镇都依法选举产生了人大主席团，除履行乡镇人大会议期间的职权外，主席团每季度至少召开一次工作例会。人大主席团的常规工作包括组织代表开展活动、对镇政府和区级行政部门派驻机构进行监督、交办督办代表建议、开展代表履职管理。鄞州区根据上级规定和基层实际，优化主席团结构，在突出主席团的广泛性和代表性的同时，兼顾到主席团工作的稳定性和实效性①，通常的做法是主席团成员中除镇人大主席、副主席外，镇党委书记、专职副书记也是当然成员②。为保证镇人大主席团运作的规范性，各镇都制定了《镇人大主席团议事规则》等具体制度。

3. 人大地位显著提升

乡镇人大的社会地位取决于其能否切实监督和推动同级人民政府开展工作，是否能切实解决选民关切的问题，维护好人民群众的利益。与乡镇党委和政府相比，以往乡镇人大的地位并不突出。近年来，鄞州区各镇人大依法创新履职，围绕群众关心的热点、难点问题扎实开展工作，获得了

---

① 宁波市人大常委会党组制定的《关于进一步加强和改进乡镇人大工作的指导意见》规定，要安排具有较强地方事务管理能力的工农业、综合经济、科教文卫、社会管理等方面的代表进入主席团，确保主席团成员中非领导占 2/3 以上，充分体现主席团成员的代表性和广泛性，保持工作的稳定性和连续性。

② 如鄞州区某镇第十八届人大主席团有 9 人，除了 4 名镇领导之外，其他 5 人的身份分别为村党支部书记、村党支部委员、村主任、企业法定代表人、幼儿园园长。

人民群众的认同，镇人大地位得到明显提升。鄞州区各镇普遍实施了民生实事项目人大代表票决制度和人大代表建议督办制度。民生实事项目是指列入镇政府年度财政预算且由镇政府负责实施的公共投资工程，如姜山镇在 2014 年底至 2018 年 6 月，票决产生了 37 项民生实事项目，其中 24 项已经完成，其余按年度进度有序推进。在项目征集、投票表决、实施监督各环节中，镇人大主席团起到了核心作用。人大代表建议督办制度得到普遍推行，成效明显。例如，横溪镇人大主席团在 2020 年 3 月向镇政府交办 29 条代表建议后跟踪督办，到 8 月底已有 22 件建议落实解决，7 件有关单位承诺年底全部解决；云龙镇 2019 年人大代表的建议全部办理或得到答复，回复满意率达 100%。各镇人大不断创新履职方式，如云龙镇在召开人大代表会议时，采取政府工作“分线报告”形式，由分管副镇长分别向人大代表汇报政府工作目标完成情况、民生项目实施进度及对人大督查支持配合情况，改变了传统型政府报告的形式，提高了代表监督的实效性。鄞州区镇人大的积极作为及实际成效，获得了人民群众的认可，同时增强了政府的人大意识。

4. 履职平台不断创新

乡镇人大是联系乡镇党委政府与群众之间的桥梁，是否能够有效收集民意，代表选民提出建议意见，解决实际问题，是检验人大工作的根本标准。鄞州区各镇人大积极创新平台、拓展渠道，在实现代表联络站全域覆盖、代表全员进站的基础上，深化推进“线上 + 线下”组合模式，充分利用互联网渠道方便群众。塘溪镇人大推出“选民说事”二维码，打出“你码上说，我马上办”的承诺语，选民通过扫“选民说事”码，就可以反映问题，由人大代表进行督办。姜山镇人大推出“民情快递，你点我督”的网联方式，群众可以在微信上提交关于教育医疗、交通出行、镇村建设、社会治理等民生实事项目的意见和建议；横溪镇开设了“横溪人大”微信公众号，设“人大动态”“代表履职”“你点我改”3 个栏目，发布人大工作信息，公开代表名录和联络站地点。这些方法拓宽了人大代表的履职平台，优化了与选民的联系渠道，推动了群众聚焦的难点、热点问题的解决。

（二）乡镇人大建设存在的问题

尽管乡镇人大在制度建设、组织建设、机制完善等方面取得了明显成效，但是与实际应然要求仍有不小差距，具体表现在如下几个方面。

1.机构设置有软肋

人大主席、副主席"专人不专职"的现象依然存在。根据法律规定[①]，镇人大主席、副主席、镇人大主席团具有多项法律职权职责，实际上乡镇人大的常规工作主要由人大主席、副主席完成，制约乡镇人大建设的人员配置"老问题"仍难以解决，我国仍有很多乡镇未设人大副主席，人员配备不足，人大闭会期间只靠人大主席单枪匹马工作，力量明显不足[②]。即使在鄞州区这类乡镇人大建设标准较高的地方，也存在人大主席"专职不专"的情况，如某镇人大主席长期分管新农村建设工作，副主席长期分管环境卫生工作。人大主席、副主席分管行政工作已成惯例。《中华人民共和国地方各级人民代表大会和地方各级人民政府组织法》第十四条规定，乡镇人大主席、副主席不得担任国家行政机关职务，现实情况显然有违法律规定。此外，《中华人民共和国地方各级人民代表大会和地方各级人民政府组织法》第十五条规定，乡镇人大主席团承担乡镇人大闭会期间的工作，履行乡镇人大的法定职权，但立法对乡镇人大主席团的性质界定并不明确[③]，导致主席团的法定职权职责难以落实[④]。人大主席团其他成员各有岗位职责，难有精力投入人大工作，闭会期间主席团工作主要由人大主席、副主席组织完成，而人大主席和副主席又受到兼职行政工作的影响。"专职不专"不仅牵扯了人大主席投入人大工作的精力，而且使监督职能和行政角色重合，有悖法理。同时，人大主席团的非常设性加剧了乡镇人大建设的难度。鄞州区某镇人大主席认为，对于镇里阶段性的艰难险工作，人大主席协助是可以的，但长期兼任行政工作不合适。人大主席和副主席的兼职问题亟待解决，人大主席团的法律性质亟待明确。

2.法定职权有虚置

《中华人民共和国地方各级人民代表大会和地方各级人民政府组织法》

---

① 参见《中华人民共和国地方各级人民代表大会和地方各级人民政府组织法》第九条、第十四条、第十五条的规定，以及《浙江省乡镇人民代表大会工作条例》第九条、第十条、第十一条的规定。

② 段成钢，容畅.从问卷调查看乡镇人大工作和建设[J].人民之友，2020（6）：52-53.

③ 崇明人大工作研究会.关于乡镇人大主席团在闭会期间工作职责及其履职形式的现状与思考[J].上海人大月刊，2019（9）：47-48.

④ 金山区人大工作研究会.关于乡镇人大主席团性质地位及作用发挥的研究报告[J].上海人大月刊，2019（9）：45-46.

第九条规定了乡镇人大13项职权，《浙江省乡镇人民代表大会工作条例》第九条规定了乡镇人大主席团在召集和主持人大会议时有8项职权，第十条规定了乡镇人大主席团在人大议团会期间有15项职责，然而在实践中乡镇人大行使职权不均衡，有些职权处于虚置状态。比如，《中华人民共和国地方各级人民代表大会和地方各级人民政府组织法》第九条规定乡镇人大有“撤销政府不适当的决定和命令”的职权，但乡镇人大从未行使过。实践中乡镇政府制定发布规范性文件，通常的做法是在党政人大联席会议（班子会议）上看一看，参会的人大主席、副主席如有异议，可以提出意见，镇人大主席团并未集体参与审查工作，有悖于“集体行权”原则，主席团会议内容也没有审查“乡镇人民政府决定和命令”合法性和适当性的会议程序。由于乡镇人大一年召开两次代表大会，每次会期通常为一天，人大主席团通常每季度开一次工作例会，全部履行法定职权职责不切实际。鄞州区镇人大行使《中华人民共和国地方各级人民代表大会和地方各级人民政府组织法》《浙江省乡镇人民代表大会工作条例》所规定的职权职责，多集中在听取和审议镇政府工作报告、选举镇政府组成成员、票决民生实事项目、代表建议收集和督办等方面[①]。在各镇人大工作报告中，没有发现履行《中华人民共和国地方各级人民代表大会和地方各级人民政府组织法》第九条第（二）（三）（九）项职权的具体内容，法定职权虚置是普遍现象。法律规范与实际运作的差异，对树立人大权威、体现人大价值有一定的影响。

3. 履职监督机制不健全

乡镇人大代表被选举的意愿很强，但当选后履职意愿却不足，乡镇人大工作存在“会议难组织、活动难开展、能力难提高、作用难发挥、实效难体现”的“五难”问题。某镇人大主席把代表履职情况总结为“三三制”，即1/3代表履职积极，1/3代表基本能够完成代表职责，1/3代表履职较差。针对代表履职不积极的问题，鄞州区各镇普遍加强了对代表履职的激励和管理，建立了代表“一人一档”的履职档案，实现人大代表履职档案全覆盖。云龙镇对代表履职情况进行积分登记，反馈年度总积分并全部上墙公开；塘溪镇人大制定了《塘溪镇人大代表积分激励办法》，将全镇56名镇人大代表在参与学习培训、参加会议、提交建议、视察调研、走访接待、联系群众、向选民述职等方面的工作表现通过分值量化并公示；姜山镇以代表履职

① 依据鄞州区10个镇的《2019年镇人大上半年工作总结及下半年工作计划》和《2020年镇人大主席团工作思路》。

情况档案作为评选优秀代表及换届时推荐连任代表候选人的重要依据。上述做法对激发人大代表履职动力发挥了积极作用，但是在乡镇人大工作中，对代表监督不够有力。《中华人民共和国全国人民代表大会和地方各级人民代表大会代表法》第四十五条规定，乡镇人大主席团应当定期组织本级人大代表向原选区选民报告履职情况；第四十七条规定，选民或者选举单位有权依法罢免自己选出的代表。从目前来看，除《中华人民共和国全国人民代表大会和地方各级人民代表大会代表法》第四十九条规定的终止代表资格的 7 种法定情形外，督促人大代表履职机制不够健全，选民无法有效监督代表履职情况，罢免代表程序从未启动，人大代表怠于履职对人大代表身份在任期内影响不大。

4. 代表履职能力有差距

“人才力量达不到新时代要求，是乡镇人大行权履职不充分的一个原因[①]。”与县级及以上人大常委会有专门委员会不同，乡镇人大没有设置专业委员会[②]，人大代表中缺少懂财政、懂法律等的专业人员，因而在履行对同级政府的财政预算审查监督、镇级执法部门和上级派驻机构的执法检查等职权时，在很大程度上只能做到程序到位，实际发现问题并提出建议的作用较弱。乡镇人大代表履职能力不足是普遍问题。一方面，乡镇相对于县以上城市，专业人员本来就少；另一方面，即使有专业人员，但囿于选举法对人大代表比例和资格审查的限制，酝酿推荐代表候选人时强调比例构成，推选人大代表条件过严，导致当地适合做代表的人进不来，很难将有履职能力的专业人员选举为人大代表。在鄞州区的镇人大代表中，也存在一定数量的代表缺少提出意见和建议、进行有效质询的能力。某镇人大主席反映，镇人大代表结构对履职水平有一定影响，大部分镇辖区是乡村，部分镇人大代表在知识和阅历、履职积极性和主动性上，尚不能胜任法律规定的履职要求，在法律素养和政策理解水平上也有一定的差距。据统计，鄞州区 45 名镇街人

① 张衍霞，王延超．当前乡镇人大工作面临的问题及对策研究——基于对山东省 17 市 104 位乡镇（街道）党委书记的访谈 [J]. 理论学刊，2018（4）：70-78.

② 《浙江省乡镇人民代表大会工作条例》第十四条规定，乡镇人民代表大会会议根据大会会议议程需要，可以设立财政预算审查委员会。财政预算审查委员会对本级人民政府财政预算草案、预算执行情况报告、决算草案或者预算调整方案等涉及预算、决算相关事项进行审查，并向主席团提出审查意见。调研中，鄞州区各镇人大会议期间未设立过财政预算审查委员会。

大主席、主任中，从事人大工作3年以上的23名，仅占51%；镇街人大干部中，具有法律知识背景的，不到1/4。缺乏从事法律工作的镇人大代表，是普遍的现象[①]。

（三）完善乡镇人大建设的对策建议

新时期乡镇人大建设是在中国社会转型背景下展开的，既有传统乡村基层治理模式的影响，又面临着现代城镇化发展的新问题，工作繁重复杂，挑战重重，乡镇人大工作的法治化、制度化、规范化建设仍然“在路上”。针对乡镇人大建设中存在的问题，我们需要立足现实，努力提升乡镇人大建设的水平。

1.完善机构设置

地方组织法及地方乡镇人大工作条例应明确乡镇人大机构设置，明确乡镇人大主席团的性质、地位和职责，确定人大主席团为乡镇人大的常设机构，优化人大主席团结构，增加能够有效开展人大工作、有专业知识背景的成员比例。规定有条件的乡镇可以在人大主席团中设立专业委员会，专业委员会在主席团的领导下开展工作；不具备条件的乡镇，可以改变按照地域划分代表小组的惯例，改为按照监督事项划分小组，让专业监督小组承担专业委员会的角色。在解决人大主席、副主席“专人不专职”的问题上，要体现出制度刚性，理顺乡镇党委、人大、政府之间的关系，切实维护和提升乡镇人大权威。

2.明晰职权职责

在现有法律规范框架下，县级以上人大应当加强对乡镇人大工作的指导，根据乡镇人大的实际情况，通过地方性法规或规范性文件形式，进一步明确乡镇人大主席、副主席、乡镇人大主席团、乡镇人大代表的具体职权职责，缩小乡镇人大“应为”和“可为”之间的差距，区分实体性职权和程序性职权、会议期职权和闭会期职权、临时性职权和常规性职权。落实乡镇人大对本行政区域重大事项的决定权、财政预决算审查权、选举罢免权及监督权等重要职权。上级党委要将人大建设纳入党建工作考核内容，使乡镇党委高度重视人大建设工作。

---

① 参见宁波市鄞州区人大常委会2020年研究报告《人大在推进基层治理现代化中的实践和路径探析》。

3. 健全监督机制

人大代表对人民负责，受人民监督，这是我国选举制度的一项重要原则。选举权和监督权密不可分，根据《中华人民共和国全国人民代表大会和地方各级人民代表大会代表法》的规定，乡镇人大代表是直接选举产生的，应当受原选区选民的监督[①]。针对部分乡镇人大代表履职意愿不强的问题，需要确实落实代表履职信息公开制度和代表向选民述职制度。鄞州区各镇人大探索了很多行之有效的督促激励制度，但是仍然可以继续完善，形成更有力的监督机制，如将量化评分权力交给选区选民，由选民对人大代表履职情况进行打分，将监督权交还选民。乡镇人大不仅限于将代表履职情况上墙建档，更要将履职信息通过线上和线下多种形式向选区选民公示，并细化公示内容，便于选民监督；将代表向选民述职制度落到实处，可以通过网络直播方式实行述职并接受选民询问；对怠于履职和不履行代表职责的代表，党组织和主席团要进行谈话训诫，符合条件的，可以启动罢免程序。通过激励和督促并举的机制，增进乡镇人大代表向选民负责、受选民监督的意识。

4. 提升履职能力

人大主席的认知、能力和意愿对搞好乡镇人大建设起着重大作用。首先，要配强配好人大主席、副主席。党组织在确定人大主席、副主席人选时，要高度重视候选人的政治素养、工作能力和工作意愿，切不可将人大主席、副主席岗位作为“二线”老同志的职位安排。其次，调整乡镇人大代表结构和候选人标准。针对乡镇人大代表履职能力不强、意愿不高的问题，要处理好代表的广泛性和代表的能力之间的关系，将年富力强、有知识、有想法、有能力者作为代表候选人。同时，调整乡镇代表候选人标准，与县级及以上人大代表的审查标准应有所差别，突出履职能力的因素。再次，针对乡镇人大代表履职缺乏专业知识的问题，除强化知识培训和能力训练外，可以建立代表履职辅助机制，乡镇人大主席团可以聘请财政、法律、社会工作等专业人员组成“专家组”，就履职过程中的专业知识进行咨询，出具意见。也可以邀请专业人员听取政府专项工作报告，参加执法检查、视察调研、评价督办效果等活动。同时，要加强对人大代表的考核考评。

当然，乡镇人大建设关键在于党的领导，党委对乡镇人大建设的高度，决定了乡镇人大建设的程度。地方党委要切实把乡镇人大工作纳入整体工作

---

① 参见《中华人民共和国全国人民代表大会和地方各级人民代表大会代表法》第六条、第四十五条、第四十七条。

规划之中。一方面，上级党组织要对人大建设成效纳入考核乡镇单位党建工作内容之中，促使乡镇党委对人大工作的重视；另一方面，上级组织要加强对乡镇人大工作绩效标准的研究，明确乡镇人大建设的目标任务和程序，避免乡镇人大建设的模糊性和随意性，为乡镇人大工作提供导向。同时，县级人大及其常委会要加强对乡镇人大建设的指导，保障乡镇人大主席聚焦主责主业，依法行使职权，提高乡镇人大整体建设水平。

第三章　地方行政法治建设探索

依法治国的核心和关键是依法行政，法治国家最基本的特征是行政法治。地方行政法治是地方法治政府建设的重要组成部分，是国家法治政府建设目标实现的基础。万丈高楼平地起，只有不断夯实地方行政法治的厚度和深度，才能有序推进国家法治政府建设的进程，切实实现中国共产党第十八次全国代表大会提出的依法治国，建设社会主义法治国家的宏伟蓝图。

一、地方行政法治基本理论探析

（一）地方行政法治与地方法治建设

1.地方行政法治的概念与特征

行政最早见于我国《史记》中的记载，《史记·周本纪》就有“召公、周公二相行政，号曰‘共和’”之说。行政指一定的社会组织在其正常的活动过程中所进行的组织、控制、协调等各种活动的总称。行政是人类社会文明发展到一定阶段的必然产物，也是人类社会性的体现。法治是相对于人治而言的，一直是一个比较宽泛的概念。古希腊哲学家亚里士多德认为，法治是对已经制定的法律的绝对服从，同时所制定的法律必须是善良的法律。良法、善治一直是社会大众的普遍期待，因此亚里士多德所提出的法治理念比较容易被广大民众所接受，但是良法、善治的边界难以确定，导致法治的内涵比较模糊。

基于法治内容的复杂性和不确定性，行政法治同样是一个仁者见仁、智者见智的问题。有学者提出：“行政法治的基本观念在于行政必须依法，政

府必须服从法律，政府有义务保护公民的权利，行政权力必须受到监督制约等[①]。”这是传统法治理念在行政法领域的一种典型性延伸，有助于理解行政法治的精神，但在界定行政法治的内涵上作用有限。有学者认为，“行政法治就是指依法行政，即行政权力受到法律的控制，其基本含义在于行政机关（以及其他行政公务组织）及其行政公务人员必须依法行使行政权[②]。”这种观点将依法行政混淆为行政法治，内缩了行政法治的外延，实质上依法行政仅仅是行政法治的内涵之一。有学者认为：“行政法治，作为依法治国最关键的一个组成部分，其主要包括行政组织结构法治、行政职权法治和行政行为法治三大内容[③]。”这种观点将行政法治与依法治国进行了区别，是行政法治理念的一大进步，也是科学合理的。当然，行政法治的内容可能需要进一步扩展。

“控权论”是传统的行政法治基础理论，其认为由于行政权的扩张，必须通过行政法制约行政权，以防止其腐败……他们将行政法治原则归结为依法行政，将行政责任的范围限于行政主体责任[④]。“平衡论”在下列3个方面对传统的行政法治进行了发展：其一，行政法治的主体包括行政机关和行政相对方；其二，一切行政都要服从行政法治原则，但不同的行政有不同的要求；其三，在行政法律关系中，行政法治对双方主体既要制约，又要激励，对行政主体重点是制约，对相对方重点则在于激励，其核心是参与管理[⑤]。可见，“平衡论”不仅强调控权和法治，更重要的是维护行政相对方的知情权和参与权，切实保护行政相对方的合法权益。英国学者韦德也认为，行政法治至少应包含如下含义：政府权力须来自法律；政府须依法行权；行政争议须司法裁判；政府与公民受法律同等保护。

地方行政法治与国家行政法治的区别主要体现在行政法治的主体不同，前者是地方政府，后者是中央政府。地方政府与中央政府在行政过程中的职责和角色不同，地方政府的主要工作是结合本地实际，依法贯彻执行中央政府的大政方针，确保中央政府的工作安排落到实处，因此地方行政法治的内容与国家行政法治的内容还是存在一定程度的区别的。综上，笔者认为，地

① 杨解君．中国行政法治的观念与制度走向——基于物权法实施所作的分析[J]．行政法学研究，2011（1）：106-114.

② 孙笑侠．法律对行政的控制现代行政法的法理解释[M]．济南：山东人民出版社，1999：22.

③ 唐细宗．浅析我国行政法治精神及其完善策略[J]．楚天法治，2015（6）：8-9.

④ 罗豪才．现代行政法的平衡理论[M]．北京：北京大学出版社，1997：10.

⑤ 包万超．行政法平衡理论比较研究[J]．中国法学，1999（2）：58-74.

方行政法治是指地方政府及其工作人员在行使权力、履行职责的过程中，必须严格遵循法律、法规的规定，切实保护行政相对人的合法权益。它要求地方政府及其工作人员都必须严格按照法律的规定，在法定职权范围内，充分行使管理地方社会事务的行政职能，做到既不失职，又不越权，更不能非法侵犯公民的合法权益。依此定义，地方行政法治具有如下特性。

（1）地方行政法治的主体是地方政府

顾名思义，地方行政法治的主体是地方政府及地方政府行政行为的相对人。地方政府行政行为的相对人，与中央政府行政行为的相对人并没有实质的区别，因此这里重点对地方政府进行阐述。在我国的语境中，地方政府是与中央政府相对的一个称谓。地方政府的权力来自中央政府的授予，我们通常所理解的地方政府也就是中央设置在各个地方的行政机关。目前，我国地方政府的类别包括省政府、行政公署、直辖市政府、较大的市政府、地级市政府、县级市政府、县政府、乡政府等。简单来说，地方政府可以分为省、县、乡三级政府。政府的概念一般有广义和狭义之分，广义的政府是指行使国家权力的所有机关，包括立法、行政和司法机关；狭义的政府是指国家机构中执掌行政权力、履行行政职能的行政机构。本书所指的政府为狭义概念上的政府。同时，地方行政机关必须依法设立，所行使的行政权力必须依法取得。

（2）地方行政法治的内容主要是指地方行政行为的法治

一般而言，地方行政法治的内容包括地方行政组织结构法治、地方行政职权法治和地方行政行为法治等内容，其中地方行政行为法治是地方行政法治最主要的内容。地方行政组织结构法治是指组成地方政府的各行政机关之间排列和配合必须依法设置。地方行政职权法治是指地方各行政组织实施行政管理活动的资格和权能必须依法取得。地方行政行为法治是指地方行政机关的行政行为必须严格依照法律规定的内容和程序进行，即该行政行为既要有法律的授权，又必须遵守既定的程序。地方行政机关的行政行为又可以分为地方行政机关的具体行政行为和抽象行政行为。地方行政行为法治是地方行政法治的关键。首先，地方行政行为的复杂性、多样性和广泛性，导致实现地方行政法治障碍重重；其次，地方行政行为违法是目前行政违法的主要形式，地方行政机构的设置和职权的授予相对规范；最后，地方行政行为直接面对相对人，其违法后果直接损害行政相对人的合法权益，社会舆论反响极大，严重影响政府的威信。

（3）地方行政法治的关键是地方政府及其工作人员严格依法行政

地方行政法治在逻辑起点和制度目的上均在于通过法律制约地方政府的行政权力。因此，地方行政法治要求地方政府及其工作人员在实体和程序上都严格遵守法律，履行行政职责。其一，行政权力依法取得。它要求地方政府的一切行政权力都必须有法律的授予或者行政机关的授权，无法律授权即无行政权力。其二，行政程序依法确定。地方行政法治不仅要求地方行政权力的取得须有法律的授权，同时要求地方行政权力的行使符合法定程序，即按法律既定的方式、步骤、顺序、时限等。其三，地方行政法治要求地方政府必须对法律负责，承担因自身行政行为引起的各种法律责任，对不当行使行政权力、滥用行政权力、怠于行使行政权力，必须追究有关行政机关及其工作人员的责任。有权必有责，有权须尽责，不允许存在无责任的权力。

2.地方行政法治与地方法治建设的关系

地方法治建设是指在整个国家实现法治化的过程中，地方积极推进法治建设工作，包括立法、执法、司法、普法等方面的工作，遵守法律主治、权力制约、人权保障等价值和原则，对依法治国、法治国家包含的某些目标予以率先实现的过程。地方法治建设是法治渐进性特点的表现，对法治国家的建设发挥引领作用。

地方法治建设包含两大要素。一是地方性。法治建设针对的是地方，具有相对独立的法治单元体，而非针对全国所有地方而言，如仅在某个地级市内推进的法治建设过程。“依法治市”“依法治县”等提法也是法治建设地方性的表现。二是法治性。地方法治建设虽然是在相对独立的法治单元体内，结合本地实际探索创新发展，形成具有地方特色的法治建设，但依然要在中央和国家统一的法治框架内推进法治的价值、原则和精神的实现，而非指可以脱离中央和国家的部署和规划单行一套。

地方法治建设的核心是地方行政法治。地方行政法治和地方法治建设的关系是密不可分的。地方法治建设由地方立法、地方行政、地方司法等内容组成。在这些内容中，地方行政法治是地方法治建设的核心和重点。因为行政执法是直接影响行政相对人权利义务的行为，如果地方政府及其工作人员都能依法行使职权，依法进行管理，那么地方法治建设就有了基本保证。地方法治建设的坚持和发展又可以为地方行政法治创造良好的环境和氛围。如果没有地方法治建设这个大前提，地方行政法治的实现自然成为镜中花、水中月。习近平指出，“依法治国是我国宪法确定的治理国家的基本方略，而能不能做到依法治国，关键在于党能不能坚持依法执政，各级政府能不能依法行政。”

（二）地方行政法治的重要意义

地方政府处在国家行政管理的最前沿，与广大人民群众打交道最直接、最经常。其是否依法行政直接关系到人民群众合法权益的保障和社会法治环境的形成，进而关系到党的依法治国、建设社会主义法治国家基本方略的实现，关系到市场秩序管理、经济宏观调控、社会保障体系建设等政府职能的转变，关系到党和政府在人民心中的形象和威信。

1.有助于转变地方政府职能，提高行政管理效能

地方治理历来是国家治理的重点和难点，地方治理水平在很大程度上决定了国家治理水平。地方治理现代化离不开法治的重要作用，法治强调制度思维、规则思维和程序思维，为公共权力的行使制定了严格的规则和程序。现代社会的重要特征就是高度复杂化，以具体行政命令一事一办的方法根本不足以应对纷繁复杂的地方事务，只有用法律规范社会成员的行为，才能形成一个稳定有序的社会状态。此外，地方行政法治是地方政府及其工作人员廉洁和高效的保障。在公共资源、公共资金、公共资产等重点领域，完善制度、规范操作、加强审计、严格监督，才能切实解决监督不到、监督不得、监督不了的问题，才能实现权力运行的边界在哪里，对权力的监管就延伸、跟进到哪里。地方行政法治的一个重要内容就是要求行政机关严格依照行政程序法规定的步骤、时间、顺序行使行政职权，这样有助于改变政府机关的官僚作风，提高行政效率，从而建立高效运转的现代政府。

2.有助于实现地方行政民主，切实保障公民的权利

随着现代行政的发展和公民民主意识的增强，传统意义上的以政府为中心、以权力为本位、运用强制手段实现行政目的的管理模式已经不适应时代的要求，从管理走向服务是现代公共行政发展的必然趋势。建设为人民服务的政府，使广大人民群众拥护政府、满意政府服务是我国行政法治建设的根本目的。地方政府必须把为人民服务列为一切行政行为的落脚点和出发点，创新行政管理方式，提高地方政府的公信力和执行力。地方政府在重要行政立法和重大行政决策过程中，应采取听证会、论证会、座谈会或者向社会公布草案等方式，广泛听取有关专家、社会公众及利益相关者的意见，实现行政机关与行政相对人之间的良性互动。地方政府既要从行政立法上保障公民

的合法权益，也要从执法上保障公民的人身权和人格权，切实使行政行为符合社会大众的预期。

3. 有助于破除地方保护壁垒，推动社会主义市场经济健康发展

地方保护主义是指地方政府或所属部门，为了保护地方局部经济利益或政治利益，违背国家的法律法规，利用行政权力干涉市场，操纵市场，设置市场障碍，破坏市场机制，限制非本地企业生产的商品或提供的服务参与公平竞争的行为。地方保护主义的实质是在利益驱动下以权力干预经济、干预司法、滥用公权谋取私利。例如，乌鲁木齐市新市区二工街道办事处发文规定：新啤集团为其辖区内铁路局夜市啤酒的唯一经销商，所有摊主只许销售新疆啤酒这一种产品。新疆生产建设兵团第七师、第八师都规定，主要工程项目都应由兵团建工企业承揽。地方保护主义是阻碍和干扰建立社会主义市场经济体制的重要障碍，有效地打击和清除地方保护主义是推动建立公平、竞争、开放、统一的社会主义大市场的重要内容，也是当前整顿和规范市场经济秩序工作的一项重要任务。建立社会主义市场经济体制是我国经济体制改革的目标。发展社会主义市场经济是国家的根本任务之一。市场经济是主要依靠法律规则调整的经济，从这个意义上讲，市场经济就是法治经济。因此，只有推进地方行政法治建设，有效遏制地方政府权力，社会主义市场经济体制才能建立，社会主义市场经济才能得到健康发展。

4. 有助于化解矛盾纠纷，保持社会平稳发展

“九层之台，起于累土。”与人民群众最贴近的基层政府始终是社会平稳发展的关键。近年来，因棚户区改造、土地征用、农村拆违、国有企业破产改制、劳动争议、医患关系矛盾等引发的干群矛盾和社会纠纷增多，呈现出突发性、群体性、暴力性特征，已经成为影响基层社会稳定的突出问题。当前，国家事务最大量、最主要的是行政管理事务，主要由行政机关执行。我国 80% 以上的法律、90% 左右的地方性法规和全部行政法规、规章都是由行政机关组织实施的，其中基层行政机关承担了绝大多数的行政管理事务。如何依法协调、平衡政府与社会、部门与部门、上级与下级等各方利益关系，妥善化解社会矛盾和纠纷，直接取决于地方行政法治建设。法治是现代文明的重要标志，它在本质上是对公权力的约束与对公民权的保护，从而为人类美好生活创设良好的制度环境。它秉持公平正义理念，对社会的是非曲直进行理性权衡，寻求自由与秩序的合理界限，为社会利益关系的协调提供标准化的范式，从而合理地规范社会利益关系、调节利益冲突与矛盾。所

以，地方政府必须依法行政，而不能依官员意志行政，只有这样，才能保持行政管理的统一性、连续性和稳定性，达到保持社会持续平稳发展的目的。

（三）地方行政法治的指导思想和基本原则

1. 地方行政法治的指导思想

地方行政法治必须以习近平新时代中国特色社会主义思想为指导，坚持党的领导，坚持执政为民，忠实履行宪法和法律赋予的职责，保护公民、法人和其他组织的合法权益，提高行政管理效能，降低管理成本，创新管理方式，增强管理透明度，推进社会主义物质文明、政治文明和精神文明协调发展，全面建设小康社会。

2. 地方行政法治的基本原则

国务院印发的《全面推进依法行政实施纲要》第 4 条明确规定，依法行政必须坚持党的领导、人民当家作主和依法治国三者的有机统一；必须把维护最广大人民的根本利益作为政府工作的出发点；必须维护宪法权威，确保法制统一和政令畅通；必须把发展作为执政兴国的第一要务，坚持以人为本和全面、协调、可持续的发展观，促进经济社会和人的全面发展；必须把依法治国和以德治国有机结合起来，大力推进社会主义政治文明、精神文明建设；必须把推进依法行政与深化行政管理体制改革、转变政府职能有机结合起来，坚持开拓创新与循序渐进的统一，既要体现改革和创新的精神，又要有计划、有步骤地分类推进；必须把坚持依法行政与提高行政效率统一起来，做到既严格依法办事，又积极履行职责。结合地方行政法治的特点，笔者认为地方行政法治的基本原则可以概括为下几点。

（1）维护宪法权威，确保法制统一和政令畅通

社会主义法制统一是指国家必须制定统一的宪法和法律，并保证它们在全国范围内和全体公民中得到统一的遵守和执行。宪法是国家的根本大法，是治国安邦的总章程，是一国的母法，具有最高法律地位、法律权威和法律效力。《中华人民共和国宪法》明确规定："国家维护社会主义法制的统一和尊严。"地方行政法治的关键是依宪行政，维护国家法制统一。地方政府尤其是基层政府处在政府工作的第一线，是国家法律法规和政策的重要执行者。地方政府能否切实做到依法行政，维护法制统一和政令畅通，保证法律、法规和规章的正确实施，在很大程度上决定着政府依法行政的整体水平和法治政府建设的整体进程。

（2）以人为本，促进经济社会和人的全面发展

以人为本是地方政府在法治建设中进行制度创新的根本出发点。人，始终是法治的核心内容，既是法治实施的主体，也是法治追求的最终目标。在法治建设中进行制度创新，应始终坚持以人为本，把实现好、维护好、发展好最广大人民群众的切身利益作为出发点，积极协调好社会各方面的利益诉求，妥善处理好公共利益与个人利益之间的关系，将限制权力、落实责任作为其首要内容，防止公权力对私权的侵害，通过制度创新方便大众、服务人民。

（3）因地制宜，不断深化行政管理体制改革和创新

因地制宜是地方政府在法治建设中进行制度创新的标志性特征。地方法治建设的突出特点就是地方性，不同地域有着不同的特色，因此在进行制度创新时也必须因地制宜，不能照抄照搬，要充分考虑到各个地方的经济环境、政治环境、人文环境等各类因素，把制度与地方特色紧密结合，进行符合地方具体实际的制度创新，使法治建设拥有配套的制度环境，进而可以顺畅运行，发挥更大的作用。

3. 地方行政法治的基本要求

（1）合法行政

地方政府合法行政的根据源于政府在政治制度上对立法机关的从属性。《中华人民共和国宪法》第二条和第三条规定，中华人民共和国的一切权力属于人民。人民行使国家权力的机关是全国人民代表大会和地方各级人民代表大会。国家行政机关由人民代表大会产生，对它负责，受它监督。这样就从根本法上解决了国家行政权力来源的合法性问题。《中华人民共和国宪法》第五条规定，中华人民共和国实行依法治国，建设社会主义法治国家。一切国家机关都必须遵守宪法和法律。国家行政机关应当依照宪法和法律行使行政职权。

地方政府合法行政的内涵和要求，随着宪法制度的演变、行政职能的消长而不断变化。早期的合法行政是绝对、消极和机械的公法原则。为了适应时代变迁和行政职能变化的需要，合法行政的内涵不断得到新的扩充。目前，地方政府合法行政的内涵包括遵守现行法律和依照法律授权活动两个方面。

其一，地方政府必须遵守现行有效的法律。地方政府实施行政管理，应当依照法律、法规、规章的规定进行，禁止行政机关违反现行有效的立法性规定。也就是说，地方政府的任何规定和决定都不得与法律相抵触，不得做出不符合现行法律的规定和决定。同时，地方政府有义务积极执行

和实施现行有效法律规定的行政义务。如不积极履行法定作为义务，将构成不作为违法。

其二，地方政府应当依照法律授权活动。没有法律、法规、规章的规定，地方政府不得做出影响公民、法人和其他组织合法权益或者增加公民、法人和其他组织义务的决定。如不遵守这一不作为义务，将构成行政违法。

（2）合理行政

合理行政的主要含义是行政决定应当具有理性，属于实质行政法治的范畴，尤其适用于裁量性行政活动。最低限度的理性是指行政决定应当具有一个有正常理智的普通人所能达到的合理与适当，并且能够符合科学公理和社会公德。更为规范的行政理性表现在以下三个方面。第一，公平公正。要平等对待行政管理相对人，不偏私、不歧视。第二，不得考虑不相关因素。做出行政决定和进行行政裁量，只能考虑符合立法授权目的的各种因素，不得考虑不相关因素，即排除不相关因素的干扰。第三，行政机关采取的措施和手段应当必要、适当。行政机关实施行政管理可以采用多种方式实现行政目的，应当避免采用损害当事人权益的方式。

（3）程序正当

程序正当是现代行政法所倡导的重要内容，地方政府推进行政法治，必须强调行政程序正当。地方行政法治要求的程序正当包含以下内容。其一，行政公开。行政机关实施行政管理，除了国家秘密和依法受到保护的商业秘密、个人隐私，应当公开。其二，行政参与。注意听取公民、法人和其他组织的意见，要严格遵循法定程序，依法保障行政管理相对人、利害关系人的知情权、参与权和救济权。其三，行政回避。行政机关工作人员履行职责，与行政管理相对人存在利害关系时，应当回避。

（4）高效便民

地方政府推进行政法治的重要目的之一就是高效便民。高效便民有以下要求。其一，提高行政效率，即地方政府实施行政管理活动，应当遵守法定时限，积极履行法定职责，提高办事效率，禁止超越法定时限或者不合理延迟。延迟是行政不公和行政侵权的表现。其二，便利行政相对人，即地方政府在行政活动中提供优质服务，方便公民、法人和其他组织，不得在法律规定之外增加当事人的程序负担，否则可能构成行政侵权。

（5）诚实守信

诚实守信是指地方政府在行政管理活动中应当坚持公布的相关信息全

面、准确、真实。无论是向普通公众公布的信息，还是向特定人或者组织提供的信息，地方政府都应当对其真实性承担法律责任。非因法定事由并经法定程序，地方政府不得撤销、变更已经生效的行政决定。因国家利益、公共利益或者其他法定事由需要撤回或者变更行政决定的，应当依照法定权限和程序进行，并对行政管理相对人因此受到的财产损失依法予以补偿。

（6）权责统一

权责统一，一方面是指地方政府依法履行经济、社会和文化事务管理职责，应由法律、法规赋予其相应的执法手段；另一方面，地方政府违法或者不当行使职权，必须依法承担相应的法律责任。地方政府行政法治权责统一的基本要求是行政权力和法律责任的统一，即执法有保障、有权必有责、用权受监督、违法受追究、侵权须赔偿。

二、地方行政法治的基本实践与问题

行政法治重点在基层，难点在基层，关键也在基层。近年来，我国地方政府行政法治工作已经取得了重大进展，但是与形势发展的要求还有不小差距，一些地方政府及工作人员依法行政的意识有待加强，依法办事的能力和水平也有待提高；一些地方有法不依、执法不严、违法不究的状况亟须改变。有些地方政府习惯套用上级政策文件，不能因地制宜地制定可操作性强的地方性细则制度；多头管理事项不能明确牵头单位和各自分责，出现执法混乱的现象；对于相关政策法规不能主动加大宣传，造成事前不公示。事中事后缺乏监管和考核管理。在一些地方，优惠政策因缺乏配套细则、门槛过高等问题无法真正落地，存在“空转”现象。

（一）我国行政法治的实践过程

我国行政法治的实践过程大致可以分为以下几个阶段：中华人民共和国成立初期、“文化大革命”阶段、改革开放初期及党的十八大以后。

1. 中华人民共和国成立初期：初步发展阶段

中华人民共和国成立后，国民党时期的“六法全书”被废止，行政法治建设翻开了崭新的一页，开始了独立的探索与实践之路。由于行政法治建设经验缺乏，同时受当时国际环境的影响，我国行政法治建设主要借鉴苏联模式。这个阶段，我国在行政管理立法和制度建设方面做了许多探索与实践，制定了大量行政组织法及其他行政管理法规，如《中华人民共和国中央人民政府组织法》《中华人民共和国国务院组织法》等。同时，制定了行政监察制度和公民控告国家机关及其工作人员失职行为制度。虽然中华人民共和国成立初期行政法治建设受认识和体制等多方面的影响存在种种缺陷与不足，但中华人民共和国的行政法治建设在曲折中逐步进入正轨，形成了政府依法行政的雏形，并为以后的行政法治社会的建设奠定了基础。

2.“文化大革命”时期：停滞阶段

在1966—1976年“文化大革命”时期，由于受法律虚无主义的影响，除了极少量的行政法律法规出台以外，行政组织法、行政管理法及行政监督法的制定几乎都已经停顿下来。虽然当时并未宣布废止之前颁布的法律法规，但法律在社会治理中的地位很低。此外，否定了检察机关的监督职能，取消了对行政机关及其工作人员的监督。总之，十年“文化大革命”严重阻碍了我国行政法治化道路的建设，沉重打击了法律在社会治理过程中的地位与作用，使我国行政法治建设停滞不前，依法行政工作遭到严重阻碍。

3.改革开放初期：恢复阶段

我国行政法治建设的恢复发展肇始于1978年召开的中国共产党第十一届中央委员会第三次全体会议。十一届三中全会中国共产党第十一届中央委员会第三次全体会议公报，必须加强社会主义法制建设，使民主制度化，使这种制度和法律具有稳定性、连续性和极大的权威。1979年，全国人大常委会作出决议，确定中华人民共和国成立以后国家制定的法律、法令除与现行宪法、法律、法令抵触以外继续有效，恢复了一大批行政法律、法令的效力，开启了行政法治建设重建工作的大门。这一时期，陆续发布了一系列行政管理法律法规，涉及社会治理的方方面面，如《中华人民共和国经济合同法》《中华人民共和国环境保护法》《中华人民共和国商标法》等。1982年宪法的颁布，确立了宪法法律至上，反对特权的行政法治原则，对行政法治建设的发展具有特殊意义。1984年，时任全国人大常委会委员长的彭真提出国家管理“要从依政策办事逐步过渡到不仅依靠政策还要建立健全法制，依法办事”。可见，中国共产党第十一届中央委员会第三次全体会议以后，我国行政法治的建设又逐步走入正轨，政府重新明确了法律的权威性，强调了法治对于中国社会发展的重要性，并明确要求各政府部门必须依照法律规定实施行政行为。

4.《中华人民共和国行政诉讼法》颁布之后：快速发展阶段

20世纪90年代，随着我国社会主义市场经济体制的确立，民主政治和精神文明的快速发展，我国行政法治建设取得了长足的进展。1989年颁布的《中华人民共和国行政诉讼法》是我国第一部民告官的法律，它是正式建立司法审查制度、加强行政法律制度建设、加快行政法治建设的重要里程碑。此后，我国进入了行政立法领域的高潮时期，陆续出台了大量有关行政管理领域的法律法规，并且其中部分法律法规对行政法治建设的影响极其深远。例如，1993年制定和颁布的《国家公务员暂行条例》标志着我国人事管理朝着法治化迈了一大步；1994年颁布的《中华人民共和国国家赔偿法》明确规定公民就行政侵权造成的损害可以要求国家赔偿，标志着公民的行政救济有了法律依据；1996年颁布实施的《中华人民共和国行政处罚法》创立了听证制度，它是第一部规范行政执法行为的法律。2004年，我国制定了依法行政的实施纲要，指出行政的目的就是保障广大人民的切身利益。2008年，中国共产党第十七次全国代表大会再次强调社会各界都需要在真正意义上践行依法治国这一重大方针，依法行政需要体现在行政部门的每一项工作之中。2012年11月，中国共产党第十八次全国代表大会报告再次清楚地阐明了国家推行依法治国的重大决心，推进科学立法、严格执法、公正司法、全民守法等各方面法治建设的决心。要切实保障法律法规制定的科学化，法规践行的公正规范化，执法过程的透明化，强调了依法行政，使社会各项活动都在法律法规允许的范围内运行。2014年10月，中国共产党第十八届中央委员会第四次全体会议基于我国经济的发展态势和当前法律法规践行的具体状况提出了全面推进依法治国指导思想、总体目标和重大任务，提出了关于依法治国的一系列新观点、新举措，并且明确依法治国的重要任务之一便是大力推进依法行政工作的顺利进行和法治政府的快速建设。

（二）地方行政法治建设的成效

随着国家行政法治建设工作的逐步推进，各级地方政府的行政权力已逐步纳入法治化轨道，地方行政法治建设取得了重要进展。依法行政的意识不断增强，地方行政立法更加规范与科学，行政执法的监督和制约不断强化，政府法治队伍建设有了长足进展。

1.地方政府及其工作人员依法行政的意识普遍提高

为了推动地方经济持续健康发展，积极转变政府在公共管理的角色和作用，近年来地方政府依法决策、依法办事的自觉性明显提高。一是着力提高政府领导干部的依法行政能力和水平，建立健全领导干部学法用法制度。地方政府普遍建立了党委（党组）理论学习中心组集体学法制度、领导干部定期法制讲座制度等一系列制度，不断推进领导干部法制教育制度化、规范化。通过学习法律知识，不断增强领导干部的法治理念，使其自觉运用法律手段解决各种矛盾和问题。二是着力加强对行政执法人员的培训和管理。大部分地方政府开始推进行政执法主体资格合法性审查制度，健全行政执法人员资格制度，对拟上岗的行政执法人员进行相关法律知识考试，经考试合格的授予其行政执法资格，允许上岗行政执法。同时，整顿行政执法队伍，严禁无行政执法资格的人员履行行政执法职责，切实防止行政执法过程中因不规范执法造成的社会大众与执法人员对立现象的发生。三是加强宣传力度，塑造行政法治建设的良好氛围。通过报刊、杂志及网络等平台，强化行政法治建设的宣传，树立行政为民的行政理念，有效促成广大行政工作人员依法行政的习惯。目前，地方政府及其工作人员普遍接受了行政法治的观念，并能较为自觉地在日常工作中贯彻法律法规的要求。

2.地方政府行政立法及其他规范性文件制定进一步规范

地方行政立法是指地方行政主体依法制定和发布规章的活动。我国省、自治区、直辖市人民政府，省、自治区人民政府所在地的市人民政府，经国务院批准的较大市人民政府，以及全国人大常委会授权的经济特区市人民政府所进行的行政立法，都是地方性行政立法。地方行政立法所制定的行政规章只能在本行政区域内发生法律效力。其他规范性文件，一般是指地方政府发布的行政规范性文件，即指除了政府规章以外，行政机关依照法定权限和规定程序制定的，涉及不特定的公民、法人或者其他组织的权利义务，在一定时期内反复适用，在本行政区域内具有普遍约束力的各类行政文件。地方政府行政规章、行政规范性文件在地方政府的管理活动中具有重要地位，是地方政府及其工作人员实施行政行为的重要依据。

为了规范行政立法、行政规范性文件制定的程序，提高行政立法、行政规范性文件的质量和效率，不少地方政府都出台了相关规定，如《重庆市行政立法基本规范（试行）》《安徽省行政立法审查工作规程》等，尤其是加强了对行政规范性文件的管理。其一，加强行政规范性文件的合法性审查。合法性审查主要审查的内容包括规范性文件的内容不得与法律、法规、规章和相关政策相抵触；不得设定行政处罚、行政强制、行政许可；不得设定行政

收费或者以基金、会费等名义的收费；不得设定限制或者处分公民、法人和其他组织的法定权益的事项，不得增设法律、法规、规章规定之外的义务。对规范性文件进行合法性审查，可以确保规范性文件内容的合法有效，有利于从源头上预防和减少行政机关违法或不当行为的发生。从浙江省某市2019年审查情况样本（表3-1）中可以看出，该地方政府特别重视对行政规范性文件的合法性审查工作。其二，强化行政规范性文件的流程管理。严格落实行政规范性文件制定程序，制定对公民、法人或其他组织的权利、义务产生直接影响的规范性文件，规范性文件起草部门必须采取公告、座谈、听证等方式公开征求意见，实现公众参与决策，并经过专家论证，对涉及经济社会发展和人民群众切身利益的内容，还应当进行风险评估，重点应加强对涉及社会稳定、环境保护和经济等方面内容的风险评估，把评估结果作为制定规范性文件的重要依据。其三，严格考核评价。把规范性文件合法性审查工作列入每年的依法行政综合考评范围，对违法制定规范性文件的机关，在考核评价时要进行相应扣分，责令制定机关进行纠正；造成严重影响的，对该行政机关的主要负责人通报批评，并依法追究相关人员的责任。

表3-1　浙江省某市2019年部分区县（市）行政规范性文件基本情况

区县（市）	制定规范性文件总数	合法性审查的文件数	提出意见及意见被采纳数	报送备案审查数	备案审查不通过数	行政复议或诉讼中被认定违法的文件数
1	38	43	70/70	38	0	1
2	65	65	91/86	64	0	0
3	28	28	102/102	28	0	0
4	14	14	139/139	14	0	0
5	37	37	85/78	37	0	0
6	30	30	124/112	30	0	0
7	137	137	112/100	137	0	0
8	28	45	56/56	28	0	0

此外，部分地方政府还加强了行政机关合同的备案审查。行政机关合同是指政府及其各部门与平等主体的自然人、法人和其他组织之间设立、变更、终止民事权利义务关系的协议，主要包括工程发包合同、技术服务合同、投融资合同、资产转让合同、租赁合同、运输合同及其他具有合同性质

的协议文件等。为了加快推进依法行政，优化经济发展环境，降低和杜绝因政府合同存在问题而导致的法律政策风险及经济损失，部分地方政府加大了行政合同备案审查力度。比如，浙江省某市区规定，镇乡（街道）、政府部门及国有投融资公司订立标的额5 000万元以上的重大行政合同，应提交区法制办进行前置合法性审查，合同标的额在1 000万元以上的重大行政合同，订立后应向区法制办报送备案。表3-2为浙江省某市近几年行政机关合同合法性审查情况表，从表中可以看出，该市对行政机关合同审查极为详尽。

表3-2　浙江省某市部分区县（市）2017—2019年行政合同审查情况

区县（市）	2017年				2018年				2019年			
	合同审查数	提出意见数	涉案金额/亿元	纠纷合同数	合同审查数	提出意见数	涉案金额/亿元	纠纷合同数	合同审查数	提出意见数	涉案金额/亿元	纠纷合同数
1	7	23	0.26	0	8	18	0.31	0	5	17	0.29	0
2	8	8	2.3	0	4	4	1.8	0	6	6	2.1	0
3	7	5	10	0	12	15	175	0	59	54	54	0
4	22	38	2.6	0	28	35	3.2	0	33	45	3.7	0
5	18	72	1.2	0	18	62	512	1	40	164	0.67	0
6	21	0	7.6	0	16	0	10.3	0	5	0	21.5	0

3. 重大行政决策、重大行政执法决定日益科学

行政决策是指国家行政机关工作人员在处理国家行政事务时，为了达到预定的目标，根据一定的情况和条件，运用科学的理论和方法，系统地分析主客观条件，在掌握大量有关信息的基础上，对所要解决的问题或处理的事务做出决定的过程。重大行政决策事项一般包括制定有关公共服务、市场监管、社会管理、环境保护等方面的重大公共政策和措施；制定有关经济和社会发展等方面的重要规划；制定开发利用、保护重要自然资源和文化资源的重大公共政策和措施；决定在本行政区域实施的重大公共建设项目；决定对经济社会发展有重大影响、涉及重大公共利益或者社会公众切身利益的其他重大事项。

重大行政执法决定是指对涉及重大国家利益或者公共利益、情况复杂、涉案金额大及对行政相对人有重大影响的案件做出的重大执法决定。重大行政执法决定一般包括重大行政处罚、行政许可、行政强制、行政检查、行政执法机关认定的重大执法决定及法律、法规、规章规定的其他重大执法决定。

为了进一步推进重大行政决策、重大行政执法决定的科学化、民主化、法治化，提高重大行政决策、重大行政执法决定的质量和效率，地方政府采取了一系列规范措施。一是建章立制，明确重大行政决策、重大行政执法决定的范围等，如浙江省出台了《浙江省重大行政决策程序规定》，贵州省制定了《贵州省重大行政决策程序实施办法》。二是强化重大行政决策、重大行政执法决定的法制审核，要求做出重大行政决策或者重大执法决定前要交由法制机构或者组织有关专家进行合法性审查，未经合法性审查或者经审查不合法的，不得做出决策或者决定。三是加大宣传，加强考核力度，塑造推进重大行政决策、重大行政执法决定依法依规的良好环境，坚决制止和纠正超越法定权限、违反法定程序的决策或决定行为。目前，部分地方政府的重大行政执法决定的社会满意度有明显提高。

4.地方行政争议复议或诉讼处置的模式逐步推进

通常而言，有效解决行政争议是保障公民合法权益的重要途径，对于缓解地方政府治理过程中产生的矛盾与冲突，以及促进地方政府法治建设都具有积极作用。目前，我国的行政争议解决方式主要包括行政复议、信访、仲裁、行政调解及行政裁决等机制。行政复议是指公民、法人或者其他组织不服行政主体做出的具体行政行为，认为行政主体的具体行政行为侵犯了其合法权益，依法向法定的行政复议机关提出复议申请，行政复议机关依法对该具体行政行为进行合法性、适当性审查，并做出行政复议决定的行政行为。行政诉讼是指公民、法人或者其他组织认为行政机关和行政机关工作人员的具体行政行为侵犯其合法权益，依法向人民法院提起诉讼，由人民法院依法进行审理和判决的诉讼制度。行政复议和行政诉讼是两种不同性质的监督，行政复议是行政机关内部监督，行政诉讼是行政机关外部监督，两者各有所长，不能互相取代，在地方政府法治建设中都具有重要作用。为了减少上访事件的发生，各地政府积极推进行政争议事件复议处置或者行政诉讼处置模式，引导社会大众通过法治路径解决行政纷争。首先，加大宣传力度，营造行政复议和行政诉讼处置行政争议的良好氛围。同时，强化行政复议和行政诉讼案件的应对力度，严格落实行政机关负责人出庭应诉工作制度，切实加强和规范行政诉讼答辩、出庭应诉、生效裁判执行等各项工作。其次，畅通、扩大行政复议受理渠道。建立健全行政复议与信访协作机制，合理引导一部分符合条件的信访事项转入行政复议渠道，在政府门户网开辟复议在线专栏，并通过报纸、微信等媒体宣传行政复议法常识，提高群众知晓率。最后，主动建立错案分析和案情通报制度。对依法被撤销、变更、确认违法和责令履行的行政复议和行政诉讼案件进行总结，撰写专题分析报告，并将相关情况向有关部门通报，避免类似违法行为再次发生。

5. 法制机构、法制队伍逐步建立并健全

新形势下政府法制机构在推进依法行政，加强政府法治建设中具有重要作用。不断充实、健全法制机构和队伍力量，充分发挥法制机构的参谋、助手、法律顾问作用，是政府法治建设各项工作顺利开展的保障。近年来，地方政府加强法制机构、队伍建设取得了重要成效，法制推动工作有了新发展，如浙江省某市法制机构、法制队伍建设工作在近几年取得了重要进展（表 3-3）。其一，组建工作机构。为推动政府法治建设工作的开展，各地政府提升了法制机构的地位，改变了过去法制机构附属于办公室的状况，单独组建法制办公室，或者在办公室下设专科法制机构处理政府法律事务。其二，落实工作人员。在设立法制机构的基础上，地方政府加强了法制机构的人员配备，普遍配备了专职法制工作人员，部分条件不具备的乡镇政府也配备了兼职从事法制工作的人员。其三，推进法律顾问制度的建设。为进一步弥补法制工作人员专业知识不足的问题，各地方政府设立了法律顾问制度，聘请相关专家和律师为政府的法律顾问，主要分为两类，一类是常设性的法律顾问，一类是联系性的法律顾问。前者经常性参与政府法律事务，包括合同审查、出具法律意见等，后者临时性参与法律事务。

表3-3　浙江省某市2018年部分区县（市）法制机构队伍建设情况

单　位	法制机构	工作人员	专/兼职	培训情况	法律顾问
1	法制办	5	专	3	2
2	法制办	4	专	2	1
3	法制办	4	专	1	6
4	法制办（挂）	4	专	10	7
5	法制办	5	专	3	4
6	法制办	5	专	2	7
7	法制办	4	专	6	8
8	法制办	6	专 5 兼 1	10	5
9	法制办	7	专	4	7

（三）地方行政法治建设中存在的主要问题

从近期地方行政法治实践上看，地方行政法治发展中的一些结构性不平衡的因素逐渐突显，如地方行政立法滞后难以顺应社会治理现代化，地方政府行政管理价值取向偏差、监督约束机制不够严谨、地方政府法治考核评价指标不够完善等，其中表现比较明显的有以下几个方面。

1.地方行政法治的推进力量单一，民间力量参与较少

地方政府作为社会大众的代理人，在处理涉及社会大众利益的实际问题时，应充分动员社会不同主体参与。目前，地方政府在推进行政法治的过程中，主要以政府组织为依托，过分强调政府的主导作用，在一定程度上忽略了其他公共组织及民间志愿力量的发展，导致政府公共服务和其他公共组织的服务质量参差不齐。例如，地方行政立法中存在大量“关门立法”“独断专行”的现象，一些地方行政立法的听证会、论证会流于形式，对行政规范性文件公开征求意见的内容、对象、形式和结果还存在认识误区，普通公民及专家学者实际上难以真正参与地方行政立法过程等。目前，地方政府出台的政策仍过多强调社会大众服从大局的义务，较少关注对其合法权益的保护，将社会大众视为地方行政法治建设的客体和被动旁观者，严重挫伤了社会大众参与地方行政法治建设的积极性。从其他公共组织和民间志愿团体角度上看，其资源及手段多样性的优势尚未得到充分发挥。让社会大众参与到地方行政法治建设中，让社会大众从被动参与变为主动参与，积极推动行政法治建设，积极参与社会治理还需要一个长期的过程。

2.地方行政立法效益偏低，与社会治理现代化的步伐不协调

从我国立法体制的现状上看，地方行政立法主要体现为制定地方政府规章及一些规范性文件。由于地方政府治理面临着复杂的社会环境，法律法规难以及时针对各种经常性、突发性危机事件做出回应，地方政府规章和规范性文件的重要性得以凸显。然而，由于我国地方行政立法体制还不够完善，立法主体之间关系相对复杂，立法权限分工存在较大的模糊性，以致地方行政立法既不能充分反映社会公众的利益诉求，也难以适应地方政府治理现代化的需要。尤其是地方政府发布的数量众多的行政规范性文件，虽然在行政管理中发挥了重要作用，但是在内容和形式上存在较多瑕疵，表现在以下几个方面：其一，部分规范性文件流于形式，完全照搬照抄上级文件，依照上级文件就可以处理本地此类事项，没有制发本地文件的需要；其二，部分规

范性文件缺乏上位法依据，并且制定时未充分论证，违法设定行政许可，造成管理无据，侵害相对人合法权益的现象；其三，部分规范性文件的制发违反程序，如有的文件制定后只向部分单位印发，不向社会公布，行政相对人不知晓，有的文件不及时公布，行政相对人不能在合理期限内知晓；其四，部分规范性文件评估和清理制度不健全，发布后制定机关不对文件的实施情况及时做出评估，实施机关不及时向制定机关报告规范性文件的执行情况，不为制定机关提供决策参考，使一些没有执行效力、与法律相冲突的文件不能被及时废止与修订。总之，当前的地方行政立法广泛存在着条文规定缺位、错位、越位及相互冲突的现象，一些地方行政立法难以突破利益限制，或者贪大求全，没有完全与社会经济事业的发展态势相适应，在一定程度上阻碍了社会的发展速度。

3. 地方政府行政执法能力不足，难于满足行政执法体制机制改革的需求

深化行政执法体制改革，不再是低层次、局部化、单方面的改革，必须更加注重改革的系统性、整体性、协同性。但是，地方政府目前仍然存在机构设置过细、职责交叉、党政群机构改革协同不够、运行不顺畅等问题，直接影响了行政法治建设的进行。传统的执法不严格、执法不规范和执法不文明问题仍然存在，如滥用行政职权，不按法律规定开展执法活动；违反法定程序执法或者进行强制性执法等。新的执法能力不足的问题日益凸显，表现为以下几点：首先，委托下放实施的行政执法事项过多，大大超出了基层政府的承接能力。受委托实施行政许可权、行政处罚权，基层政府必须具备相应的能力，包括符合要求的行政执法人员、专业技术人员和相应的技术设施装备、经费等，但是部分地方政府在许多方面还不具备这样的能力，导致不少行政执法事项无法实施。因对政府的委托执法不规范，导致目前基层政府“道路交通检查靠‘走’，水上交通检查靠‘吼’，食品安全检查靠‘看’，罚没执法靠‘抹’”的局面。其次，下放权限不合理，关联权限未同时下放，导致已下放的权限没有可执行性，如房地产交易税收一体化管理权限下放，必须下放关联的房管权限，否则就会造成前面下放的权限无法正常行使。此外，部分权限没有下放的必要性，因为这类权限涉及面非常窄，全年审批事项极少，如特殊车辆在城市道路上的行使审批权、古树名木迁移审批权等。最后，部分地方政府执法主体执法能力有限，执法人员数量不足，以致目前政府组建的综合执法局履职困难。另外，部分地方政府执法人员的专业素养

较低，无法匹配下放的权力。

4. 地方政府行政争议解决机制，尤其是行政复议机制不够健全

目前，多数地方政府，尤其是镇乡（街道）基层政府并没有形成多元化矛盾化解机制，并且诉讼、复议解决机制发挥作用并不理想，公民合法权益并未得到充分有效的保障，尤其是行政复议公信力不足的问题始终没有得到妥善解决。一是忽视基层政府复议机构建设，复议工作人员配给不足，越是基层，这种现象越是严重，越是经济不发达、偏远地区，复议机构建设越是不足。如果没有高素质、专业化的复议人员，就不可能有高质量的复议裁决。二是行政复议程序机制不健全。作为一种停留在行政系统内部的纠纷解决机制，行政复议实际上只是行政机关的内部自救行为。在解决争议的过程中，由于行政复议程序设计粗糙模糊、机械僵硬，行政复议决定形成过程封闭而难以满足复议申请人的要求。三是行政复议公信力不足，需要进一步营造通过行政复议解决行政争议的氛围。如果说信访是发现问题的好办法，那么行政复议则是解决行政争议问题的好办法，其具有方便、快速且免费的较大优势，很大程度上方便了群众。但是，在实际工作中出现行政争议时，大部分群众更多的是选择信访而不是行政复议或行政诉讼，行政复议公信力不高。四是缺乏减少或杜绝信访当事人重启行政复议、滥用行政复议申请权的有效途径。《中华人民共和国行政诉讼法》的实施降低了行政诉讼案件的立案门槛，加上信访制度改革要求“法定途径优先”，一些信访当事人不间断地通过申请政府信息公开、申请履行法定职责等方式重启行政复议与诉讼。总而言之，在地方政府治理的过程中，由于各种行政争议解决机制还不够健全，行政救济渠道还不够通畅，公民的合法权益未能得到充分有效的保障。

5. 地方政府行政监督及问责的力度不足

行政监督是指国家行政机关、社会组织及人民大众对行政机关的行政行为进行关注、检查，看其是否存在违反法律法规的不当行政行为。对地方政府及其职能部门的权力进行有效制约和监督，是保证行政权力合法运行和防止行政权力滥用的必要前提。法国著名思想家孟德斯鸠曾说，一切有权力的人都容易走向滥用权力，这是一个万古不变的经验，有权力的人直到把权用到极限方可休止[①]。根据我国行政体制的特点，我国的依法行政监督有党内

① 孟德斯鸠．论法的精神[M]．孙立坚，孙丕强，樊庆瑞，译．西安：陕西人民出版社，2001：183.

监督、人大监督、司法监督、社会监督等，可谓是多重监督，体系完备。长期以来，在传统的计划经济思维模式的影响下，各级地方政府致力于实现本治理区域经济的快速增长以及完成上级下达的各种指标任务，但在依法行政过程中，仍存在很多监督上的漏洞和缺陷，制度不完善、职能转变不到位及权力行使不规范，导致行政监督的力度严重不足。其一，行政监督意识不强。受官本位思想影响，社会大众不想去监督，地方行政机关自身不愿受监督，社会整体行政监督意识淡薄，政府机关行政行为松懈。其二，监督主体失位。监督主体的多元化，导致监督主体之间的责权模糊，对于同一种不法行为，如果有利可图，那么各个主体都站出来主张监督；若是比较棘手的问题或者没有利益可图，则是互相推诿，撇清责任。其三，问责力度较弱。地方政府职能部门之间权责分工较为模糊，行政权力运行透明度较低，暗箱操作现象时有发生，以至于往往由于问责依据、职责边界、处置方式等无法统一而难以进行有效问责，使行政问责也大多流于形式，难以对地方政府权力及行为构成实质意义上的监督和制约。此外，我国并没有建立起一套完整的政府部门监督审查机制，尤其是对行政立法的监督审查而言，无论是内部监督体系还是外部的社会监督体系都还有待完善。

6.行政法治建设考核评价不科学，考核结果未得到充分利用

随着国家对行政法治建设的日益重视，地方政府逐步将该项工作纳入政府考核范围。从总体上看，地方政府对行政法治建设工作的考核的重视程度明显不够，如重经济指标、轻法治指标，考核指标不明确，考核形式化，考核结果未得到充分利用，从而在一定程度上妨碍了地方政府行政法治建设工作的顺利推行。一是对行政法治建设考核重视不够，将行政法治建设工作纳入政绩考核体系尚未全面展开。许多地方只是将行政法治建设工作纳入综合考核之中，没有对该工作进行专门的单独考核。而在综合考核中，考核标准也比较原则化，缺乏具体明确的指标体系来衡量行政法治建设的落实效果。二是考核指标设置不合理。部分须纳入考核指标的未纳入，部分考核指标可操作性差，不能全面有效反映地方政府及所属部门行政法治建设的全貌。对个人具体的法治考核施行“一刀切”，未对不同岗位、不同职位的需求进行针对性的区分，考核结果偏差较大。三是考核结果未得到充分利用。考核的目的是发现问题，解决问题，并且对考核中所暴露的问题进行处理，根据考核结果鼓励先进，鞭策后进，这样才能发挥考核的督促、引导功能。目前，许多地方并未公开对政府行政法治的考核过程，对考核结果的运用基本停留

在文件上，考核结果未与个人的升迁、收入有效挂钩。长此以往，地方行政法治建设水平只能在原地打转。

三、推进和完善地方行政法治建设的建议

（一）制约地方行政法治建设推进的原因

如前所述，地方行政法治建设面临着诸多问题，这些问题的存在在不同程度上迟滞了行政法治建设的发展进程。要从根本上有效解决上述问题，需要进一步深入分析问题产生的原因。

1. 人治文化的历史沉淀

“对一个社会成功起决定性作用的是文化，不是政治[①]。”传统的人治文化对地方行政法治建设具有深远的影响。自古以来，我国就是人治色彩浓重的国度。2 000 多年的封建君主专制制度使我国长期缺乏民主法治的根基。尽管法治理念随着经济的发展与社会的进步开始萌芽，普法教育也在全国范围内开展起来，但是几千年传统文化积淀所形成的人治观念仍然根深蒂固。这种影响体现在以下多个方面：

一是部分地方政府领导人治思维严重，法治观念滞后，在行使行政管理权利时，为了自身的利益，不依照法律规定的权限和程序进行决策。此外，“以官代法”“以言为法”的现象仍时有发生，严重损害了国家、集体和群众利益。

二是一般公务人员未养成严格依法行政的意识，考虑到上级对自身仕途发展的关键性作用，倾向于依领导意志行政，而非严格按照法律制度的规定行使行政执法权。在具体执法过程中，服务意识、责任意识严重缺失，对待执行对象态度粗暴，滥用自由裁量权，对同类事件做差别处理。

三是人情执法广泛存在。讲人情是中国传统文化的一大特色，在现代社会中仍然扮演着重要角色。在现实生活中，无论是掌握决策权的领导，还是普通的行政执法人员，无一不是生活在人情社会中，无可避免地使他们在行政过程中受到个人感情与偏好的影响，不能完全做到价值中立，甚至会为了满足个体意志而牺牲法律意志，致使法律制度形同虚设。

---

① 塞缪尔·亨廷顿，劳伦斯·哈里森．文化的重要作用——价值观如何影响人类进步[M]．程克雄，译．北京：新华出版社，2010.

四是社会大众维权意识不强，在传统人治文化和隐忍文化的影响下，社会大众的法治观念不强，不习惯运用法律武器维护自己的合法权益。法律维权尚未在社会大众中间形成一种普遍的共识，进而导致社会大众对行政法治建设工作的不配合、不支持。

2. 经济社会发展的政策取向

进入 21 世纪以来，党中央国务院采取了多种方式加强行政法治建设，包括全国性法律法规的颁布实施、指导性文件的出台，以及法治工作会议的召开等。但是，地方政府面临着经济发展、社会稳定的重要任务，使地方行政法治建设工作进展缓慢。

片面追逐经济发展必然会延缓行政法治建设的进程。当前地方经济发展情况仍然是地方政府政绩考核的重中之重，因此经济发展是地方政府及其组成部门的首要工作目标，而过于强调经济发展必然会阻碍地方行政法治建设的进度。一方面，地方政府在行政法治建设与经济发展之间产生矛盾时，一般倾向于选择以经济发展为重，弱化甚至牺牲地方行政法治建设，表现在具体执法时，对正当执法进行不当干预，如对于假冒伪劣产品及侵犯知识产权的商家，一些地方的执法部门出于当地经济发展的考虑，从轻处理或者暂时搁置，不予管制。另一方面，造成不利行政法治建设工作推进的氛围。以发展经济为主，必然在政府的绩效考核中更多关注对经济指标完成情况的评估，而忽视了对行政法治建设工作实施情况的测评，或者仅仅在形式意义上进行考核，使地方政府各部门及其工作人员缺乏足够的动力推进地方行政法治工作。

"信访一票否决""稳定压倒一切"的社会稳定理念引发了一定的行政执法乱象，不利于推动地方行政法治建设。近年来，一些地方当事人上访信访率呈上升趋势，"信访不信法"已然成为一种不良社会现象。地方政府出于维护辖区社会稳定的需要，对辖区政府设定了严格的维稳考核目标，即限制地方政府辖区人员上访人次，超出一定人次则对地方政府及其领导进行问责。在这种背景下，地方政府及其领导为了安抚上访人员，维护其切身利益，避免被追究领导责任，对上访人员的要求进行最大限度的满足，甚至超越法律允许的范围进行妥协与让步，由此变相助长了地方政府与行政相对人不断做出突破法律底线、破坏地方行政法治建设的行为。目前，基层县乡政府尤其是经济落后、维稳任务重的乡镇一级政府实施行政处罚和行政强制措施时较少考虑具体行政行为的合法性、合程序性，根本原因在于不少乡镇领导法律素养相对欠缺，也没有相应行政法治建设的意识和能力。

3. 地方行政法治建设资源配给不足

地方行政法治建设资源配给是指地方政府为推进地方行政法治建设所投入的全部资源，包括硬件设施的投入和软件设施的投入。硬件设施投入主要指物力投入，软件设施投入主要指提高社会大众法律素养的投入。目前，地方政府对地方行政法治建设投入的人、财、物相对不足，这也是地方行政法治建设发展缓慢的重要原因，具体表现在以下几个方面：

一是地方政府法制机构尚不健全。省、县、乡三级地方政府法制机构设置呈“倒金字塔”格局，乡（镇）一级政府法制机构设置基本处于空白状态。省级政府及其派出机构法制机构设置比较健全，法制机构工作人员配置充分，法律素养较高，基本上具有法律专业本科以上学历。县级政府基本设置了法制机构，但是人员配置相对不足，法律素养不高，法律专业本科以上学历工作人员占比较少。乡镇一级政府较少设置专门法制机构，从事法制工作的人员也基本以兼职为主，并且法律素养不高，如浙江省某市某区辖属 9 个乡镇一级政府中，有 7 个基层政府没有设置专门的法制机构，6 个基层政府没有专人从事法制工作（表 3-4）。而且，基层政府法制机构不少是作为办公室附属机构存在，没有明确的职能和定位，有的基层政府干脆不设法制机构。此外，由于缺乏相应的激励机制，法制机构工作人员调动比较频繁，从事法制工作不满一年即调离的现象比较普遍，严重影响了法制工作的稳定性和连贯性，不利于队伍专业化建设。

表3-4　浙江省某市某区乡镇政府2018年法制机构、队伍建设基本情况

单　位	法制机构	工作人员	专 / 兼职	培训情况	法律顾问
1	法制办	5	专	3	2
2	办公室	4	专	20	6（社区 5）
3	办公室	3	兼	3	2
4	办公室	3	兼	3	1
5	办公室	1	兼	3	1
6	办公室	2	兼	1	17
7	办公室	1	兼	2	1
8	办公室	1	兼	4	1
9	法制科	3	专	4	1

二是地方政府执法人员的整体法律素养不高。在推进地方政府行政法治建设的过程中，立法是基础，执法是重点，而执法人员的法律素养则是执法成功与否的关键。毕竟每一项法律法规所产生的效益都需要通过执法人员的执法活动得以落实。然而，在实际的法治实践过程中，部分执法人员对法律的认知水平较低，依法行政意识滞后，这不仅影响了执法人员依法行政的自觉性，而且导致重权力、轻义务且不按法定程序办事等现象频繁出现，最终损害了公民的合法权益。同时，对执法人员教育培训投入不足，缺乏系统的岗位培训，忽视质量和效果，培训模式单一，计划性、实效性和针对性不强，管理和考核力度不大，影响了业务知识和专业技能的及时更新。

三是经费保障不足。地方政府行政法治建设工作的开展离不开财力支持，只有在资金充足的情况下，才能为地方政府各部门推进行政法治建设配备与现代执法方式相适应的硬件设施。现代社会中，传统现场执法模式已经发生了较大变化，为确保执法工作确实有效实现，执法必须得到科技与信息的强力支撑。否则，就算制定出完善的法律制度，在地方政府具体执法的实践过程中，也会因为执法瑕疵而影响执法的效果。例如，执法同步录音录像可以较好地解决执法人员不足及确定执法争议责任方等问题。但是，执法的科技化与信息化需要地方政府强大的财力支撑。此外，立法的规范化、社会大众法律素养的提高都离不开政府经费的投入。因此，财政相对落后的地区，行政法治建设必然相对落后。

（二）推进地方行政法治建设的路径选择

随着当前我国社会转型步伐的加快和改革的深化，社会大众对公平正义的期盼越来越强烈，运用法律手段维护合法权益的意识越来越显著，亟须地方政府加快法治建设，推进地方治理体系的健全，促进国家治理结构的进一步完善。

1.加强法治宣传力度，努力营造地方行政法治建设的良好环境

较强的行政法律意识、法制观念是克服违法行政的前提条件，是地方行政法治建设持久推进的基础。增强全社会成员特别是地方政府工作人员的法律意识和法制观念，可以进一步改善和优化地方政府行政法治的效果。“一个政府只要履行了它的职责、忠于职守，并勇于承担责任，那么，政府就会获得民众的拥护；一个负责任的政府，一个合法性程度较高的政府，就能以

较小的成本而有效地对社会进行管理[①]。”

一是健全普法宣传教育机制，组织开展地方法治建设的主题宣传，重点提升地方政府工作人员的行政法治意识。以领导干部带头为重点，加强地方政府工作人员的法治教育，完善地方政府工作人员学法用法制度，把宪法、法律列入党委（党组）中心组学习内容，列为党校、行政学院必修课，完善法制讲座、法律培训、任前法律知识考试、年度普法教育考试等制度，提升地方政府工作人员运用法治思维和法治方式开展工作、解决问题的能力；促使地方政府工作人员树立规范意识，养成依法行政的自觉性，从内心深处把依法行政作为自己的主动性和自觉性，养成良好的依法行政习惯，在内心深处形成法治面前人人平等、不得超越法律进行违法违规行为的信念。

二是创新法治宣传服务工作机制，探索建立市场化、项目化普法教育模式，着力培育公民的法治理念和法律信仰。坚持以推动全民普法和守法为目标，探索建立市场化、项目化的普法教育模式。深入开展法治宣传教育，着力培育公民的法治理念和法律信仰，引导全民自觉守法、遇事找法、解决问题靠法，在全社会营造信仰法律、崇尚法律、敬畏法律的良好氛围。通过宣传改变社会大众“信访不信法”的陈旧社会观念，使社会大众意识到自己才是法律的主人，才能对自己所拥有的权利产生占有性，对侵犯自己权利的人或者事物产生抗拒性，才能通过法律途径去保护自己的人格及尊严不被践踏。

三是创新宣传载体，增强法治文化的渗透力和影响力。积极推动基层和群众性法治文化活动，繁荣法治文艺创作，促进法治文化与群众生活的有机结合。充分发挥广播、电视、报纸等传统宣传平台的作用，加强对新兴媒体如普法官方微博、普法网和普法手机报等当代新闻媒介的利用，尤其要深入发掘和培育地方特色法治文化教育，提高行政法治宣传的效果。加强法律宣讲团、公共法律服务志愿者队伍建设。加强以案说法平台建设，运用典型案例开展普法宣传教育。在全社会树立法律至上、法治面前人人平等的观念，树立权责相统一、保障公民权利的观念。

环境能改变一切，有力的法治环境是地方行政法治建设的外在条件，地方行政法治建设需要相对宽松的法治环境，为地方政府科学立法、政府工作人员依法行政、社会大众运用法律手段解决问题提供良好的氛围。

---

① 张晓泉，林学飞．论行政法治条件下政府责任的实现途径[J]. 中共浙江省委党校学报，2003(2):50-55.

2. 优化地方行政立法，健全地方行政法治的制度体系

行政法治的前提在于有法可依，地方政府在行使职权的时候要按照既定的法律来约束自己的行为，既不出现责任缺失，也不出现权力越线，即需要有系统的法律规定作为依据。对于地方政府而言，除了宪法、法律和行政法规之外，还包括一整套具有公正性、公平性、参与性及包容性的地方政府规章和规范性文件所组成的规则体系。因此，推进地方行政法治建设，关键是优化地方行政立法，健全地方行政法治的制度体系，特别是规范行政规范性文件制定。

首先，完善地方行政立法体制机制。地方政府应进一步完善地方行政立法的各项机制，包括立项、起草、论证、协调及审议各方面的机制。在保证法制统一的前提下，结合本地的实际情况，制定切实可行的规则，增强地方行政立法的针对性、有效性、及时性和系统性。关乎民生的重大行政立法项目，应该向社会公开征集，并且通过立法前评估等形式，对行政立法项目展开科学的论证。除此之外，还要定期对地方行政立法开展立法后评估，对不适应当地社会经济发展的法律法规规章，要及时进行修正和废止，不断提高地方政府行政立法的科学性。

其次，加强规范性文件制定的系统化和规范化。规范性文件是地方政府依法履职的重要依据之一，其合法与否、质量如何，直接关系到地方政府行政法治建设的目标能否顺利实现。因此，地方政府应不断完善规范性文件，制定相关制度，特别是合法性审查制度，切实提高规范性的质量。一是立项调研制度。通过深入基层、深入群众、深入实际，了解民情、集中民智、反映民意，充分掌握第一手材料，摸清规范性文件调整对象的基本情况。二是意见征集制度。通过报纸、电视、政府网站或其他主流媒体向社会公布，拓宽民意收集渠道，广泛听取社会大众意见。三是合法性审查制度。明确规范性文件在发布实施之前必须提交相关法制机构进行合法性审查，确保规范性文件的内容符合法律法规的规定和上位政策的精神。四是文件清理制度。根据形势变化情况，对原有的规范性文件及时清理，切实解决各规范性文件之间的矛盾和冲突。定期向社会公布通过备案审查的规范性文件目录，每年组织检查本地各类规范性文件的制定和备案管理工作。五是通报制度。备案机关定期通报各报备机关报备文件的基本情况，提高报备机关不断提高文件质量的意识。

再次，建立健全社会大众全面参与地方行政立法的保障机制，引导社会

大众广泛参与地方行政立法。地方行政立法的目的是着力解决地方经济社会发展中的深层次矛盾和普遍性问题，因此所立之法必须符合社会大众的整体利益，有利于地方社会经济的不断进步。比如，深圳的禁摩令背后的利益团体或许就是深圳的高收入群体，在生活中他们很少接触到电摩，但是中底层群众可能会依靠电摩来维持生计。因此，地方政府在制定行政法律和文件的过程中，要坚持走群众路线，不断创新工作方法和工作机制，积极引导社会大众广泛参与地方行政立法过程，推动地方行政立法从封闭模式走向开放模式。明确社会团体和公民个人对于地方行政立法的创议权，可以通过法定程序自主提出行政立法建议或议案，依法申请启动地方行政立法程序等。此外，要进一步完善地方行政立法听证制度，有效保证地方行政立法听证的真实性和有效性，从而提高行政立法质量，预防立法社会冲突，避免地方行政立法给社会发展带来负面效应。

最后，完善行政立法专业化制度，提高地方行政立法的专业化水平，确保地方行政立法的时效性和实用性。地方政府要充分发挥法律专家、学者在地方行政立法过程中的作用，提升行政立法的前瞻性和科学性。在行政立法过程中，对于具体行政行为规定条文的设计，尽量做到规范性表达，避免在适用时产生歧义和误解，影响行政法律的可操作性。要与时俱进，随着经济水平的增长和社会结构的变化，确保地方行政立法与时代发展同步，以免造成不同部门法律之间的相互矛盾以及法律与政策的冲突，导致在具体的操作过程中行政立法因不合时宜而失去效力，给群众带来误解，影响执法力度。

3. 严格行政执法，完善地方行政执法制度

行政执法制度的完善，需要从行政执法主体制度、行政执法程序制度、行政裁量权基准制度和行政执法责任制度等方面入手，以保障行政执法的规范性，严格行政执法。

首先，完善地方政府行政执法体系建设。要根据法律、法规和规章的立、改、废情况，及时调整行政执法职责，明确执法机构、执法岗位、执法人员的执法责任，加大推行相对集中的行政处罚工作力度，推进综合行政执法体制机制改革，规范委托执法，建立权责明确、行为规范、监督有效、保障有力的地方政府行政执法体系。一是按照整合执法主体、提高执法效率、防止多头执法的要求，推进综合执法体制改革，设置合理的执法权限，科学、审慎地调整职能设置。原则上要求整体划转部门的行政处罚职责，归并

执法队伍；对暂时只能部分领域划转的，应按照有利于划清职责边界、优化职能配置的原则，全领域划转；不得单项或单条划转。可一次报批，分步实施，对经批准划转的职能成熟一个划转一个，时机不成熟的可暂不划转。二是将技术性强、需要专业设备和专业知识的鉴定检查、主管部门有独立执法队伍及在固定场所内发生的管理事项划回原主管部门管理，从而缩小综合执法的职责范围，改变综合执法“大包大揽”的做法。三是严格执法范围调整规范，明确未经法定程序，不得随意变更综合执法的职责范围和执法程序，切实树立地方行政执法权威。

其次，严格规范行政执法行为。一是完善行政执法程序。行政执法部门要结合实际，依法细化执法流程，明确行政执法的每一个环节和步骤，完善行政执法告知、说明理由、回避、调查取证、听证、集体决定等制度。二是进一步推进规范行政裁量权工作。结合本地实际，制定具体实施办法，全面推行行政裁量基准制度。三是改进行政执法方式。行政执法部门及其执法人员要坚持文明执法，尊重执法对象的人格尊严，做到举止文明、态度公允、用语规范。四是坚持管理与服务并重、处理与疏导结合，积极推行行政指导等柔性执法方式。加强行政执法和行政执法监督信息化建设，实现行政执法流程网上管理和监督，提高行政执法效率和规范化水平。五是健全行政执法案卷。定期组织行政执法案卷评查，并针对评查中发现的问题，提出进一步规范行政执法行为的意见。

再次，建立健全相关配套制度。强化对地方政府依法行政和工作人员具体行政行为的监督，根据行政执法的特点和执法侧重点，制定针对性强、便于操作的规章制度，建立健全的行政执法公示制度、行政执法案件报告制度、行政执法责任制度、行政执法检查制度、行政执法罚没物品管理制度、行政执法举报投诉制度、行政执法过错责任追究制度、行政执法考核奖惩制度等一系列制度，进一步明确行政执法机关的执法目标和执法责任，规范执法行为，不断提高执法水平和执法效果，防止和减少行政干预的发生，防止行政不作为、乱作为的发生，让执法更有力、更文明、更科学，让执法成为公民利益的可靠保障。

最后，地方政府还应强化行政执法责任制，对不履行、违法履行或者不当履行法定职责，致使公民、法人和其他组织合法权益受到损害，造成不良后果的，要严格依法追究有关责任人员的责任。要加强行政执法队伍建设，严格实行行政执法人员资格制度和持证上岗制度。

4.提高行政监督意识，健全行政监督机制

行政监督有利于体现我国政府在权力行使上的制衡作用，体现法律的民主化；有助于行政机关提高行政能力，减少行政违法行为；有利于法律赋予监督主体权利的实现，维护行政相对人的合法权益。地方政府作为被监督对象，应积极构建多元行政监督体系，建立健全监督机制，科学、理性地看待行政监督，提高监督意识，主动接受监督，着力实现行政监督法制化，建立完备的监督法律体系。

一是强化行政机关内部监督机制。加强行政机关内部监督是行政机关自我纠错、自我监察的表现。地方政府应建立健全地方政府内部层级监督制度，通过请示报告、执法检查、审查批准、重大行政行为备案、评议考核等形式，加强上级行政机关对下级行政机关行政行为的日常监督。要进一步加强审计、监察等专门监督，尤其是要着力加强财政专项资金和预算执行审计、重大投资项目审计、金融审计、国有企业领导人员经济责任审计等工作，以及社会保障基金、住房公积金、扶贫救灾等公共资金的审计工作。监察部门要全面履行法定职责，积极推进行政问责和政府绩效管理监察，严格追究违法违纪人员的责任。各级行政机关要支持并配合审计部门和监察部门依法独立行使监督权。

二是强化复议监督机制。地方政府要切实加强和改进行政复议工作，努力将行政争议化解在初发阶段，解决在行政程序之中。要畅通行政复议渠道，坚持便民利民原则，积极受理行政复议案件。加大对行政复议制度的宣传力度，引导公民、法人和其他组织通过行政复议渠道解决纠纷。要创新行政复议申请方式，简化申请手续，方便当事人提出申请。要改进行政复议审理方式，综合运用书面审查、实地调查、听证、质证等手段办案，查明事实、分辨是非。要依法公正做出行政复议决定，坚持以事实为根据、以法律为准绳；对违法或者不当的行政行为，该撤销的坚决予以撤销，该变更的坚决予以变更。要注重和解、调解方式的运用，促进当事人互谅互让，达成协议。

三是强化社会舆论监督机制。地方政府要在自觉接受人大监督、政协的民主监督和司法机关依法实施监督的同时，更加注重接受社会舆论和人民群众的监督。要畅通监督渠道，保障社会群众对于监督权力的实现，如设置专门政务服务热线或者信访大厅，解答和记录反馈的违法行政问题。要完善群众举报投诉制度，拓宽群众监督渠道，依法保障人民群众对行政行为实施监督的权利。要认真调查、核实人民群众检举即新闻媒体反映的问题，及时依法处理。对社会影响较大的问题，要及时将处理结果向社会公布；对打击、报复检举、曝光违法或者不当行政行为的单位和个人的，要依法追究有关人员的责任。

5.创新考核方式，完善考核评价体系

法治政府毕竟是一个抽象概念，尽管国务院出台的《全面推进依法行政实施纲要》给出了实施的具体化意见，但是仍然在目标的具体描述上和最终成果的评价上略显乏力，难以量化，缺少硬性约束，易陷入口号性宣传的局面。因此，建立一套行之有效的法治政府行政法治指标评价体系，采用一系列分解、细化、量化的数据来具体衡量法治政府实现的状况，推动法治政府建设不断向前发展，显得十分必要。正如马怀德教授所言："如果在我们现行的经济指标、社会指标、人文指标和环境指标等基础上再增加一个法治指标，简称'法治'，让各级政府和官员不再唯经济指标马首是瞻，这样的话，就能让依法行政成为理性选择，使法治的推动由被动转为主动。"

一是创新评价指标。从法治工作规定动作的完成度和及时度、法治建设成果绩效评价、民主法制领域改革的创新和推进程度等方面建构完整的地方法治建设工作考核评价指标。在制定体系的过程中，首先要着重加强依法控权和依法行政部分内容的设计和分值安排，增加对行政权力的制约和监督方面的指标设计，以达到限制行政权力、建设法治政府的最终目的。比如，在行政复议的诉讼中推行部门首长的应诉制度以及信访工作的接待情况等相关指标的设计。其次，要注重量化硬性指标，以克服定性分析的主观性强、随意性大、评价模糊的弊端。加大定量分析分值和权重，每项定性指标全部包含具体的评分事项和分值，选取符合地方政府职能和权限的指标，科学细化量化。

二是健全考核机制。要健全行政法治考核制度，根据地方行政法治建设的目标和要求，把是否依照法定权限和程序行使权力、履行职责作为衡量地方政府及其部门各项工作好坏的重要标准，把是否依法决策、是否依法制定发布规范性文件、是否依法实施行政管理、是否依法受理和办理行政复议案件、是否依法履行行政应诉职责等作为考核内容，科学设定考核指标，一并纳入地方政府及其工作人员的实绩考核指标体系。探索考核的长效机制，在考核方式上，按照年终考核与日常考核相结合、传统考核与创新考核相结合的方式进行，特别要注重平时考核的进行。建立和落实责任单位互评、领导

小组综合评、专业评估、社会评价等多管齐下的评价方式，建立一套具有地方特色的考核评价机制，为客观、科学地评估法治政府建设状况，推动政府及其部门整体提升法治能力和依法行政水平提供坚实的法治保障。

三是强化结果运用。为突出法治建设的分量，增强法治建设的动力，充分发挥法治建设的考核倒逼作用和相应的激励作用，必须强化行政法治建设考核结果的运用，将测评结果与地方政府的绩效考核及领导干部选拔、任用、奖惩挂钩。要加强协调、指导和督促，形成一级抓一级、逐级抓落实的组织领导体系，把法治建设作为政府的“一把手”工程抓紧、抓好、抓落实。要建立问题通报机制与责任追究的联动机制，制定相关整改方案。要坚持循序渐进、注重实效的原则，确定指标体系实施的工作重点，并将有关工作任务逐项分解落实。

第四章　人民调解化解纠纷机制的再探索

一、筑牢矛盾纠纷化解"第一道防线"，新时代人民调解工作成为社会治理排头兵

党的十九大提出，要积极打造共建共治共享的社会治理格局。人民调解作为诉讼之外化解矛盾、解决纷争的重要方式，具有高度自治性、群众性和民间性，是推进基层社会治理的重要力量，充分契合和体现了共建共享、源头治理等现代社会治理理念。近年来，为适应基层社会治理创新需要，宁波市着力强化人民调解的基础性地位，全面加强社会矛盾纠纷预防和化解工作机制建设，形成了以人民调解与行政调解、司法调解相互衔接为基础，以行业性、专业性调委会为亮点，具有宁波特色的社会矛盾调解工作格局，工作模式、工作成效在全省均处于前列。宁波市人民调解坚持以法治化、专业化、协同化筑牢矛盾纠纷化解"第一道防线"，已成为社会治理排头兵。

（一）坚持以法治化引领人民调解工作规范运行

传统调解依赖于调解员的个人威望、社会地位，注重"摆平"纠纷。在依法治国的背景下，当事人更信赖法律权威。针对这一特点，宁波市始终强化人民调解的法治化、规范化建设，推进依法化解、专业调解，避免"和稀泥"，不断提升人民调解公信力。

一是立法先行。坚持以地方立法为指引，规划和推进人民调解工作。2012 年，宁波市通过并实施了《宁波市医疗纠纷预防与处置条例》，这是全

国首部涉及建立和规范医疗纠纷人民调解工作的地方性法规。2015 年 6 月实施的《宁波市人民调解条例》成为暨《中华人民共和国人民调解法》实施后全国第二个、全省第一个地方性法规，对宁波市人民调解组织设立、调解程序规范、经费保障等方面均做了系统化、规范化的要求，并对成熟的人民调解创新举措予以立法确认。目前，全市共有各类人民调解组织 3 723 个，专兼职人民调解员 14 853 名，年平均化解纠纷 10 余万件，调解成功率在 98% 以上。

二是规范引领。除立法外，注重通过制度规范工作。据统计，宁波市近年来制定下发的人民调解工作规范性文件达 20 余件。例如，2012 年制定下发了《关于宁波市人民调解工作规范化建设实施意见》，提出人民调解组织“四落实五有、六统一七上墙”工作目标；2014 年制定下发了《关于加强行业性专业性人民调解工作规范化建设的实施意见》；2017 年下发了《关于开展“宁波市人民调解委员会规范化建设示范点”创建活动的通知》，致力于打造一批具有示范引领作用的升级版调委会，进一步扩大人民调解辐射效应。宁波市人民调解组织规范化建设经验也得到了司法部专题片的推广介绍。

三是专业支撑。宁波市制定下发了《关于建立完善法律服务工作者参与人民调解工作机制的实施意见》，以自愿性、依法性、公益性为导向，广泛吸纳法律服务工作者参与人民调解工作，重点组建律师服务团队等专治人民调解的“疑难杂症”。目前，全市已组建法律服务工作者公益服务团队 71 个、重大突发群体性纠纷人民调解法律服务团队 31 个、人民调解专家库成员 548 名、人民调解师资库成员 272 名，吸纳 261 名法律服务工作者作为兼职人民调解员，建立法律服务机构与 156 个乡镇（街道）司法所对接机制，在全市 3 281 个村（社区）等人民调解组织安排结对法律顾问。同时，发挥知名调解员业务精、威望高、口碑好、人头熟等优势，推进建立以全国模范人民调解员、调解能手（金牌调解员）等命名的品牌化人民调解工作室，全市共建立 80 余家，涌现了“老何说和”等一批人民调解工作品牌。

（二）坚持以专业化拓展人民调解工作领域范围

社会转型期矛盾纠纷具有复杂性、多样性、专业性特点，要求调解员有较高的法律素养和专业水准，但传统人民调解组织往往应对无力。与严格的诉讼程序相比，人民调解具有便捷性、灵活性、效率高的特征。宁波市人民调解工作积极回应人民群众的新期待，不断探索新理念、新方式，稳步推进行业性、专业性人民调解组织的建设。目前，已相继在交通、医疗、劳动、知识产权等 15 个领域建立了行业性、专业性人民调解组织 120 余个。其中，宁波市首创的交通事故纠纷、医疗纠纷、劳动争议纠纷被誉为人民调解的“宁波解法”，商会、旅游、知识产权、金融等领域人民调解工作在全国具有影响力。

一是适应社会业态需求，拓展纠纷解决服务领域。宁波市司法局积极拓展深化行业性、专业性人民调解服务领域，确立“能调则调、调解优先、调防并进”的治理理念，开创“专业化 + 社会化”人民调解新模式，走出了一条人民调解创新发展、升级推进的宁波路径。以专业领域人民调解制度建设提升行业自治法治的水平，促进社会经济环境的优化。根据专业、行业领域纠纷的发生态势，积极拓展建立行业性、专业性人民调解组织，建设自治型协商性纠纷解决机制，营造了良好的社会经济环境。例如，针对医患矛盾“针尖对麦芒”的窘境，宁波市在全国率先引入人民调解工作机制，为医疗纠纷的解决设置了中立的第三方平台，并逐渐成为医患沟通协商和纠纷化解的主渠道，成为医疗纠纷化解的“主力军”。宁波市相继建立物业纠纷、保险合同纠纷、婚姻家庭纠纷、环境污染纠纷等人民调解委员会。行业性、专业性人民调解组织化解的纠纷量达到全市人民调解纠纷数的 60% 以上。

二是服务城市治理需求，深化部门联动融合机制。人民调解方式的自治性、修复性特点有助于解决纷争，弥合分歧，构建“以人民为中心”的社会治理体系，加强预防和化解社会矛盾，形成共建共治共享的和谐发展环境。为快速、公平解决赔偿纠纷，在减轻公安交管部门工作压力的同时降低群众纠纷解决成本，发挥人民调解便捷性、平等性、公益性优势，宁波市 2006 年创建了全国第一家交通事故纠纷人民调解组织，旨在打造交通事故纠纷调解“快车道”，在化解交通事故纠纷方面发挥了积极作用。目前，全市有区县（市）交通事故人民调解委员会 13 个，专兼职调解员 151 人，年均化解纠纷达 4 万～ 5 万件，占交警接警数的 70%，调解成功率在 98% 以上，极大地解放了警力，化解了劳动争议纠纷案件需要经过仲裁、诉讼等烦琐程序而使案件长时间得不到解决、容易激化矛盾的问题。

三是探索高端配套需求，建设专业化解机制。积极贯彻市委市政府“创建中国制造 2025 国家级示范区”“关于发挥服务市场主体职能打造优质营商环境的若干意见”的决策要求，在商会领域秉承“更严格的标准、更专业的服务”理念，探索实践“一站式全程代理、全方位多元调解”的新型商会调解模式，及时有效预防和化解非公企业的内外部矛盾，为促进非公经济健康发展发挥了不可替代的作用。宁波先试先行优化营商环境，在区县（市）商会、行业商会、异地商会、乡镇（街道）商会、商圈商会五类商会中建立健全人民调解组织，积极探索商会领域治理，谱写商会人民调解“新篇章”。2017 年，全国工商联非公有制企业劳动争议预防调解培训班在宁波举办，骆驼商会成为商会调解的名牌，并相继推进了旅游、保险、知识产权、金融等领域的人民调解工作，使人民调解的受众面进一步扩大。积极构建旅游纠纷化解“风向标”，《中国旅游报》将旅游纠纷宁波人民调解工作归纳为“宁波模式”。打造知识产权纠纷化解“助推器”，设立宁波市知识产权民事纠纷诉调对接中心，搭建知识产权运用与保护第三方平台，在此平台上实现与法院、知识产权局的一体对接，形成金融纠纷化解“新格局”。宁波市于 2015 年启动普惠金融综合示范区试点，为配合此项试点、化解多发的金融消费纠纷，同年 3 月，在宁波市金融消费保护协会成立了“宁波市金融消费纠纷人民调解委员会”，共有人民调解员 20 名，今年市金融消费纠纷调委会新建 11 家人民调解工作室。人民调解员积极参与矛盾纠纷的源头防控、多元化解，并以强化诉调警调衔接、提升专业调解能力、拓展人民调解组织和打造品牌为抓手，有效化解了各类矛盾纠纷，为构筑和谐有序的经营环境和创业环境做出了一定贡献。

（三）坚持以协同化提升人民调解工作整体合力

宁波市坚持调解机制创新完善和调解力量整合衔接，加强人民调解与行政调解、司法调解联动，努力形成以人民调解为基础的多元化纠纷解决机制。

一是公共法律服务成为多元纠纷化解的“新平台”。2010 年，试点推行“社会矛盾联合解决机制”，指导区县（市）依托公共法律服务中心建立社会矛盾联合调解中心，推行窗口化服务，化解分流矛盾纠纷。2016 年，全市县级人民调解组织协调机制全面建立，区（县）、镇乡（街道）、村（社区）三级上下贯通，资源得到有效整合。各地统筹运用好公共法律服务中心及其公共法律服务网的大平台、大数据、大网络，利用公共法律服务体系中律师公证、司法鉴定、法律援助、基层法律服务等业务信息资源和网络调解、微信调解等信息化手段，为人民调解工作提供支持，并对接 ODR 工作机制分流化解纠纷。

二是“老潘”等驻所工作室构建起警调衔接的“新桥梁”。宁波市先后制定《关于情节轻微的人身伤害和财产损害案件委托人民调解的若干意见》《关于在全市全面推行“警调对接”机制建设的工作意见》等文件，强化警调衔接机制建设。至2013年8月，宁波市驻公安派出所人民调解工作室全面建立，共有“警调衔接”人民调解组织143个，目前70%以上的治安民事纠纷由人民调解组织化解。宁波市司法局、公安局联合下发的《关于进一步深化完善“警调衔接”工作机制的实施意见》，将“互联网+”理念引入警调衔接机制，将预约端口嵌入网络平台和新型警务平台，群众可以线上选择人民调解员，预约调解时间和地点，并打造以全国模范人民调解员潘明杰命名的鄞州区东柳街道人民调解委员会驻公安派出所调解工作室——“老潘工作室”为“警调衔接”的宁波样板，使工作机制进一步深化。

三是“诉调衔接”“检调衔接”成为司法案件分流的“新途径”。宁波市出台《关于建立诉讼调解与人民调解对接机制的若干规定（试行）》《关于印发<关于人民法院委托人民调解委员会调解民商事案件的暂行办法>的通知》《关于情节轻微的人身伤害和财产损害案件委托人民调解的若干意见》等文件，规定法院在立案前、受理后引导当事人通过人民调解途径化解纠纷，或者委托人民调解组织进行调解，规定对符合条件的轻微刑事案件，将经济赔偿等民事问题在当事人自愿申请的基础上引入人民调解，开展刑事和解。在法官、检察官员额制和立案登记制改革的背景下，人民调解作为中立的第三方及时介入法院、检察院案件，解决了大量的矛盾纠纷，节约了司法资源。目前设在法院、法庭的人民调解委员会或调解窗口有36个，有专兼职调解员58人。截至2017年，人民法院共受理调解案件48 704起，成功调处45 374起，成功率达93.16%。

四是“访调衔接”成为服务群众的“新通道”。人民调解参与信访矛盾化解工作是了解民情、集中民智、维护民利、凝聚民心的一项重要工作，宁波市积极探索人民调解参与信访矛盾化解的新路子，建立健全了信访与人民调解联动工作体系。早在2010年，基于“大调解”机制建设的要求，宁波市10个区（县）市司法局会同信访部门初步建立访调对接机制，乡镇（街道）层面部门工作衔接顺畅，发挥了较好的作用。2018年5月，司法部部署开展人民调解参与信访矛盾化解试点工作以来，宁波市加快“访调”对接工作，创新发展新时代“枫桥经验”的新路径。通过全面落实“五个一”，

即一个积案、一名领导、一套班子、一个方案、一抓到底的信访大接访工作机制和“专家调专案”（将人民调解专家库与重大突发性群体纠纷人民调解法律服务团队整合）助推信访矛盾化解关口前移、源头分流、合力攻坚。目前，市、县两级人民调解组织进驻信访部门实现全覆盖；建立乡镇（街道）“访调”对接工作室和联调中心共 229 个，覆盖率为 100%。2018 年 6 月至 9 月，全市排摸出信访矛盾 1 082 件，受理 836 件，调解 807 件（其中初信初访 707 件，群体性上访 15 件，越级上访 11 件，信访积案 58 件），调处成功 653 件（其中信访积案数量 21 件），调处成功率为 80.9%；导入法治轨道 217 件，预警报告党委政府 33 件，促进了社会和谐稳定。

五是律师调解成为纠纷当事人的“新选择”。2018 年，宁波市被确定为全国首批律师调解试点城市。试点工作开展以来，通过资源整合，借助完善的公共法律服务体系及驻法院的法律援助工作站，迅速在各级法院、公共法律服务中心以及部分有条件的律师事务所等设立了律师调解工作室。截至 11 月底，全市共设立各类律师调解工作室 38 个，实现了法院、公法中心全覆盖，另有 15 家律师事务所也设立了律师调解工作室。2018 年 1 至 11 月，全市律师调解案件总共 2 284 件，愿意调解的 2 213 件，调解成功 1 293 件。

二、以立法为先导，助推人民调解转型升级——宁波人民调解地方立法的探索与实践

党的十八届四中全会和十九大对全面深化改革、全面推进依法治国做出了顶层设计和战略部署。在法治社会、法治经济的视野下，改革推进必须在法治的轨道上运行，由法治提供保障。“有法可依”是“有法必依”的前提，立法是法治的基础[①]。为应对矛盾纠纷高发态势，国家层面加快了立法步伐，于 2011 年施行《中华人民共和国人民调解法》。宁波市重视通过立法加强矛盾纠纷化解工作，早在 2008 年制定实施了《宁波市医疗纠纷预防与处置暂行办法》，设立“协商与调解”专章，开启了医疗纠纷化解的“宁波模式”。医疗纠纷化解的专项立法开全国先河，取得了立法推进重点工作的成功经验[②]。为贯彻实施《中华人民共和国人民调解法》，在立法资源紧缺的情

① 乔晓阳．发挥立法对改革的引领和推动作用 [N]. 人民日报，2016-07-19(7).

② 后经立法程序，制定了《宁波市医疗纠纷预防与处置条例》，于 2011 年 8 月 31 日经宁波市第十三届人大常委会第 34 次会议通过并经浙江省第十一届人大常委会第 29 次会议批准实施。该立法内容为《浙江省医疗纠纷预防与处理办法》整体吸纳。

况下，宁波市于2012年把《宁波市人民调解条例》(下称《条例》)列入市十四届人大常委会“五年立法项目库”，2014年根据社会治理工作需要提速为“立法制定项目”。2014年12月26日，草案经宁波市第十四届人大常委会第二十次会议审议通过，并于2015年3月27日获浙江省第十二届人大常委会第十八次会议审议批准。《条例》成为人民调解法实施以来全国第二部、浙江省首部关于人民调解工作的地方性法规。宁波市涉及人民调解工作的地方性法规有两部之多，实属罕见，也充分体现了市人大对运用立法推动民生领域重要工作的重视和关注。

(一)立法背景：人民调解转型失序与实践困顿

人民调解是一项融合我国传统资源与体制特色的纠纷解决机制，有着“东方之花”的美誉。人民调解的发展路径并非一帆风顺，有学者认为，其在改革开放后经历了“否定之否定”的过程[①]。从人民调解立法历程来看，虽然1954年就颁布了具有里程碑意义的《人民调解委员会暂行组织通则》，但是长期以来，人民调解法制化程度不足。宪法和民诉法虽然对人民调解制度做出了规定，但其法律内容主要由1989年国务院颁布的《人民调解委员会组织条例》(行政法规)和司法部颁布的《人民调解工作若干规定》(行政规章)组成，法律层级低且缺少法律规制。

自2002年以来，我国社会结构发生了巨大变化，改革进入了深水区，出现了法律与秩序的脱节、断裂和不和谐状况，矛盾纠纷的高发、多发情况随之呈现。司法诉讼的固有弊端——诉讼延迟、成本高昂、对抗激烈等伴随着“诉讼井喷”一一显现，司法权威难以树立彰显。在传统纠纷解决机制(行政处理、司法判决)应对无力的情况下，党委、政府将目光重新聚焦于人民调解制度，寄希望于重拾重建，将之打造成矛盾纠纷的“第一道防线”。

传统的人民调解定位于解决基层民间纠纷的自治活动。人民调解组织是基层群众的自治组织。人民调解是基层群众自我教育、自我管理、自我服务的化解纠纷的一种形式，长期以来，在“乡土社会”的“差序格局”中发挥着重要的解决纷争促进和谐的作用。有学者认为，人民调解更多地体现了国家通过其制度构建以实现正统秩序、政治观念传递、控制和管理的一种模

① 范愉.《中华人民共和国人民调解法》评析[J].法学家,2011(2):1-12.

式，其解决纷争的功能反而处于弱化和次要地位。除了民间纠纷以外，其他纠纷也未曾进入人民调解的视野。

世界范围内 ADR（诉讼外纠纷解决机制）的蓬勃发展和社会转型期矛盾纠纷的压力，使人民调解价值被重新发掘。人民调解迎来重大转机得益于“社会主义和谐社会”概念的推出。因与“和谐”理念高度契合，使人民调解重获政治青睐而走上了快速发展之路。但是由于人民调解法规之间存在微妙差异，社会对其定位及其法治中的作用产生了各种误解。实践中“八仙过海，各显神通”，错位、混乱等现象时常发生，即所谓“调解失序”和“调解异化”。

总体来说，人民调解转型失序与实践困顿主要表现在以下几个方面：

一是定位偏差。近年来，人民调解领域经历了从纵向发展到横向扩展的过程，人民调解组织逐步呈现出多元化格局。人民调解作为非正式的、非程序化的纠纷解决方式发挥着重要作用，但是在面对大量的重大复杂纠纷、群体性案件和新类型纠纷时，也会感到准备不足，难以应付。因此，在维稳压力和错位法治的理念下，基层迫切希望人民调解成为司法化、程式化和专业化的纠纷解决机制，从而超越宪法定位，脱离对基层自治组织的依附，从乡土性向专职性转移。

二是行政色彩浓厚。为了更多地解决纠纷，往往根据党委、政府的需要，将所有矛盾纠纷揽入化解；为了解决社会兼职人员不足和效率低的问题，由基层行政人员（公务员）担任调解员，听凭行政命令指挥解决纠纷；行政机关（或者说“司法行政机关”）建立或设立名目繁多的人民调解组织；司法行政指导人民调解工作人员超越自身职责，直接调解纠纷，并出具“人民调解协议书”；大量案件经名为“人民调解”实为“行政调解”的渠道解决。人民调解成为解决纠纷的兜底箩筐，凡其他渠道难以化解的纠纷，都进入人民调解程序。强迫调解及人民调解工作中的行政性、正式性广受诟病。

三是人民调解的支持不足。人民调解制度根植于本土传统文化，与宗族家族文化、基层乡土治理一脉相承。不可否认的是，脱胎于乡村自治治理的传统人民调解与现代纠纷解决机制的要求相比较，颇有些“格格不入”。例如，人民调解员队伍由兼职人员组成，调解工作在农村主要由基层自治组织人员组成，在城市主要由退休人员完成。人民调解化解纠纷靠“教育、做思想工作”，缺乏开展调解的其他专业手段和技能，解决的是婚姻、家庭、邻里纷争等鸡毛蒜皮的小事（所谓民间纠纷）。调解组织难以从外部获得支持，也不具有独立性，它依托于基层自治组织生存，少得可怜的调解经费、调解员薪酬补贴也要靠基层组织筹措解决。

四是规范化程度低。从人民调解制度设计来看，“灵活、便捷”是其优势。但反过来说，随意性、缺乏基本程序也是它的弱点，如调解不注重保护当事人权益；调解当事人及相关信息披露容易；文书格式没有统一标准；人民调解标牌标识凌乱等。各地为了争取“有位”乱创新，加剧了这种混乱局面。

调解作为诉讼外纠纷解决机制的基础，在社会治理中发挥着越来越重要的作用。尤其是在社会转型期，这种合意型解决纷争的方式更有助于平和解决纠纷，减少对抗性，增强社会活力。在法治建设的背景下，传统人民调解为了适应矛盾纠纷新的发生态势也面临着现代转型。上述转型中存在的“调解失序”问题，一方面表达了人民调解意图在加强社会治理过程中发挥更大的作用，另一方面表达了实践中的无奈，即人民调解因制度掣肘，可以调动的资源非常有限。欲重焕生机，人民调解必须做出与时俱进的调整。

（二）地方实践：人民调解地方立法空间与突破路径

2011 年，《中华人民共和国人民调解法》实施。学者评价：调解法启动了“我国多元化纠纷解决机制建构的新起点”。在法律起草过程中，就人民调解的“司法化与民间化、群众性与职业化、统一与多元、灵活与程序、垄断与开放等不同选项”进行了广泛的讨论，使这部法律具有务实性、开放性，但是也存在观念博弈、利益冲突、部门立法与全局平衡的问题。基层迫切希望这部法律能解决实践中关切和困惑的问题，不可否认的是，法律是滞后的，现实永远需要探索。尤其是作为位阶较高的法律，基于我国区域之辽阔、人口之众多、社情之复杂考量，多趋于保守。法学家也指出，“《中华人民共和国人民调解法》并不能解决所有亟须解决的问题，在其实施中仍存在一些不确定因素。”这也是上位法预留给地方立法的空间。

事实上，人民调解已经成为宁波市化解矛盾纠纷、维护社会稳定、构建和谐社会的重要途径。近年来，宁波市人民调解工作发展迅速，全市共有各类人民调解组织 4 553 个，专职和兼职人民调解员 15 000 余名，年均化解纠纷 10 万件，调解成功率在 95% 以上。宁波市委市政府明确提出要进一步加强人民调解工作，更好地发挥人民调解在维护社会和谐稳定中的重要作用。从国家立法层面看，《中华人民共和国人民调解法》对人民调解的范围、组

织形式、人民调解与行政调解和司法调解联动工作、保障措施等问题的规定不够明确，需要通过地方立法予以补充和细化。同时，自 2007 年以来，为了解决宁波市大量涌现的新类型矛盾纠纷，开展了在行业和专业领域设立人民调解组织的探索，相继在交通事故纠纷、医疗纠纷、劳动争议化解中确立了人民调解的“宁波模式”。这种转型期的探索亟待通过某种形式的评价、指引和确认。因此，发挥立法对人民调解的支持和推动作用，在立足该市实践，借鉴外省、市立法经验的基础上，制定《宁波市人民调解条例》（以下简称《条例》），能够从法制层面固化人民调解工作的特色做法和有益经验，提升和规范人民调解工作，维护社会的和谐稳定。这也是运用法治手段加强社会治理的有效途径。

《条例》在起草过程中确立的基本方向是：重申人民调解的定位和正当性；确立地方支持人民调解的基本政策，合理配置资源，完善制度保障；明确人民调解指导部门的职责；确立调解机构设置及其形式；规范调解程序；促进人民调解与其他调解渠道的衔接等。《条例》凸出重点，主要集中在上位法规定不明而实践中亟须厘清的内容，包括以下几个方面。

1. 关于人民调解工作的指导

虽然上位法确定了基层人民法院和司法行政机关对人民调解的指导职责，但是基层感觉不甚清晰，难以操作。为了避免职能模糊、互相推诿扯皮，《条例》细化了部门职能，如第五条规定了司法行政机关承担实施人民调解法、总结推广工作经验、组织业务培训等四项职责；第六条规定了基层人民法院协助人民调解员培训、开展人民调解协议书司法确认及对人民调解工作提出司法建议等四项职责。由于基层自治组织换届中涉及人民调解组织相关工作，《条例》第七条规定了民政部门在村（居）民委员会人民调解委员会委员选举中的职责。同时，基于行业性、专业性人民调解工作需要，《条例》第十条规定了相关人民调解委员会设立单位在人民调解工作中的职责。

2. 关于人民调解委员会的设立主体和组织形式

为了保持人民调解组织的社会性、群众性和自治性，避免人民调解过于“行政化”，根据宁波市人民调解工作的实际情况，《条例》第九条和第十条明确了人民调解组织设立主体。第九条规定了乡（镇）、街道和村（居）民委员会依法设立人民调解委员会，企业事业单位、社会团体和其他组织根据需要设立人民调解委员会。此外，针对宁波市行业性、专业性人民调解委员会发展迅速并取得显著成效的情况,《条例》第十条规定在民间纠纷相对集中的行业领域，有关行业协会或者其他社会团体可以依法设立行业性、专业性人民调解委员会，以进一步促进调委会的发展。同时,《条例》第十二条规定乡（镇）、街道和行业性、专业性人民调解委员会派驻人民调解工作室及村（居）民委员会、企业事业单位人民调解委员会建立调解小组和信息员队伍的情形。上述规定能有效杜绝人民调解组织设立中的以行政性取代社会性行为。

3. 关于人民调解委员会受理民间纠纷的范围和管辖

《中华人民共和国人民调解法》对于人民调解的受理范畴只是笼统规定为民间纠纷，并且未划分调委会的管辖范围，给实践工作带来了不便。在总结实践做法，借鉴外省、市立法的经验基础上,《条例》第十七条规定:“人民调解委员会受理公民、法人、其他社会组织之间涉及民事权利义务争议的各类民间纠纷，但法律、法规规定只能由专责机关管辖受理或者禁止采用人民调解方式解决的纠纷除外”。其实际上将“民间纠纷”的内涵扩展至“民事权利义务争议”，并做了除外规定。同时，为了避免管辖不明，其对纠纷管辖作出明确。《条例》第十八条规定:“民间纠纷一般由纠纷发生地的人民调解委员会受理，也可以由当事人所在地的人民调解委员会受理。当事人协商选择向其他人民调解委员会申请调解的，应当征得被申请人民调解委员会的同意。行业领域的民间纠纷一般由相应的行业性、专业性人民调解委员会受理。村（居）民委员会、企业事业单位人民调解委员会调解不成的民间纠纷，当事人可以向其他人民调解委员会申请调解或者向人民法院提起诉讼。”上述条文总结了实践中的受理方式，从便利调解出发，采取的是“属地 + 属人”的管辖原则，例外规定了“协商管辖”原则，充分考虑了人民调解的灵活性。

4. 关于人民调解与行政调解、司法调解联动工作体系

为了积极贯彻十八届四中全会精神，落实《中共中央关于全面推进依法治国若干重大问题的决定》提出的关于完善人民调解、行政调解、司法调解联动工作体系的要求。《条例》第四条规定建立健全人民调解工作协调机制，同时在以下两个方面对有关问题进行了明确：一是明确了联动的基本形式和国家机关委托调解的相关要求、程序和不予调解的情形，对国家机关和人民调解委员会之间的关系也做了明确规定；二是对调解协议被人民法院确认无效的，规定了相关工作衔接机制。《条例》第二十六条规定:“调解协议因人民法院生效判决变更、撤销或确认无效的，人民法院应当将结果反馈给相关

人民调解委员会，并告知同级司法行政机关。”

5.关于人民调解经费、人员及其他资源的保障

依据《中华人民共和国人民调解法》和司法部、财政部《关于进一步加强人民调解工作经费保障的意见》的有关规定，《条例》第二十八条规定：“各级人民政府应当将人民调解工作指导经费列入同级财政预算，对人民调解工作补助经费、人民调解员补贴经费等人民调解工作所需的其他经费给予必要的支持和保障。”《条例》第十一条规定：“人民调解委员会的设立单位应当为人民调解委员会开展工作提供办公条件和必要的工作经费。”《条例》第十五条规定了人民调解员的队伍建设要求，并对人民调解员的业务培训和兼职人民调解员做了规定。《条例》第十六条规定了人民调解专家库制度的建立，以便有效整合利用各种专家资源。《条例》第二十九条、第三十条分别对人民调解员的救助、抚恤和优待，以及人民调解员的执业意外伤害保险等保障进行了规定。

6.关于法律责任

《条例》第三十二条到三十五条对相关部门、人民调解员、调解双方当事人的违法行为和相应的责任做了规定，其主要目的是促进调解、树立调解公信力。

（三）立法检视：人民调解地方立法回顾与前瞻

现代性问题是调解转型中面临的主要挑战。一些激进的观点认为，人民调解缺乏形式理性，是站在法治的对立面的。不可否认，调解中残存着与法治不相容的因素。因此，适应于传统文化的人民调解制度在法律治理观念的视野下必须重新调适，与当前社会治理语境和群众需求接续。

法律的指引更加明确且具有权威性。与上位法及各地人民调解地方性立法内容相比较，《条例》尝试对“人民调解工作相关部门的指导、人民调解委员会的设立主体、人民调解委员会受理民间纠纷的范围和管辖、人民调解与行政调解、司法调解联动工作体系、人民调解经费、人员及其他资源的保障等内容”等方面做出规定，在推进人民调解转型方面发挥出重要作用，进一步打开了人民调解的工作局面。主要体现在以下几个方面：

一是增强了人民调解的组织性。传统人民调解较为松散，常被贴上“低水平和低效率”的标签。有人形容为“自给自足”型，即在传统经济社会模式下，由“单位”或“村、社”承包解决纠纷，避免纠纷外输。“自治性”

等同于“自娱自乐”。在纠纷压力下，为了将人民调解打造成高效、快捷的解纷方式，除政府鼓励并明确部门职责外，增加了行业性、专业性人民调解组织设立单位、民政部门等职责，规定了人民调解组织的备案制度、委托调解的国家机关的协助义务，以及人民调解员向有关单位和个人咨询、询问或者核实资料的权利等，以便减少人民调解的“政治性”，而将之转化为“纠纷解决方式”。

二是增强了人民调解的规范性。调解本身是比较灵活的解决纠纷的手段，其程序的选择、推进以及调解方案的制定等，都依赖当事人的意思自治，但是“灵活性”也可能滑向“随意性”。调解的负面——“和稀泥”，有时候也指缺乏规范（既指程序性，也指实体性）。司法部门认为这有损其社会形象，需要建立规范的调解程序和严格的文书格式。当然，过于讲究“程序”同样有一定的弊端。因此，平衡程序性与灵活性的关系，建立适度的规范是有益的。《条例》规定了调解组织的设立、运作制度，调委会的规范化，调解的基本程序等，从而明确了人民调解基本的必需的制度，确立了人民调解基本规范，使之与“民间调解”做适当的区别。同时，法律作为最强有力的规范引领，与现实中推行的各种类型的临时性、阶段性“规范化”创建活动有显著区分，有助于保持人民调解的统一性。

三是增强了人民调解的辐射性。近年来，宁波市创新推进了起源于交通事故纠纷、医疗纠纷、劳动争议等领域的行业性、专业性人民调解工作的发展，取得了很好的成效，被媒体誉为人民调解的“宁波解法”。党的十八届四中全会决定也提出要“加强行业性、专业性人民调解组织建设”。但是对于行业性、专业性人民调解工作，《中华人民共和国人民调解法》仅在第三十四条规定可以参照村民委员会、居民委员会等人民调解委员会的设立，缺乏相应的制度规范，让实践部门难以操作。因此，《条例》充分吸收宁波市行业性、专业性人民调解工作成果，并参考借鉴了其他城市的工作经验，分别在第九条、第十条、第十三条对行业性、专业性人民调解工作做出了专门规定。这一系列条文明确了行业性、专业性人民调解组织的设立形式、工作指导和相关程序，为推进工作奠定了法律基础，促进了行业性、专业性人民调解委员会的发展。

四是增强了人民调解与其他调解衔接的体系化。党的十八届四中全会《中共中央关于全面推进依法治国若干重大问题的决定》提出了关于完善人民调解、行政调解、司法调解联动工作体系的要求。为落实此项要求，《条例》用 3 个条款作出规定，明确了联动体系建设中人民调解工作的基本框架。例如，《条例》第四条规定了建立健全人民调解工作协调机制，协调解决人民调解相关问题；第十九条规定了国家机关委托调解和引导调解的相关程序和要求；第二十六条规定了人民调解协议被人民法院确认无效的相关工作衔接机制，为构建三调联动体系确立了初步框架。

五是增强了人民调解工作的支持度。做好调解工作，需要支配和使用一定的社会资源。作为一个社会组织，其实际可运用的社会资源十分有限。为了发挥人民调解的效能，需要在人、财、物及机制方面予以保障。《条例》规定了人民调解经费、人员及其他资源的保障，并规定了相关法律责任，有助于加强人民调解工作保障，为人民调解工作提供人力、财力和智力支持，对宁波市人民调解工作健康发展具有重要意义。例如，《条例》第二十八条明确规定各级人民政府应当将人民调解工作指导经费列入同级财政预算和对其他人民调解工作经费的必要支持和保障；第十五条、第十六条规定了人民调解员的队伍建设要求、人民调解专家库制度；第二十九条、第三十条对人民调解员的救助、抚恤和优待进行了规定。

宁波市《条例》的颁布实施，建立了人民调解的基本程序，有助于消除负面影响，同时为调解提供支持。这两者助推了人民调解的现代转型，提升了人民调解工作规范化、制度化和法治化水平，为宁波市人民调解工作的不断深入和健康发展提供了法律保障。《条例》施行后，司法行政部门积极宣传和贯彻落实《条例》的规定，以落实人民调解地方规范为契机，以《条例》为基准，推进全市人民调解工作，打造了人民调解的宁波样本，使宁波市人民调解工作走在全省乃至全国的先进行列。

首先，主动适应社会矛盾转变的新需求，开创了“专业化 + 社会化”的人民调解新模式。宁波市相继在医疗、交通、劳动、知识产权等 15 个领域建立了行业性、专业性人民调解组织 112 个。截至 2017 年底，共化解专业、行业领域矛盾纠纷 684 183 件，调解成功率为 97.8%。其中，宁波市首创的交通事故纠纷、医疗纠纷、劳动争议纠纷被誉为人民调解的“宁波解法”，商会、旅游、知识产权、金融等领域人民调解工作在全国具有影响力。

其次，全面推进调解形式的新转变，打造“法治化 + 规范化”人民调解新模式。法律规范具有更强的权威性、持续性，可以有效避免朝行夕改。宁波市坚持立法先行，依法规范，在规划和推进人民调解工作、推动依法专业化解中取得了很好的成效。为了配套实施和落实《条例》，宁波市司法局近年来通过部门联合、单独发文等制定下发人民调解工作规范性文件20余件，并以人民调解工作规范化建设为抓手，通过“建标准、抓规范、破难题、促提升”推进了全市人民调解工作的升级发展。

最后，积极构建矛盾联合化解的新格局，形成“多元化+体系化”的人民调解新模式。通过搭建多元纠纷化解平台，推行“警调衔接”“诉调衔接”“检调衔接”等机制及参与信访纠纷化解，实现了联动解决纠纷。此外，宁波市还逐步运用“互联网+”的大数据手段，建立了“信息化+智能化”人民调解新模式。目前，全市人民调解组织网络健全，横向到底纵向到边，能基本满足群众化解纠纷的需要。

人民调解制度随着我国社会治理的不断深化而得到长足发展。随着多元纠纷解决机制（ADR制度）研究的深入，对人民调解制度的认知也在不断加深。笔者认为，从现阶段来看，人民调解将向两个维度发展，即依附于基层自治组织的人民调解委员会（村、居、社区），很大程度上具有自治性、社会性、群众性，而乡镇（街道）、行业性专业性人民调解组织将朝着专业性、专职化进一步发展。此种转变使人民调解逐步成为接近正式（或较为正式）的纠纷解决机制。这一方面是为了应对纠纷高发的态势，另一方面也是为了树立调解威信。这种趋势将愈发明显。

目前，我国尚处于ADR制度发展的第二阶段——国家鼓励调解的应用阶段。笔者认为，可以借鉴国外的成熟经验，促进人民调解制度的发展，跨越至第三阶段。重点可以包含以下内容：

第一，建立“强制调解”制度。通常认为，调解应当基于意思自治的当事人主义，强制调解是被严格禁止的。若存在一方自愿而另一方不愿意调解的情况，则不能进入调解程序。为了推广调解的运用，一些国家提出应当推广“强制调解”制度，即如果一方提出调解，则另外一方应当予以配合，除非有充分的理由。例如，英国的“诉前议定书”制度规定，对某些类型的案件，原告在起诉前必须向被告发出书面通知，建议协商解决纠纷；发出通知后3个月后才能起诉。这样就提高了调解的利用率。需要说明的是，此处的“强制调解”仅指调解程序的强制性，但能否达成调解协议，则完全依赖于当事人意愿。笔者认为，对一些特定类型的纠纷（如婚姻家事纠纷，当事人之间特定的人身关系等）可以考虑建立此项制度。

第二，设定调解前置程序。早年我国曾规定交通事故必须先行调解才能进入诉讼，但在后来予以取消。在宁波市推进医疗纠纷预防与处置工作中，

曾经就是否设置前置程序进行了讨论。宁波市在推进物业纠纷快速调解机制工作中，有的法院基于文件精神，设置了“调解”程序作为诉讼的前奏。从西方的实践来看，对一些专业性强的纠纷，可以建立前置程序，作为 ADR 程序的拓展。

第三，建立调解激励机制。调解有助于快速高效解决纠纷，降低社会成本。因而，对调解的利用，应当予以鼓励；而对于拒绝调解的行为，应予以制裁。2002 年 2 月，英国法院在 Dunnett v. Railtrack 一案中首次适用了诉讼费罚则，即当事人若拒绝法院提出的以调解方式解决纠纷的建议，即使该方当事人在随后的诉讼中获胜，法院同样有权判决其承担案件的诉讼费用。笔者认为，这对于激发调解程序、促进调解运用具有重要意义，可以考虑在人民调解制度设置中予以借鉴。

第四，促进调解制度的一体化。以美国为例，为了推进 ADR 制度的利用，美国于 1998 年 10 月颁布了世界上第一部《替代性纠纷解决法》。2001 年 6 月，美国统一州法委员会公布了《统一调解法》作为调解制度的示范法，建议各州采用。之后，各州逐步制定了调解法案。因而，调解制度的运用，可以考虑由制定相关法律来推行。在推广人民调解制度时，也可以用多元纠纷解决等相关立法为途径。尤其是要消除、修正与调解法、条例相抵触的其他法律制度规范，统一制度，避免矛盾和拖后腿。

当前，改革发展对立法的要求已不仅仅是总结实践经验、巩固改革成果，而是需要通过立法做好顶层设计、引领改革进程、推动科学发展。因此，人民调解立法不能仅仅是对实践的被动回应、事后总结和局部反映，而是要对该领域的发展和改革进程进行主动谋划、前瞻规范和全面推进，从而更积极地发挥立法对改革的引领和推动作用。2019 年，宁波市为了贯彻“将非诉讼机制挺在诉讼前”的精神，已启动《宁波市多元化纠纷解决机制促进条例》立法调研。

三、专业调解的探索与回应——以宁波市医疗纠纷人民调解为样本

医患纠纷[①] 高发是卫生领域的沉疴痼疾。近年来，《医疗事故处理条

① 医患纠纷是指医患之间在诊疗过程中发生的民事纠纷，目前政府文件多称为“医疗纠纷”。本书所称“医疗纠纷”与“医患纠纷”相同。

例》设定的3种处理方式效果不彰，各地都在寻求“既定”制度外的“第四条”路径。作为国内较早采用专业调解方式化解医疗纠纷的城市，宁波市于2008年设立人民调解组织，配套建立医疗责任保险（理赔）制度，被誉为医疗纠纷的“宁波解法”①。本书以该市为研究样本进行总结梳理，提出完善构想。

（一）视阈：专业调解的兴起与地方实践

世界范围内ADR的蓬勃发展，助推了“在我国曾经一度陷入尴尬停滞和倒退”②的人民调解制度的复兴。医疗纠纷调解属于专业调解范畴，其产生正是基于对人民调解的重新认知和定位。社会学家普遍认为，中国社会已经表现出“市民社会”的诸多特征，其基本伦理精神是在市民社会与政治国家的关系中，社会优于国家③。面对社会转型期矛盾纠纷的“井喷”，人民调解的价值被重新发掘，并与“和谐社会”构建高度契合而获得快速发展，其显著特点是专业调解的出现——官方文件称为“行业性、专业性人民调解”④，也有学者概括为人民调解的“专业化”⑤或“专职化”⑥。其基本特征是在一些行业、专业领域组建人民调解委员会，聘用专门调解员化解专业纠纷。虽有学者指出，人民调解或更适合农村地区和相对简单的纠纷，将之改造为专业纠纷解决机制，脱离了其自治性和民间性⑦。但多数学者主张根据实践重新定位。宁波的“专业调解”实践，起源于交通事故纠纷人民调解委员会（国内率先），对医疗纠纷解决制度的探索也几乎同时进行。相关数据表明，专业调解有较强的生命力。以宁波为例，近年来化解的专业纠纷已占

① 宁波设医患纠纷缓冲带 万元赔偿院长无权私了[N]. 人民日报，2009-08-13(18).

② 范愉. 社会转型中的人民调解制度——以上海市长宁区人民调解组织改革的经验为视点[J]. 中国司法，2004(10):55-62.

③ 左为民，马静华，吴卫军. 变革时代的纠纷解决：法学与社会学的初步考察[M]. 北京：北京大学出版社，2007:177.

④《司法部中央综治办最高人民法院民政部关于推进行业性专业性人民调解工作的指导意见》（司发通〔2016〕1号），2016年1月5日印发。

⑤ 刘建会. 人民调解专业化建设研究及探索[J]. 人民调解，2010(8):22-24.

⑥ 范愉. 社会转型中的人民调解制度——以上海市长宁区人民调解组织改革的经验为视点[J]. 中国司法，2004(10):55-61.

⑦ 厦门大学法学院课题组何丽新，李逸斯. 运用人民调解机制解决婚姻家庭纠纷调研报告——以闽南地区为样本[J]. 东南司法评论，2012(1):99-113.

全部纠纷数的六成以上。2015 年，该市有各类人民调解组织 4 355 个，而行业性、专业性人民调解组织为 110 个，占 2.5%；共调解民间纠纷 113 611 件，其中专业领域纠纷 78 802 件，占 69.4 %。这表明专业调解较一般调解组织更为高效。

2002 年施行的《医疗事故处理条例》规定医疗事故可以通过医患协商、行政处理和诉讼 3 条途径来解决，但事实上，宁波市 2004 年至 2006 年发生的高达 3 763 件医疗纠纷投诉[①]，患方较多选择“医闹”等非理性方式维权。这背后反映出法律的滞后和纠纷解决机制的落后。原有解纷模式饱受诟病，医患冲突下，卫生行政和医疗机构承担“维稳”责任，相关部门参与少，处置效果差。为了解决此难题，宁波 2007 年率先出台了国内第一部医疗纠纷处置的地方政府规章《宁波市医疗纠纷预防与处置暂行办法》，又于 2012 年实施了全国第一部地方性法规——《宁波市医疗纠纷预防与处置条例》，明确了部门职责及人民调解等程序。以地方法规为统合，卫生、司法行政、财政等相关单位两次联合下发推进专业调解工作的规范性文件。国内同期也出现了北京、上海、天津、南京 4 种其他模式[②]，基本范式均为建立专业调解组织。

（二）管窥：调解的内在结构与运行机制

《宁波市医疗纠纷预防与处置条例》首次将人民调解机制引入医疗纠纷处置中，规定在市、县两级分别设立医疗纠纷人民调解委员会（简称“医调会”），并于 2008 年完成组建。市级医调会负责调处市级医疗机构及 3 个中心城区发生的医疗纠纷，协助调处县域内重大疑难医疗纠纷；县级医调会调处当地的医疗纠纷。目前，全市共有专职调解员 32 名、兼职调解员 3 名，平均每个调委会不到 4 人。截至 2015 年共受理医疗纠纷 5 185 起，年均 648 起，人均调解纠纷 18.5 起 / 年；调解成功 4832 起，成功率为 93.19%（表

① 数字引自原宁波市卫生局相关工作报告。

② 参见：张泽洪 . 医疗纠纷第三方调解 [M]. 杭州：浙江大学出版社 ,2014. 北京模式——由医疗责任保险承保公司指定的调解机构调解，经费有保障，但中立性不够；上海模式——由医疗纠纷人民调解委员会调解，中立性强，但存在经费困难、不能解决赔偿（补偿）等问题；天津模式——早期由医疗纠纷仲裁委员会调解，实行“一裁终局”制，中立性强，但专业化程度低，后改为人民调解组织调解；南京模式——由营利性中介机构调解，调解收费，经费有保障，但中立性难以保证。

4–1）。纠纷索赔金额为 15 557.2 万元，实际赔付金额为 5 071.73 万元，赔付比例为 3.1 ∶ 1，平均赔付金额为 1.05 万元 / 起。

表4–1　宁波市2008—2015年医疗纠纷人民调解统计数据

单位：件

年度 项目	2008	2009	2010	2011	2012	2013	2014	2015	合计	成功率
受理案件	451	704	715	658	654	717	776	510	5 185	–
调解成功	420	658	661	612	615	667	723	476	4 832	93.19%

1. 对调解模式的探查

宁波市医疗纠纷人民调解的做法可归纳为“人民调解”加“专业调解”模式，即依托人民调解形式，以专业调解员化解纠纷。

（1）外在形式：人民调解

“博弈几乎发生在所有存在利益对抗与合作的场合”①。纠纷调解是当事人之间多种博弈的场域。从医疗纠纷化解的途径来看，基于效益最优的行动策略，患方往往选择专业调解路径。人民调解一是方式简便、灵活，与诉讼相比，程序简单、结案时间短。二是当事人权利得到充分尊重，有较大的选择余地和协调空间。审判场域讲法言法语，对诉讼能力有要求，实际上必须借助律师等专业人员才能参与。诉讼走的“精英”线路限制了普通民众的自主性。三是不收费，没有给当事人造成经济负担。同比于自我协商的低效率，行政调解的“正当性缺失”②，患方更倾向于专业调解。

（2）内核建构：专业能力

由于纠纷涉及专业领域，普通调解员较难涉足。宁波市注重调解员队伍专业能力的建设，以实现对纠纷的介入化解。《宁波市医疗纠纷预防与处置条例》规定“调解员应当具有医疗、法律、保险专业知识”，较《中华人民共和国人民调解法》提出了更高要求。全市 32 名调解员，59.4% 的调解员具有医疗、卫生领域从业背景，28.1% 的调解员具有法律从业背景，两者相加达到 87.5%。由于缺少既懂法律又懂医学的复合型调解员，实践中多组成团队调

① 姚海鑫．经济政策的博弈论分析 [M]. 北京：经济管理出版社，2001:78.

② 有指卫生行政部门与医疗机构之间是“老子与儿子”的关系等。

解以弥补不足。为了提高调解员的素质，除岗前培训和调委会自身业务交流、学习外，司法行政机关会同卫生行政机关每年组织 1 ～ 2 次例行培训，内容包含法律法规、规范技巧等。同时对医调会进行年度考核。

（3）调解基准：依法调解

虽然《中华人民共和国人民调解法》规定调解民间纠纷“不违背法律、法规和国家政策”，但定位于群众性、自治性的传统人民调解组织调解人员素质参差不齐、年龄普遍较大、知识层次不高、法律素养不够，主要通过做思想工作拉近当事人之间的距离，为了达成协议而较少顾及相关法律规定。随着公民权利意识的觉醒和建设法治社会的提出，当事人显然不再满足于道德教化。在推进专业调解中，作为指导机关的司法行政部门意识到化解专业纠纷必须有别于传统调解方法，根据形势适时提出了“依法调解”的新命题。所谓“依法调解”，笔者认为是相对于“道德教化”而言的，指调解更注重运用法律解决纠纷，调解程序更加规范，调解结果不违反法律。在依法治国的视野下，调解更像是当事人在“法律框架”内取得的平衡。宁波医疗纠纷调解工作更强调以法律、法规为基准进行调解，避免随意性。调解常用法律规范包括《中华人民共和国侵权责任法》《中华人民共和国人民调解法》《宁波市人民调解条例》，调解更注重程序。依据规范化建设要求，调委会统一人民调解标识印章，调解场域布置也相对规范统一，并形成了从受理到调解的三阶段七步骤工作流程。对于争议大、责任不明等纠纷，常借助专家意见、医学会鉴定（司法鉴定）等机制判定责任、调解。

2. 调解中证据的适用

调解的目的是促成和解、解决纠纷。调解中对证据的适用，主要依据民事法律法规，但与法院审理案件有所不同。

一是在主持人职责方面。司法权是判断权，法官居中裁判，不偏不倚，避免主动调查是应有的状态。但在调解中，调解员基于化解纠纷的考量，为弄清事实“真相”不遗余力。《宁波市人民调解条例》和《宁波市医疗纠纷预防与处置条例》均赋予调解员以调查核实权，并要求有关单位和人员应当给予支持和配合。医疗纠纷中，争议焦点多集中于“医疗机构有无过错及过错大小”等，调解员也围绕此收集证据。

二是在举证责任的分担方面。我国法律法规对涉及医疗纠纷举证责任的规定进行了多次调整，从“举证责任倒置”到“附条件的举证责任倒置”。此种设计综合了各方利益及司法实践情况。《中华人民共和国侵权责任法》

第五十八条规定了推定医疗机构过错的 3 种情形。但诊疗活动是否具有此 3 种情形，仍需要调解员的判断，而患方通常缺少与医疗机构抗衡的专业知识。

诉讼中举证不能的后果是“可能存在败诉风险”。若调解中一方不举证或举证不能，往往会陷入僵局，纠纷本身并不能得到解决，因而事实上并没有（也不可能）严格地使用举证责任分担原则。根据调解法的规定，调解员的职责是“明法析理，主持公道”。因此，当一方举证不能，调解员会利用其自身知识（或集调委会之力）获取相关证据，确保还原“真相”，推进调解进程。

三是在证明标准方面。我国民事诉讼学界及实务界长期坚持“客观真实”的证明标准。但由于“客观真实”本身无法还原和证明，从《最高人民法院关于民事诉讼证据的若干规定》来看，立法及司法实践已转向了盖然性优势标准。

一般而言，调解本身并不执着于追求事实真相，而着眼于解决分歧。但解决分歧又往往需要了解纠纷的产生原因和过程。因而，调解员要求当事人提供相关证据，以此判断纠纷产生的根源。从 2002 年《人民调解工作若干规定》中调解纠纷应当“查明事实、分清责任”的要求来看，必须坚持“客观真实”的标准。但这只是理想的状态，2010 年的调解法也未对证明标准作出规定。实践中调解员也基本采取“盖然性优势标准”，以此说服当事人接受调解方案。毕竟，与法院基于相同的标准较有说服力。法官判案可基于自由心证制度形成内心确信，与调解员由对证据的判读而产生内心确信（对重大疑难案件，由调委会全体调解员讨论确定）这种过程是相似的，在此基础上制定调解方案。

四是在举证时间方面。基于诉讼效率的考虑，法律往往规定举证时限促进当事人提出证据。与诉讼不同的是，调解未有举证等严格程序。虽然调解也规定期限（通常 30 天），但并不具有强制性。同时，司法行政对调解组织调解案件有调解率的考核要求，而调解组织也多追求高化解率。因此，为了达成协议化解纠纷，举证方式较为灵活。当事人可以全时段举证，调解方案也常根据证据和当事人的要求不断调整。

五是在证据确认方面。与诉讼中法官对证据效力直接裁判不同，由于调解基于当事人自愿的原则具有协商性，缺乏强制力，因此对证据的确认需要得到当事人的认可。医疗纠纷中存在的信息不对称，也包括“证据”不对称。主要证据信息由医疗机构掌握或保存，证据也多由医方提供。医疗纠纷调解中，为了避免当事人发生直接冲突，调解多“背靠背”进行。但是调解中大体也有一个类似“证据开示”或“证据交换”的环节，一方提供的证据经调解组织审查，然后提交对方当事人了解证据情况。对于专业性强的证据往往还需要调解员进行解读（对存在疑问的，由专家进行解读），以增加说服力。在此基础上，调解员归纳出案件基本“事实”，提出解决方案和建议。

3. 相关支持机制

支持调解的机制有指导管理机制、专家咨询机制、经费保障机制和效力衔接机制。

（1）指导管理机制

按照调解法的规定，司法行政部门是工作指导机关，人民法院是业务指导机关。依据《宁波市人民调解条例》，卫生行政部门是医疗纠纷化解的主管机关，也承担专业指导职责。从实践来看，卫生行政部门负责医疗纠纷预防与处置工作，协调解决医疗纠纷化解中的相关问题，指导医调会开展化解工作；司法行政部门指导开展人民调解规范化、培训、统计等工作；法院开展诉调对接、司法确认等工作；三部门共同推进医疗纠纷专业调解工作。

（2）专家咨询机制

为解决医疗纠纷专业性过强的问题，《宁波市人民调解条例》规定建立医学、法律专家库，为医疗纠纷调查、评估和调解提供咨询。专家咨询机制类似于诉讼中的专家证人制度，但作用更广，该机制有助于平衡医患信息不对称。事实上，在医疗纠纷中，当事人一般较为排斥鉴定，要说服患者接受尚有不少困难：其一是鉴定时间长，少则 3 个月，多则半年，与患方尽快解决纠纷的心理不适应；其二是担心“表兄弟搞鉴定”[①] 不公正。因此，需要对鉴定机制进行改良，找到医患双方都能接受的平衡点。专家咨询机制可谓缩小版“鉴定”，允许当事人选择咨询专家，程序较鉴定灵活，时间也大为缩短，一般 1 ～ 2 日即可，易为当事人接受，在实践中也收到了较好效果。比如，2015 年医调会启动专家咨询 76 次，依托专家意见提出解决方案，最终都得到了当事人的认可。调解中还允许当事人委托律师等专业人士参与，以促进专业沟通。

（3）效力衔接机制

《中华人民共和国人民调解法》规定，调解达成的协议具有法律约束力，

① 指鉴定机构与卫生行政部门、医院间具有亲密关系。

《最高人民法院关于审理涉及人民调解协议的民事案件的若干规定》将之解释为“民事合同效力”。实践中有人提出，民事合同效力较低，应当给予其准诉讼裁判文书的效力。笔者认为，结合当前调解员的素质、能力，将调解协议规定为“民事合同”效力的制度安排是恰当的。《中华人民共和国人民调解法》也规定了司法确认程序，对调解协议书不能即时履行的，可引导当事人申请司法确认以提高人民调解效力。为此，宁波市司法行政部门与市人民法院共同发文建立医疗纠纷诉讼与人民调解对接机制，规定了进入人民法院的医疗纠纷案件先行调解、委托调解和人民调解参与诉讼调解程序等。不过，只有极少数法院案件进入人民调解程序。加之实践中人民调解协议履行率已近 100%，需司法确认的为极少数。

（4）经费保障机制

国外的专业调解，一般允许向当事人收取费用。而《中华人民共和国人民调解法》规定了不收费原则，调解组织经费由设立单位，即相关行业协会、社会组织解决。国内有由承办医疗责任保险的机构从保费中按比例拨付给人民调解组织的，也有由卫生部门提供经费的，两种模式均广受非议。在人大代表的呼吁下，《宁波市人民调解条例》确立了政府财政部门经费保障原则。从宁波实践来看，经费独立与调解组织独立设置确保了医疗纠纷人民调解组织中立第三方地位，构成了医患信赖的基础。

（三）嬗变：人民调解转型与公众的反应

医疗纠纷专业调解的基本内涵是借助人民调解化解医疗专业纠纷。人民调解一般只化解简单的民间纠纷，依靠传统权威，搞平衡、和稀泥是调解常态。而随着熟人社会的解体，人民调解能否继续发挥作用成为焦点。从宁波市的实践来看，医疗纠纷人民调解发挥了作用，达到了新辟化解渠道和解决纠纷的目标。

1. 预设目标的达成

从工作数据来看，调解功效明显。一是成功率高。已化解医疗纠纷 4 832 起，成功率达到 93.2%，较保险（理赔）机构参与下的医患自我协商高 14.4 个百分点（成功率为 78.8%）。一些医患协商不成的案件多由人民调解组织受理解决。二是结案时间短。平均每起纠纷用时 25 天，较诉讼有较大优势。三是解纷效果好。人民调解的介入，在医患之间设置“缓冲带”，避免了直接碰撞，有利于厘清事实、消除分歧。主持达成的协议，全部得以

自动履行，无一例出现反悔。而同比法院判决的案件，其上诉率约为三成，难以实现“案结事了”。

2. 医疗纠纷化解主渠道的确立

《医疗事故处理条例》设定的处理模式较为僵化落后：设定赔偿标准不合理、限制赔偿额度、未顾及患者的感受等，显然有失公平公正，为患者所抛弃亦是必然。因此，发生医疗纠纷后，卫生行政部门成为医疗纠纷的“救火队”，运用行政方式解决纠纷成为常态。相对而言，卫生行政部门对于医疗纠纷处置工作不专业，往往以满足患方条件收场，赔偿额度大大突破了国务院规定的框架。从调研来看，主要依托社会性第三方专业组织化解纠纷的宁波模式运行较为顺畅。宁波市自实施医疗纠纷人民调解制度以来，已从根本上改变了原有处置态势。在医疗纠纷发生数未明显下降的情况下，经由卫生行政部门处理的纠纷数由原先的几乎 100% 降为 0；法院受理数从 2007 年的 287 起降至 2015 年的 64 起。同时人民调解成为化解纠纷的主渠道。以 2014 年为例，医患自我协商（保险理赔机构参与下）受理纠纷数为 784 起，占 46.7%；医调会受理数为 776 起，占 46.2%；法院一审受理纠纷数 120 起，占 0.07%。发挥社会组织的作用，减少行政介入方式，同时将司法解决作为最后防线，应该是一种发展趋势和法治潮流。宁波市的实践也为人民调解确立为全国医疗纠纷化解主渠道奠定了基础（表 4–2）。

表4–2　各医疗纠纷处置渠道数据对比结果

单位：件

年度 项目	2007	2008	2009	2010	2011	2012	2013	2014	2015	合　计	比　例
医患协商	–	331	860	849	913	943	844	784	818	6342	51.07%
医疗调解	–	451	704	715	658	654	717	776	510	5185	41.75%
卫健委	约1 200	4	3	0	0	0	0	0	0	7	–
法院	287	95	99	128	96	127	113	120	64	842	6.8%

注：合计数为 2008—2015 年。

3. 调解公信的树立

相对于行政处置公正性广受质疑，医调会的中立公正性得到了社会的认可，为解决医疗纠纷提供了契机。据统计，宁波市有786起医方认为无过错的医疗纠纷，经过调解员调查找到瑕疵，给予了患方相应赔偿；有693起患方提出不合理索赔的纠纷，经调解降低诉求，双方达成和解。专业调解渠道的建立，使医患沟通更为顺畅，形成了较为良好的解纷氛围。2008年后，宁波市再未发生职业维权人"医闹"事件；伤医人数显著下降，公安机关介入的医疗纠纷治安案件数也由2007年的205起降至2015年的26起（表4-3）。有数起历经医患协商、法院诉讼仍未解决的纠纷，经医调会成功调解。宁波市医疗纠纷专业调解工作被各地仿效，如《浙江省医疗纠纷预防与处理办法》整体吸收宁波经验，国家卫健委、司法部发文推进人民调解化解医疗纠纷模式。

表4-3　2007—2014年医务人员被伤害人数、公安介入纠纷数据

年度项目	2007	2008	2009	2010	2011	2012	2013	2014	2015
伤医人数 / 人次	148	50	35	29	31	42	31	16	15
公安介入 / 件次	205	168	77	72	74	64	40	30	26

根据社会转型期矛盾纠纷多发、多元、复杂的特点推进人民调解专业发展，符合纠纷化解基本规律，也是对社会资源的重新配置和整合。按照马克思·韦伯对权威3种类型的论述[①]，笔者认为，传统型权威正逐渐失去生存土壤，构建法理型权威正当其时。法理型权威依赖的是专业水准、规范程序和法治精神。人民调解的专业化转型，正是构建法理型权威之需。医疗纠纷不能妥善解决的原因是解纷主体缺乏社会公信及医方、患方信息不对称。医方在医疗信息方面占据优势地位，而患方处于劣势。医疗信息的神秘性若不能被打破，则会把普通患者排除在化解纠纷体系外；若纠纷化解的成本过大，也易为当事人摒弃，患方会采取体系外自我救赎方式进行抗争。职业维权人的出现、医疗纠纷恶性案件的高发，无不证成此种判断。宁波市从专业化入手，构建规范调解程序，依据法律规定调解，提供了符合当事人需求的调解服务。医疗纠纷专业调解组织的建立，有助于平衡医患信息不对称，即通过调解员的行为，为普通患者提供医疗信息援

① 即传统型权威、超凡魅力型权威和法理型权威。

助。调解语言通俗易懂，破除了医疗信息的神秘性。同时，人民调解组织采取与诉讼相同的评判标准——法律，赔偿额度接近或高于判决预期（事实上，患者会事先寻求获取多种救济途径的信息，选择最优途径），从而获得医患双方尤其是患者的青睐。

宁波市医疗纠纷人民调解的价值在于契约自由、方式灵活、程序简便，与社会民众更为接近，也与其他解纷方式形成互补。

（四）掣肘：调解的泛化、异化与其他因素

调研显示，目前医疗纠纷人民调解工作面临的主要问题有推进乏力、社会认知度不高、个别调委会受案数低、组织保障水平低等，对专业调解定位的不准确带来了人民调解的泛化和异化的问题。

医疗纠纷人民调解的泛化，就是将人民调解功能不断放大，包办一切，将人民调解应用于几乎所有医疗纠纷，用人民调解取代其他纠纷解决方式（事实上，人民调解并非“无所不能”，如非法行医引致的医疗纠纷，应当由公权力介入处置）。另一个极端是医疗纠纷人民调解的异化，其表现形式为不遵从纠纷化解规律。专业领域纠纷具有专业性特点，处置人员多专职化，并有专门保障，医疗纠纷人民调解的专业化就契合此种需求。若违背纠纷化解规律，则存在“异化”的倾向。一是专业调解的行政化。比如，国内多地在司法行政等部门设“医调办”或者抽调行政人员组建“调委会”直接化解医疗纠纷。这无疑是行政主体的自我赋权和扩张。二是专业调解的“民间化”。实务部门中也有拘泥于人民调解的民间性、自治性，抛却了医疗纠纷人民调解所应有的专业性。三是保障的弱化。基于自治性的认识，专业调解的经费或保障水平低，或难以解决，丧失了其作为正当职业的可能性。从宁波市来看，医调会聘用的调解员主要为退休人员，队伍老龄化（60～69岁占56%，50～59岁占25%，两者相加占81%）、人员不稳定，导致工作活力欠缺，对一些重大、群体性医疗纠纷缺乏提前介入的能力。数据表明，当前组织队伍的建设状况与工作保障水平相关。虽然《宁波市医疗纠纷预防与处置条例》规定经费列入财政保障，但依然存在经费不足、保障不够等问题，不利于调动人们的工作积极性。目前，全市医调会与医责险理赔机构的工作人员及纠纷处置数基本相当，但保障差距大。以2015年为例，全市医疗纠纷人民调解工作经费合计约为140万元，尚不足保险理赔机构的1/4。

此外，从宁波市的样本来看，掣肘因素尚有以下几种，而这些也多是国内医疗纠纷专业调解中存在的共性问题：

一是医疗纠纷多元化解体系未形成。从领导机制看，根据《宁波市医疗纠纷预防与处置条例》规定，市和县（市）区人民政府应当建立医疗纠纷预防与处置工作协调机制，协调解决工作中的重大问题。但目前在这两级层面均未建立，遇到问题主要由部门自行协调。在一些事关全局发展的问题上，往往因为部门立场不同难以达成共识。从指导机关来看，一些地方存在两个主管机关“两层皮”的现象。卫生行政作为医卫领域的主管机关，无疑应统领医疗纠纷处置工作。法律法规等也规定了其专门指导职责。但卫生行政部门从先前的行政调解中解脱出来后，没有为调解提供支持的相关工作，指导工作不到位。而司法行政部门主要承担人民调解规范化工作，对于具体纠纷化解不是特别专业。从调解支持机制来看，患者对医学会鉴定体系的中立性多有质疑。但由于司法鉴定机构发育不良（缺乏符合医疗纠纷鉴定资质的司法鉴定机构），实际只能选择医学会鉴定。为了引导患方进行医疗损害鉴定，往往需要进行很多说服工作，而效果却不理想。各化解渠道间的衔接配合也不顺畅，如保险理赔部门与人民调解组织间良性互动不够。这些均为未体系化的表征。

二是受理渠道不畅。从医调会案件来源来看，调解申请主要来自患方，医方申请极少，相关部门移交的几乎没有。以宁波市医调会为例，2014 年受理 68 件，全部来源于患方申请；2015 年受理 51 件，其中患方申请 46 件，医方申请仅 5 件，保险机构、卫生行政、法院移送或委托调解均为 0 件。造成此种现象的原因除执行《宁波市医疗纠纷预防与处置条例》不到位外，还有有的医疗机构认为既然投保了医疗责任险，发生医疗纠纷理应由保险理赔机构提供服务，无须医调会介入；有的医疗机构怕与患方面对面沟通，希望保险理赔机构包办医患沟通环节；也有医疗机构归因于人民调解规范化手续烦琐，希望简化程序，同时诉调对接机制也未真正实施。

三是社会影响力尚小。媒体的宣传报道，扩大了人民调解的影响，但也存在理解不准确和宣传不到位的问题。有的把医疗纠纷“人民调解”与“保险理赔”“协商”与“调解”相混淆，将两者一并作为中立“第三方”进行宣传报道。一些部门因专业隔阂对调解价值认知不足，人民调解机制未有效运用。

（五）进路：专业调解的完善与未来向度

笔者认为应秉持“回应型”[①]法学理念，不断加以改进与完善。

一是准确定位专业调解在化解医疗纠纷多元体系中的地位，推进制度建设。从解纷各渠道比较分析，动员社会力量化解纠纷是社会治理的应有之意。行政救济可以保持在适度范围内，而诉讼应贯彻“司法救济最后”原则。国务院《医疗纠纷预防与处理条例（草案）》和全国医疗纠纷人民调解工作天津会议[②]明确了人民调解是诉讼外医疗纠纷化解的主渠道，《医疗纠纷预防与处理条例》及《宁波市人民调解条例》也已从地方法规层面予以明确。笔者认为，从长期来看，可以将医疗纠纷专业调解定位为“准司法”机制，使调解协议书具有准司法效力。一方面，调解组织有其专业优势。与之相比，法官大多不具有医学专业知识，对于专业性问题的判断只能依赖专家的意见，医疗纠纷审判难是现实难题。另一方面，专业调解组织与审判采取相同（或相似）的评判标准，其结果亦趋同。此外，审判仅解决法律问题，而调解更具人文关怀。可以根据专业调解发展情况提高调解协议书的效力，使其更接近裁判文书。为此，须加强调解能力建设，在专业性与自治性之间保持适度张力，突出专业性。把专业调解作为社会职业来设置，并使之具有职业吸引力，建立专职人民调解员队伍。调解人才列入社会工作师，逐步建立职称评定制度，享受相关待遇。比如，上海市将专业人民调解员纳入职业序列，对其晋升和薪酬调整均有远期规划，已初具雏形。加强调解专业复合型人才的培养，这样有助于解决人才短缺问题。加强调解保障，化解矛盾纠纷是政府的责任，当列入政府购买服务范畴进行保障，并保持一定的购买水平。加大医疗纠纷人民调解的宣传，扩大社会影响力。

二是加强调解与医疗纠纷处置各渠道的衔接。合理界定诉讼外纠纷解决各渠道间的关系，规范医疗纠纷处置的程序。在医疗机构投诉部门完善

---

① 回应型法（responsive law）主张社会中的法律应当积极回应各种社会需要和愿望，并根据社会需求加以调整。其首要目标是追求实质正义，法律鼓励行政过程的开放、参与和协商性。参见诺内特、塞尔兹尼克的《转变中的法律与社会：迈向回应型法》，张志铭译，中国政法大学出版社 2004 年修订版，第 111 页。

② 2014 年 5 月 5 日，全国医疗纠纷人民调解工作现场会在天津召开。会议要求，要积极构建以人民调解为主体，院内调解、人民调解、司法调解、医疗风险分担机制有机结合、相互衔接的制度框架，以社会治理的思路和办法，建立和完善具有中国特色的“三调解一保险”制度体系，解决好医疗纠纷预防、化解和妥善处理的问题。

纠纷处置途径告知程序，让患方了解解纷途径与方式，引导其选择人民调解，并通过简化程序，保持其简便、灵活的特性，使之适应当事人的需求（须知“灵活便捷”恰是人民调解之灵魂）。加强人民调解与行政调解程序的衔接。对进入行政调解的医疗纠纷，可以在当事人同意的基础上，委托专业调解或邀请其协助调解。畅通人民调解与诉讼调解衔接机制。从数据来看，2014 年进入法院诉讼的 120 件医疗案件，调解结案的有 36 件，撤诉结案的有 28 件，调撤率达 53.3%（表 4-4）。可以建立诉前调解制度，分流医疗纠纷案件。对进入诉讼程序的医疗案件，可以委托人民调解组织调解，既节约诉讼资源，又提高专业性。也有学者提出，应加强专业调解建设，减少司法介入，使之取代法院调解[①]。同时法院应建立人民调解组织证据互认制度，对经双方当事人确认并经调解组织审查记录在案的证据，即便未达成协议，后期诉讼中也可由法院予以直接认定，这样有助于固定调解成果。法院还应加强对案件的跟踪指导。

表4-4 法院受理医疗纠纷案件情况

单位：件

年 度	受 案	一审结案方式				二审结案方式			
		判决	调解	撤诉	其他	上诉	维持	调、撤	发回
2008	95	38	35	20	2	19	12	6	1
2009	99	41	37	18	3	22	16	5	1
2010	128	50	43	33	2	27	23	2	2
2011	96	48	20	20	8	21	15	4	2
2012	127	54	34	34	5	27	20	5	2
2013	113	52	40	20	1	20	14	2	3
2014	120	55	36	28	1	18	17	0	1
2015	64	18	32	12	2	2	4	2	0
合计	842	356	277	185	24	156	121	26	12

① 杨青．民间调解的向度[J]．特区经济，2007(7).:256-257

三是完善化解体系建设。预防与处置医疗纠纷是一项需要多部门联动的社会综合治理系统工程，相关工作涉及卫生行政、公安、保险、法院、司法行政等部门。根据救济程序系统化原则，为了避免权利救济缺漏和保证救济整体运行顺畅，要强化救济程序之衔接[①]。根据实施状况完善《医疗纠纷预防与处理条例》，健全医疗纠纷化解领导机制建设。市级层面建立由党委或政府主导的工作机制，健全联席会议制度，以统一协调解决医疗纠纷预防与处置中的相关工作。加强医疗纠纷人民调解工作指导，卫生行政部门要会同司法行政强化工作指导，避免缺位。相关部门及宁波市医疗纠纷预防与处置各机构、人员要树立共同体理念，推进分工合作、互相促进、相互衔接的多元医疗纠纷化解体系的建设。要加强调解支持机制建设，完善医疗损害鉴定和专家咨询机制。

专业调解是社会化分工的必然趋势。“宁波模式”实践表明，专业性人民调解组织化解医疗纠纷行之有效。人民调解应当积极回应实践需要，契合当事人需求，加强制度构建，提升能力水平，成为医疗纠纷多元化解机制的基石。

---

① 林莉红.行政诉讼法问题专论[M].武汉：武汉大学出版社,2010:57.

第五章　社区矫正工作相关理论与实践探索

社区矫正是国家治理违法犯罪人员的一项系统工程，我国社区矫正在参考国外实践的基础上，通过试点逐步扩大范围直至全覆盖。从两院两部（法院、检察院、公安部、司法部）试点文件到《中华人民共和国刑法》《中华人民共和国刑事诉讼法》修订过程中的正名，再到 2019 年 12 月 28 日第十三届全国人民代表大会常务委员会第十五次会议通过《中华人民共和国社区矫正法》的法治化过程，社区矫正在减少司法成本、促进矫正对象再社会化方面做出了不可多得的贡献。但是作为我国新生事物，再加上各地经济社会发展不平衡、社会对社区矫正认可具有时间性、社会及社会建设本身比较薄弱等问题，地社区矫正的理论与实践的探索成为必要之举，社区矫正工作的效果如何也将成为我国国家治理体系、治理能力现代化建设的重要内容。这里主要结合宁波市特别是鄞州区的实践，对社区矫正理论与实践的相关问题进行探索。

一、区域社区服刑人员心理矫治现况与建议

社区矫正工作是当前我国改革开放和现代化建设中的对服刑人员进行矫正的一个重大项目，关系到全面落实科学发展观、坚持以人为本、创建和谐社会、推动国家司法制度改革、促进社区法制文明建设、拓展法学研究领域等许多方面，社区服刑人员的心理矫治作为提高社区矫正教育质量的关键问题，更应该引起大家的高度重视。通过调研，发现社区矫正心理矫治工作中的困难、不足及问题，总结出经验与教训，从理论和实践两方面进行社区矫正心理矫治工作的改进与完善，是提升社区矫正心理矫治工作水平的重要途径。

（一）社区服刑人员心理矫治的内涵与价值

1. 社区服刑人员心理矫治的内涵

社区服刑人员是指在实施犯罪行为后，依法被判处非监禁刑或者因具备其他法定事由而在社会上接受社区矫正的罪犯[①]，包括被判处管制的罪犯、被宣告缓刑的罪犯、被决定批准暂予监外执行的罪犯，以及被裁定假释的罪犯。

社区服刑人员的心理矫治是指在社区矫正工作中，运用心理学的知识、技能和方法，通过开展心理测量、心理评估、心理预测、心理健康教育、心理咨询和治疗、心理辅导、心理危机干预等一系列活动，帮助服刑人员调节情绪，消除其不良心理及其他心理障碍，调节负面情绪，矫正其不正当的认知方式，完善其人格，增强社会适应能力，从而最大限度地提高矫正工作质量和效果的一种矫正措施[②]。

心理矫治是一种以人为本的矫正手段，通过对社区服刑人员的关心、爱护、信任和包容，采用心理学的理论、方法和技术改变他们的认知、情绪和行为，完善其人格，使其更好地适应社会。从 2003 年开展社区矫正工作以来，心理矫治在实践中出现了多种操作模式，如注重健康导向、平等关系，着眼于发展与潜力开发的发展模式；注重病理导向、医患关系，着眼于疾病治疗、重视技术运用的医疗模式；注重思想导向、教导关系，着眼于执行安全、重视探测不良思想的改造模式；注重心理决定导向、训导关系，着眼于全员参与、重视传统经验和日常训练的全员训导模式等[③]。无论是哪种心理矫治模式，其目标都是一致的，即使矫治对象能够深刻反省自己的过错，以积极的态度面对生活中的挫折，与家人、同事、朋友恢复正常的人际交往，提高自己的社会适应能力，从容面对今后遇到的困难与问题，不再重新犯罪。

社区服刑人员心理矫治与监狱服刑人员心理矫治相比，虽然二者都具有相同的适用对象（服刑人员）、相同的心理学原理、相同的目的（使服刑人员更好地适应社会、预防其再犯罪），但二者的差别也是很明显的，如服刑环境不同，面临的问题也不同。拘禁性精神障碍、监狱适应不良及监狱人格

---

① 赵秉志．社区矫正法（专家建议稿）[M]．北京：中国法制出版社，2013:15.

② 金碧华、潘菲．社区服刑人员心理矫治工作的实践与思考——以上海市社区矫正试点工作为例 [J]．郑州航空工业管理学院学报（社会科学版），2009(1):116.

③ 涂崇禹．强化心理矫治工作 [J]．政协天地，2010(6):19.

的形成等只出现在狱内服刑人员中，而在社区环境下则会出现如何面对被害人及其家属，如何应对罪犯的标签效应以及被假释人员如何尽快融入社会等问题。再如，“家庭治疗”的方法在社区服刑人员的心理矫治中应用得更广、更容易，也更有效，而监狱很少应用的原因是监禁环境与制度不允许。因此，社区服刑人员心理矫治的方法也与监狱服刑人员的心理矫治有明显区别。

总体来说，社区服刑人员心理矫治既要有科学的理论体系，也要有专门的方法与技术。开展社区服刑人员心理矫治的实践表明，心理矫治已成为我国对社区服刑人员进行心理矫正及教育帮助的一种不可缺少的重要方法，也是社区矫正工作迈向现代化、文明化与科学化的重要标志之一。

2. 心理矫治在社区中的价值

2012 年 1 月 10 日，由最高人民法院、最高人民检察院、公安部和司法部联合颁布的《社区矫正实施办法》正式实施，其中第十七条明确规定：“根据社区矫正人员的心理状态、行为特点等具体情况，应当采取有针对性的措施进行个别教育和心理辅导，矫正其违法犯罪心理，提高其适应社会能力。”由此可见，心理矫治是社区矫正中不可缺少的一项工作，也是社区矫正质量与效果的重要保证。具体说来，其价值主要体现在以下几个方面。

（1）消除负面情绪，调动社区矫正对象参与矫正的积极性

社区矫正的工作人员通常碰到的第一个难题就是社区服刑人员一般带有较多的负面情绪，不愿接受改造。有的因为罪犯的身份而产生焦虑自卑情绪，认为自己身上的“污点”永远也洗不掉，感觉人生没有希望，不愿与人接触，对社区矫正的态度消极怠慢；有的则产生强烈的抵触甚至对抗情绪，这部分服刑人员不仅认识不到自己的错误，还不满法院对自己的判决，对社区工作人员或冷淡或粗暴无礼，甚至少数会和工作人员发生正面冲突，扬言“大不了再进去”，抗拒改造；有的存在戒备心理，不愿吐露自己的真实想法，这部分服刑人员虽然表面上能遵守社区矫正制度，却让工作人员难以接近，无法了解其真实想法。总之，这些消极情绪会让服刑人员抗拒矫正或被动地接受矫正，矫正效果自然不好。心理矫治可先“治心”，运用心理学的方法让工作人员与服刑人员建立真诚、平等、互信的关系，帮助服刑人员疏导消极情绪，敞开心扉与工作人员交流，使工作人员可以及时了解他们的真实想法，教会他们调节情绪的方法，使服刑人员以积极、稳定的心态接受矫正，达到事半功倍的效果。

（2）改变不良认知方式，树立守法意识

心理矫治是一种科学的矫治方法，能从根本上改变社区服刑人员错误的认知结构，帮助其树立正确的人生观、价值观，树立守法意识。服刑人员之所以会犯罪，多数是由于其存在不良的反社会心理，如错误的观念体系，包括极端个人主义、不满现实社会、接受与主流道德文化相悖的亚文化等；自我意识欠缺，如缺乏同情心、羞耻感、责任感，法律意识较差；不良的性格特征，如冷漠孤僻、虚伪狡诈、爱慕虚荣、意志力差等。心理矫治通过科学的心理学方法，能够改变服刑人员错误的认知，使服刑人员学会换位思考，感受他人的痛苦，学会正确处理自己与他人、自己与周围事物之间的关系，教会他们用法律来调节自己的行为。只有服刑人员真正树立起守法意识，矫正才宣告成功。

（3）治疗心理疾病，促进心理健康发展

据估计，心理疾病导致犯罪的比率为50%～70%，而10%～30%的社区矫正对象的犯罪行为都与心理疾病有关[①]。许多社区服刑人员犯罪前就存在心理素质低下、社会适应不良等问题，犯罪后面临家庭破裂、社会歧视等困境时，容易变得孤僻偏激，心理障碍严重。对于这部分服刑人员，心理矫治可以通过心理行为训练的方法，增强其应对挫折的能力。通过心理评估、心理咨询、危机干预等多种方法，达到治疗其心理障碍或心理疾病的目的，从而保证社区服刑人员的心理健康。只有服刑人员拥有健康的心理状态，改造才有可能顺利完成。

（4）塑造健全人格，增强社会适应能力

许多社区服刑人员之所以会走上犯罪道路，与其不健全的人格有很大的关系。心理矫治过程中，通过团体和个体相结合的心理辅导，有步骤的心理评估、心理健康教育、心理咨询及心理治疗，让服刑人员学会主动接触、感知、适应社会环境。从这个角度来看，社区矫正的主要目标就是重塑矫治对象的健全人格，使其始终保持健康的心态，学会适应社会，融入社会，最后愿意为社会作贡献，回报社会，成为守法公民[②]。可以说，行为矫正是“治标”，心理矫治是“治本”，心理健康、人格健全的人才是真正回归社会的人。

① 刘邦惠．社区服刑人员的心理矫治[M]．北京：科学出版社，2015:4-5.

② 顾伟．心理矫治在社区矫正工作中的应用[J]．前沿，2013(2):103.

（二）社区服刑人员心理矫治的现状

为了了解现阶段社区矫正中心理矫治的开展情况，本书采用了问卷调查、走访、座谈等方式对宁波市各辖区司法所开展的心理矫治情况进行了认真的调研，回收的调查问卷有125份，其中有效问卷122份。宁波市下辖8个区县，调查情况如下。

1. 对社区心理矫治的态度

对心理矫治的态度会极大地影响社区心理矫治工作的开展和成效。一方面，就社区工作人员而言，如果他们对社区心理矫治认识不到位，可能会直接影响到心理矫治的机构设置、人员配置、经费保障等；另一方面，如果社区服刑人员对于社区心理矫治的态度存在疑虑，则会影响他们参与社区心理矫治的积极性，不愿配合相关活动，使心理矫治工作难以达到预期目的①。

在本次问卷调查中，有31.15%的人认为“心理矫治可有可无”，有64.75%的人认为“心理矫治很重要”，还有4.09%的人选择了“其他”（表5-1）。从社区工作人员的角度来看社区服刑人员对于社区心理矫治的态度，48.4%的人觉得“心理矫治可有可无”，有59%的人认为“自己不需要心理矫治”，有39.3%的人“有兴趣尝试”，有26.2%的人会“积极接受心理矫治”（表5-2）。

表5-1 社区工作人员对于社区心理矫治的态度

可有可无		很重要		其他	
人数/人	比例/%	人数/人	比例/%	人数/人	比例/%
38	31.2	79	64.8	5	4.1

表5-2 社区工作人员认为社区服刑人员对于心理矫治的态度

可有可无		不需要		有兴趣尝试		积极接受		其他	
人数/人	比例/%	人数/人	比例/%	人数/人	比例/%	人数/人	比例/%	人数/人	比例/%
59	48.4	72	59	48	39.3	16	26.2	1	0.8

注：由于本题是多项选择题，所有选项的比例之和不等于100%。

① 刘邦惠．社区服刑人员的心理矫治[M]．北京：科学出版社，2015:4-5.

从调查结果来看，仍然有部分社区工作人员没有重视社区心理矫治工作，认为其可有可无，并且在社区工作人员看来，许多社区服刑人员也是同样的态度。可喜的是，有兴趣尝试及积极接受的人加起来达到65.5%，这说明社区服刑人员多数对心理矫治并不抵触，只要心理矫治能发挥应有的作用，社区服刑人员就会乐于接受。

2. 社区心理矫治的主要内容与形式

社区心理矫治的内容主要包括心理评估、心理健康教育、心理咨询与治疗、心理危机干预及心理矫治效果的评估。本次调查涉及对于社区心理矫治主要内容的调查。在社区工作人员看来，社区服刑人员最需要得到的帮助主要是“改变自己不合理的信念”，所占比例达77.7%，其次是“改善人际关系”和“情绪控制”，分别达到63.9%和60.7%，选择“改善家庭关系”的比例也高达50.8%（表5-3）。

表5-3　社区工作人员对于所需要的心理矫治内容的调查结果

改善家庭关系		改善人际关系		情绪控制		改变不合理的信念		其他	
人数/人	比例/%	人数/人	比例/%	人数/人	比例/%	人数/人	比例/%	人数/人	比例/%
62	50.8	78	63.9	74	60.7	95	77.7	2	1.6

注：由于本题是多项选择题，所有选项的比例之和不等于100%。

社区工作人员对社区心理矫治具体内容的看法如下：在接收社区服刑人员时，90.2%的社区工作人员认为需要对其进行心理健康状况评估；98.4%的社区工作人员认为需要对其进行危险性评估；93.4%的社区工作人员认为需要对其开展心理健康教育。结果显示，社区工作人员十分肯定心理评估、心理健康教育作为心理矫治重要内容的有效性及必要性。

在对社区服刑人员开展心理健康教育的方式的调查中，近82%的社区工作人员选择了“开展讲座”，56.6%的社区工作人员选择了“分发宣传册”，15.6%的社区工作人员选择了“网上交流”，还有21.3%的社区工作人员选择了“个别谈话”。由此可见，现阶段的心理矫治形式以面对面的心理咨询为主。

3. 社区服刑人员对心理矫治效果的评估

效果评估也是心理矫治工作的重要一环。忽视效果评估工作，将会使心理矫治工作的效果大打折扣。从调查结果来看，在回答“您觉得目前社区的心理矫治效果如何，是否达到了预期目标”的问题时，只有7.4%的社区工作人员认为目前的社区心理矫治效果达到了预期的目标，64.4%的社区工作人员认为没有达到目标或效果一般、效果甚微、没有什么效果、和目标有很大差距、心理疏导流于形式、心理矫治工作需要进一步提高等。其余的社区工作人员因为没有开展心理矫治工作而未回答此问题。由此看来，心理矫治工作的效果并不尽如人意。这是我们需要改善的地方。

4. 现阶段社区心理矫治工作存在的问题

相对于国外而言，我国的社区矫正工作起步较晚，心理矫治工作相对薄弱，难免会有诸多问题。在社区矫正工作人员看来，存在的问题主要是“缺少专业心理学人才”，选择此项的有89.3%，而“心理矫治硬件设施不足”及“心理矫治类别单一、内容简单”也是重要问题，所占比例也分别高达65.6%和43.4%，此外，还有27%的社区工作人员认为“社区服刑人员不配合”也是社区心理矫治面临的问题之一（表5-4）。

表5-4 社区工作人员认为社区心理矫治中存在的问题

心理矫治类别单一、内容简单		缺少专业心理学人才		心理矫治硬件设施不足		社区服刑人员不配合		其 他	
人数/人	比例/%	人数/人	比例/%	人数/人	比例/%	人数/人	比例/%	人数/人	比例/%
53	43.4	109	89.3	80	65.6	33	27	8	6.6

注：由于本题是多项选择题，所有选项的比例之和不等于100%。

以往的研究表明，许多心理矫治的工作都是由社区工作人员来做，或者让社会志愿者参与，这就存在矫治专业性不强的弊端。社区服刑人员的心理矫治的确是一项专业性很强的工作，没有高素质的专业人员来担任，就难以达到期望的效果。本次调查也表明，社区心理矫治大多以讲座、咨询等形式开展，缺少互动与针对性，难免不能引起社区服刑人员对于心理矫治的兴趣，导致他们参与不积极，矫治效果不佳。

5. 对社区心理矫治工作的建议

从对“从您的经验来看，哪些因素能够促进社区心理矫治取得理想结果”的回答来看，社区工作人员提出的建议有：希望领导重视，加大资金投入，由宁波市司法局牵头来促进心理矫治专业队伍建设和硬件设施建设；配

备心理矫治专业人士；多进行心理矫治专业的技能培训，提高社区工作人员的自身素质，将日常谈话变成心理矫治的环节；心理矫治形式多样化；将心理矫治纳入社区矫正的程序中；建立完善的社区心理矫治制度（如评估制度、个案计划制度、回访制度等）。

在回答“您觉得在心理矫治中，还应该为社区服刑人员提供哪些方面的帮助和服务”的问题时，社区工作人员提出：多关怀社区服刑人员，定期回访；心理疏导要更具专业性与针对性，因人而异，制定不同的心理矫治方案；讲座增加趣味性；寻求家庭和相关部门的支持，解决社区服刑人员的就业、医疗、住房等实际问题；帮助社区服刑人员树立正确的三观，学会调节情绪，正确认识自我；对社区服刑人员进行测评，实行动态监测和跟踪回访，建立个人档案，实行“一对一”的心理咨询师“联所”制度等。从社区工作人员的建议可以看出现阶段社区心理矫治的薄弱环节，如缺乏专业人才、没有完善的制度保障等；同时社区工作人员的建议也为改进社区心理矫治工作提供了多种参考路径。

（三）现阶段社区服刑人员心理矫治中存在的问题

1. 从事社区心理矫治的专业人员严重缺乏

从事社区心理矫治工作需要专业且经验丰富的心理咨询师或心理学家，但社区矫正的工作人员数量少，并且有一部分人没有法学、社会学、心理学等相关专业的背景，缺乏心理矫治的专业工作者。目前，宁波市各区县社区矫正的心理矫治主要包括 3 类：首先是司法行政工作人员，他们主要起组织协调作用。其次是心理学专业人士，主要是心理矫治工作志愿者，包括政府正式签约聘请和社区挖掘的社会力量两部分。比如，鄞州区司法局与宁波市百合心理咨询师培训机构签约，将 2015 年度社区矫正心理咨询、辅导、培训和社区服刑人员再社会化等心理服务工作委托给百合心理。最后是社区矫正社工，他们承担着对社区服刑人员心理矫治的辅助工作。

就目前宁波市从事心理矫治的工作队伍来看，存在如下问题：一是从事心理矫治的专业力量不足，目前心理矫治的专业力量主要是政府聘请的专业人员及心理矫治志愿者，其中政府聘请的心理矫治专业机构或人员往往由于经费等原因，参与社区服刑人员心理矫治工作的时间和内容都有限，难以满足将心理矫治工作深入、全面、长期开展下去的需要。在心理矫治志愿者方面，宁波市虽然有潜在力量，但是在实践中，这些社会资源没有得到充分挖掘。二是司法行政工作人员和社工大多缺乏必要的心理学专业知识和训练，专业水平亟待提高，而且有些地方的社区工作人员因为对心理矫治的重要性认识不足，认为心理矫治工作无非就是走走形式，做思想工作解决不了实际问题，没有发挥好组织协调和辅助作用，因此必须尽快提高他们的专业水平，建设自己的心理矫治队伍。

2. 经费、场所等物质保障有待加强

“巧妇难为无米之炊”，无论是试点还是推广，心理矫治工作涉及经费、场所、设备等资源问题，这些物质条件是心理矫治工作不可缺少的组成部分，也是顺利开展心理矫治工作的必要保障。从目前宁波市社区矫正心理矫治工作的开展状况来看，可以用于开展心理矫治的经费数额有限，工作人员往往有心无力，没有足够的经费来组织开展丰富多样的心理矫治活动，心理矫治类别单一、内容简单。这在一定程度上也影响了心理矫治工作的广度和深度。因此，目前的一个重要任务就是改善这方面的条件。

3. 心理矫治内容需要完善

从目前宁波市社区矫正心理矫治工作的开展现状来看，主要采取的心理矫治方法既包括对社区服刑人员集中开展的心理健康教育和心理测试，也包括针对部分服刑人员个别开展的心理咨询和心理治疗。总的来说，这些活动的开展取得了一定的效果，但是仍有很大的提高空间，一方面是由于社区矫正心理矫治工作还处于探索阶段，另一方面也反映了心理矫治组织上的不足及知识储备的缺乏。存在的问题有两个方面。一是心理矫治内容需要进一步完善。科学的心理矫治主要包括心理测量、心理评估、心理健康教育、心理咨询、心理治疗、心理档案及心理矫治质量评估等方面。在实践中，宁波市对于心理评估、心理档案及心理矫治质量评估等内容都没有明确规定，心理矫治工作开展的程度有限（这点从调查问卷中也能看出来，有些地方甚至没有开展心理矫治活动）。二是对社区服刑人员的心理矫治是一个系统工程，要使心理矫治体系能够良性运作，各个组成部分必须相互依赖、相互协调，实现资源的共享和相互促进。在实践中，有的区县只关注开展心理矫治的部分内容，而忽视了其他重要内容，如部分区县重视开展心理健康教育，而忽视了心理测量、心理评估等内容，造成心理矫治实行得不规范、不系统，随意性较大，影响了心理矫治的效果。因此，在开展心理矫治的过程中，必须遵循心理科学规律，有计划、有步骤规范地开展工作。

（四）社区服刑人员心理矫治的改进与完善

针对上述存在的问题，我们提出应实行社区心理矫治的规范化建设。这包括三个方面：心理矫治队伍建设的规范化、心理矫治体系的规范化、领导的重视与心理矫治经费保障的规范化。

1.心理矫治队伍建设的规范化

社区矫正对象的服刑区域是在街道和乡镇，心理矫治任务也主要由基层司法所承担，但司法所任务重、人员少、人员业务能力参差不齐，开展社区矫正工作的同时承担人民调解、法制宣传、法律援助等工作，很难把全部精力投入到社区心理矫治工作中。因此，目前解决人员不足的最好方法就是从社会上吸纳尽可能多的适合做、愿意做这项工作的人进入心理矫治的队伍，可以出台市级规范性文件，如《社区矫正心理矫治志愿服务暂行办法》，明确规定志愿者的权利义务、选拔程序以及对志愿者的要求和工作内容，可要求志愿者必须具有心理咨询师资格，并且每月参加志愿服务不得少于4小时。要求志愿者必须做到不损害社区矫正对象的合法权益，不歧视社区矫正对象和侮辱社区矫正对象的人格；不向接受心理矫治志愿服务的矫正对象收取或变相收取报酬，并对所掌握的社区矫正工作秘密和社区矫正对象的个人隐私做到保密等。同时，动员和组织高校、医院和研究机构的心理专家参与心理矫治工作，对社区工作人员及志愿者开展定期培训，快速提高心理矫治工作人员的专业水平。各级社区矫正机构可经常召开心理矫治联席工作会，分析个案，讨论心理矫治工作取得的经验和存在的问题，研究和学习心理矫治的更好方法。此外还可以通过以师带徒、同事间个案讨论等形式，不断提高他们的实际操作能力。同时，制定心理矫治激励机制，激发心理矫治工作者特别是基层辅导员的热情，把工作推向深入。如此，社区心理矫治在发挥作用上一定会有新的突破。

2.心理矫治体系的规范化

（1）心理矫治管理测试评估的规范化

当前社区矫正心理测试和评估没有统一标准，各地方随意性大，有时随便找一两套题，为应付检查而测试评估，自然谈不上效果好。因此，规范化心理测试与评估是不可缺少的环节。可以参考厦门市的做法，由宁波市司法局统一引进或开发一套有较好服务的高质量的信息化平台。该平台应是配合社区心理矫治的实施与管理的专业化信息平台，该平台应具有心理测试及评估功能，通过采集社区服刑人员的审前调查信息、再犯风险自评过程、罪犯人格测验结果犯罪心理测试结果、日常监管表现状态等方面的数据，可自动分析确定社区服刑人员再犯罪的风险等级，自动建立社区服刑人员的档案，为心理矫治工作人员对社区服刑人员的分类跟踪管理、分阶段教育提供参考。该平台还应满足心理咨询室、局域网或广域网上同时进行团体或个人测评，保证多人在线查询、测评、管理与咨询功能；该平台应具有足够的数据安全性，对不同区域、不同级别的管理机构，如市级、区县级，设定不同的管理权限进行分类管理，这样既能满足心理矫治动态管理的规范化，又能实行测试、评估标准的科学统一化，同时节省心理矫正工作人员的管理工作量，是一举多得的措施。

在建立信息化平台的同时，相应设立区县社区矫正心理矫治中心，规模和人员数量可结合本地社区矫正的实际需要来设定。工作人员可分为专职和兼职两种：专职人员可由区县社区矫正工作人员中取得心理咨询师资格的人员担任；兼职人员既可以是取得咨询师资格的社区矫正工作人员，也可以是社会专业人员。中心应具备咨询接待、心理测试、专家督导、个别诊治、团体辅导、心理档案等相应功能。街道和乡镇则相应成立社区矫正心理辅导室。

（2）心理矫正程序的规范化

心理矫正的方式多种多样，通常包括心理健康教育、个别心理辅导、团体心理辅导、心理危机干预、犯罪危险性评估、再犯危险性评估等。针对千差万别的社区服刑人员，运用哪些心理矫正的手段才是合适的，应该像医生诊疗一样规范化，通过“心理矫治工作细则”这样的规范性文件，对心理测试、心理评估、心理咨询和心理治疗等作出具体明确的程序规定。建立矫正对象心理健康状况普查、心理危机信息定期排查收集和心理危机干预预警制度，及时掌握和发现矫正对象的心理动态，对出现心理障碍的矫正对象及时给予心理帮助。例如，在接收社区服刑人员时，就应采集社区服刑人员的审前调查信息、再犯风险自评过程、罪犯人格测验结果、犯罪心理测试结果、日常监管表现状态等方面的数据输入平台，为其建立个人档案，确定其再犯罪等级（可利用平台的自动分析数据作为参考），根据不同等级由心理矫正工作人员制定具体矫正方案（要实现一人一方案），并按照方案认真实施，同时进行定期或不定期的测评，观察心理矫治的效果，根据效果调整方案，实行动态跟踪，一旦发现危险信息即进入心理危机干预程序。不同级别的管

理人员应定期或不定期通过平台或走访检查心理矫治的实施情况，这样才能最大限度地发挥心理矫治的作用，彻底改变心理矫治力量薄弱的状况。

3. 领导的重视与经费保障的规范化

当然，市级的社区心理矫治信息平台、区县级的心理矫治中心与乡镇级的心理辅导室的建立，专业设备（包括软件）和办公设备的购置，社区矫正专兼职工作者的业务培训，心理矫治活动的开展等方面，都要有相应的经费投入作为保障。这就需要相关领导的重视，能投入专项经费，各级社区矫正管理机构应根据心理矫治对象的动态增长人数和心理服务数量，科学制定心理矫治的经费使用预算，积极争取财政方面的支持。

总而言之，矫正对象心理矫治的规范化，需要着眼于长远，立足于现实，以中国特色的社区矫正理论体系和方法去改进和完善。克服盲目性和随意性，增强专业性和科学性，以统一的标准和规范组织引导、协调约束矫正对象的心理矫治过程，才能使心理矫治质量不断得到提高，使之成为教育和改造社区服刑人员的有力武器。

二、社区矫正社会资源支持状况与完善

社区矫正是深化司法体制改革和社会体制改革的重要内容，是法治中国建设的重要方面，社会力量的参与则是健全社区矫正制度、落实社区矫正任务的内在要求[①]。社区矫正把符合法定条件的罪犯放在社会上监督管理和教育改造，社会资源的广泛参与应该是其显著特征。

（一）社区矫正工作社会资源支持的必要性

1. 体现社区矫正的本质属性

利用社会资源开展社区矫正工作是社区矫正的本质属性和根本要求之一。社区矫正是在社区中对矫正对象开展管理和改造工作，这其中当然蕴含着利用社区中的社会力量开展社区矫正的含义。社区矫正的本质特点之一就是需要社会力量的广泛参与。社区矫正机构从一定意义上讲是一种特殊的社会公共组织，除了国家刑罚执行机关的参与之外，突出表现为社会力量的广泛参与。社区矫正制度作为一种新型的“政府、非政府公共组织和民众组织组成的管理体系”，体现的是非政府公共组织和民众的参与性。也就是说，

① 周斌．充分发挥社会力量参与社区矫正工作积极作用[N]. 法制日报，2014-11-18(3).

尤其要充分利用服刑人员所在社区中的各种资源，共同进行服刑人员的管理，促进服刑人员的改造。如果在社区矫正中不重视研究和利用当地的社会力量，而把社区矫正孤立成社区矫正机构自己的工作，那么，就不能体现社区矫正的本质特点，也会增加社区矫正机构开展社区矫正工作的困难性和成本。因此，在社区矫正中有效利用社会资源，是体现社区矫正本质特点的重要方面。

2. 降低行刑成本

刑罚的实施，需要投入资源，社区矫正与监禁矫正相比能够在较大程度上降低行刑成本。根据司法部预防犯罪研究所推算，我国每监禁一名犯人的年平均费用可能要超过 10 000 元人民币，这仅是监狱运作的费用，如果把建造监狱的资金也算在内，这个数字要超过 14 000 元人民币。而经济较发达的上海市，关押一个罪犯的年平均成本费用高达 25 000 元（还不包括历年来的硬件设施投资与折旧费用）[①]。目前，我国的监狱系统在人员、物力等方面的超负荷运转问题已经相当紧迫，因而监狱在教育改造功能的实现上承受巨大压力，不利于长期维护社会安全。社区矫正较好地解决了目前国家由于监狱人口过多、犯罪数量剧增带来的财政压力。通过行刑社会化的手段可以有效地减少在押人数，这样可使更多的资金用来改善监狱环境，以提高监狱管理水平。

3. 提升社区矫正的效果

一是使矫正对象获得更有效的帮助。社会资源的运用和社会力量的介入使得社区矫正在教育矫正、心理矫正、公益劳动、技能培训、就业指导、临时安置等方面可以获得更大的拓展，为矫正人员提供更有效的帮助，尤其在帮助解决社区矫正人员的就业需求、心理矫治等方面起到无可替代的作用。

二是能和矫正对象进行更有效的沟通。社会资源的运用和介入使社区矫正工作人员身份多样化，更加容易被矫正对象所接受，更容易和矫正对象进行有效沟通，尤其对于重点对象，通过个别谈话教育，定期或不定期地对风险程度高、思想存在问题、心理处于亚健康状态和生产生活存在困难的社区矫正对象进行个别有效沟通，消除心理障碍，缓解风险程度，帮助被矫正对象解决困难，促进重点对象的稳定，提升矫正效果。

三是能够减弱矫正对象标签的效果。如果矫正对象更多接受的是政府的

① 陈和华．论我国社区矫正的制度建设[J]. 犯罪研究，2010（1）：39-47.

规制和管理，得不到社会的宽容、接纳与帮助，其容易产生严重的自卑、消极心理，其犯罪的“标签意识”进一步强化，甚至把社区想象成一个更大的监狱，把社区矫正当成监禁矫正的变化形式，进而对社会产生对立情绪，这些都不利于矫正对象的再社会化和破损社会关系的修复。

4.有利于社会管理创新

社会管理的基本任务包括协调社会关系、规范社会行为、解决社会问题、化解社会矛盾、促进社会公正、应对社会风险、保持社会稳定等方面。社区矫正涉及社会管理中的社会治安问题、公共安全问题、犯罪控制及预防问题。社会资源参与社区矫正工作，对社区矫正对象进行监管和服务，矫正其犯罪行为和心理，促使其顺利回归社会，不仅能够维护社会秩序的稳定和谐，而且能够通过维护社会治安、公共安全来促进社会管理体制的完善与发展。社区矫正管理模式的创新和建构，是社会管理体制改革不可或缺的一部分，是展现社会管理体制改革内容和方向的一个窗口，是创新社会管理体制的重要领域。

（二）社区矫正社会资源支持现状

社会资源的支持和参与为原来社区矫正主要依靠政府力量实施带来了明显的变化。

1.社区矫正工作主体多元化

为了集聚各方面的资源和力量，宁波市鄞州区政府动员各种社会主体积极投入到社区矫正工作中。通过调研，鄞州区参与社区矫正工作的社会主体不仅有社区服务中心，还有公司企业、心理咨询中心、高校、培训机构、志愿者服务机构等，政府通过扶持建立具有公益性质的民间组织和非营利性企业，引导鼓励公司企业为社区矫正对象提供技术培训和岗位实践等内容的矫正服务，进一步完善政策和资金支持方式，通过购买服务、税收减免、财政补助、奖励表彰等方式提高社区矫正工作经费的利用率。政府、市场和第三部门都在社区矫正工作中发挥了各自的作用，通过不同的资源配置方式，相互渗透、相互补充，使社会资源的利用效果达到更好的水平。

2.社区矫正工作方式多样化

社会资源参与导致的社区矫正工作主体多元化必然带来社区矫正工作方式的多样化。在宁波市鄞州区的实践中，教育培训方面社会资源参与社区矫正主要包括开展教育学习和社区服务、政府购买服务外包、社工参与社区矫正等方式。在劳动就业方面，社会资源参与社区矫正主要包括提供就业支持、咨询、技能培训等。在社会救助方面，社会资源参与社区矫正主要体现在民政临时救助、医疗救助、提供精神和物质帮助等方面。在心理矫正方面，社会资源参与社区矫正主要包括心理咨询、讲座等形式。社会资源参与社区矫正还体现在社区宣讲、社区调查走访、组织矫正人员参加学习活动等方面，基本涵盖了社区矫正活动的方方面面。

3.社会资源来源多样化

社区矫正工作是一项需要投入相当大的人力、物力和财力的工作，所以提高社会资源的汲取能力和优化资源配置方式同样是社区矫正工作中社会资源配置的重要方面。鉴于我国国情和社区矫正工作还处于发展初期，需要政府的大力支持，资金来源还是应以政府投入为主。在实践中，政府对社区矫正工作的资源投入相对稳定。除了政府投入之外，如何激发其他主体将社会资源投入社区矫正工作的意愿也是社区矫正工作可扩展性发展和可持续性发展的重要内容。宁波市鄞州区一方面通过社区活动和媒体宣传广泛向社会募集，接受企业赞助和热心人士的捐助设立专项基金；另一方面通过一些财政政策和税收政策来激发鼓励培训机构或公司企业为矫正对象提供更多的培训和岗位，通过志愿机构和志愿者的志愿性活动为矫正对象提供无偿的心理咨询和服务等。

4.志愿活动经常化

宁波市鄞州区的志愿队伍健全、服务网络发达、工作机制完善，这些社会条件为社区矫正的发展提供了优良土壤。志愿者队伍中既有个人报名参与的，也有以机关、企业集体报名参加的；既有离退休人员、具有专业知识人员等，也包括具有一定经济能力和社会影响力的企业人员；既有志愿组织组织的活动，还有各单位、企业自发组织的志愿服务。借助于成熟的志愿组织，宁波市鄞州区的志愿活动能够保证经常化的开展，为社区矫正对象提供经常性的支持和帮助。

同时，社会资源参与社区矫正工作从总体上来看程度还比较低，参与度不高。在调研中，社区矫正专职人员和社区矫正社会工作者之比为约1 ∶ 1.2。有多达73%的司法所社区矫正专职人员认为社区矫正的工作人员力量不足，其中认为严重不足的占比23%。司法所社区矫正专职人员对社区矫正中社会资源参与情况的总体评价是实际参与率较低。对于现阶段社会资源矫正参与社会矫正的效果，认为效果比较好的占比只有15.6%，认为效果一般的占比41.6%，而认为效果比较差和非常差的占比达到了42.8%。

（三）社会资源参与社区矫正工作程度不高的原因

1. 观念方面

社会公众和社区对社区矫正的性质、必要性认识不足。由于受传统观念的影响以及宣传教育的缺乏，社会公众和社区对于社区矫正相对持有比较保守甚至排斥的态度，对社区矫正人员的宽容吸纳意识较差。很多社区居民对接受社区矫治的罪犯普遍存在防范心理，认为原来应该在监狱服刑的罪犯转移到自己的眼皮底下服刑，或多或少担忧与不安，认为他们会给自己正常的生活带来负面影响。由于社区居民对社区矫治的现实积极意义认识不足，使矫治对象很难融入社区中来，影响社会资源参与到社区矫正工作来。

也有相当一部分社区矫正的专职人员认为社区矫正是单一的政府行为，强调社区矫正刑罚执行特性，淡化其矫正和帮扶职能，弱化社会资源参与到社区矫正工作的重要性和积极性。

2. 政策制度的缺失

从总体而言，社区矫正主要还是政府行为，除了相对人的家庭以外，社区各界对这一类特殊群体的关注比较小。所以，党委政府的重视和完善的社区矫正工作机制的建立，是社会资源参与社区矫正工作的前提和保障。就目前的状况来看，多数地方还未出台统一的法规、文件来建立健全社会力量参与机制，各地对社会资源的运用还很少；同时，各地社会资源力量发展不平衡，发展水平参差不齐，这也导致各地未能充分应用各种社会资源参与社区矫正工作，导致司法部门社区矫正工作人员疲于奔命。

3. 社会力量参与社区矫正工作缺乏相应的资金支持

目前，我国社区矫正工作主要由司法行政系统承担，作为社会资源中最为重要的部分的人、财、物绝大多数仍然由政府投入，社区矫正工作经费来源的主要途径还是政府，社会捐赠与总体投入相比可以忽略不计。以上海新航服务总站获得的资金比例为例，财政经费占到了99.01%，而社会捐赠仅为0.99%①。从宁波市社区矫正工作管理局了解，本市的社区矫正工作的资金支持，至今主要靠通过预算的政府财政专项资金，其他资金投入几乎没有。社区矫正工作人员由政府调配或向社会公开招募，并且社区矫正经费十分短缺，没有大量扶持社区矫正工作中社会组织和专业人才的经济能力。

① 孙辉．上海社区矫正中的第三部门参与研究——基于公共物品供给的视角[D]．上海：同济大学，2006：173.

（四）完善社区矫正社会资源支持体系的建议

1. 提高全社会对社区矫正重要性的认识

社区资源对社区矫正的自觉自愿的参与程度不仅取决于社会对社区矫正这一制度的认知程度，更取决于社会对社区矫正这一制度的价值认同程度。必须通过宣传教育，向社区居民宣传正确的社区矫正观，使人们全面而准确地了解社区矫正及社区矫正对象，消除人们对他们的误解与歧视，提高居民对社区矫正的参与意识和参与水平，凝聚社区居民的力量，从而帮助社区服刑人员回归社会。

2. 健全完善社会资源参与社区矫正的体制机制

只有在政府的文件政策中明确社会资源参与社区矫正工作，建立健全完善的社会资源参与社区矫正的体制机制，才能使社会资源参与社区矫正工作在具体实践中有据可依、有章可循。政府应该逐步培育扶持承接社区矫正服务的社会组织，建立健全以社区为平台、以社会组织为载体、以社会工作者为基础的“三方联动”机制，组织、引导社会工作者、志愿者、基层自治组织等多元社会力量参与社区矫正工作。作为社区矫正的主要执行部门，司法行政机关要主动协调各有关部门完善政策，健全制度，引导社会资源更多地投入到社区矫正工作中，其他各部门也要对承担社区矫正服务工作的社会力量做好注册登记、资格认定、财政保障等工作，这样才能激励更广泛的社会资源参与到社区矫正工作中来。

3. 建立激励机制，充分发挥社会志愿者的积极性

社区矫正工作需要大量的社会志愿者的参与，社会资源的作用的发挥有赖于社会志愿者的工作热情的发挥。目前，我国还缺乏对社会组织和个人参加社区矫正工作的激励措施，导致社区矫正难以吸引大量社会组织和优秀人才的积极参与。政府组织和机构等应当提高志愿者的积极性，建立社会志愿者服务机制，对志愿者进行有针对性的专业培训，在社会上营造良好的自愿服务氛围，使更多的人参与到社区矫正工作中来。

可以考虑根据志愿者身份确定针对性激励措施，如对于大学生志愿者，可以考虑给予其志愿者证书积分、颁发社会工作奖、与就业推荐相挂钩等。对于各类专业技术人员志愿者，更多地应该给予相应的社会兼职、给予专业上的管理建议权限。对于一般的志愿者，更多地给予其精神鼓励，对其社区矫正服务绩效进行海报张贴宣传等，增强其社会成就感。同时，对于社会企

业参与社区矫正工作的，如捐赠经费或为社区服刑人员提供工作的，可对其实施减免税收、优先获得政府招标项目等奖励政策[①]。

4.有序推进政府购买服务

现阶段政府还是社区矫正的主导，但是政府的优势在于政府的规则制定的平等性与资源配置的宏观效益，而市场是社会资源最为集中、最为活跃、创造再生能力最强的领域，可以在社区矫正的社会资源这一公共服务领域中引入市场竞争的观念。政府要加大社区矫正领域政府购买服务力度，鼓励将社区矫正政策研究咨询及宣传服务等工作通过委托、承包、采购等方式，向社会工作服务组织购买服务。司法行政部门合理提出需要购买社会工作服务数量、规模、质量和效果目标要求，通过公开招标等方式，选择资质条件好、服务质量高的社会工作服务机构购买服务。通过充分、有序的市场竞争实现资源配置效益的最大化。

我国社区矫正工作开展以来，各地始终坚持紧紧依靠基层组织，广泛发动人民群众参与社区矫正工作，从实际出发，积极研究探索社区矫正的各种方式，充实社区矫正机构工作人员，发展壮大社会工作者、志愿者队伍，专群结合开展社区矫正工作，取得了良好效果。我们认为社会资源的配置和利用是问题的核心，要积极转变政府工作职能，健全完善社会资源参与社区矫正的体制机制，要强化社区建设、大力发展非营利性组织、推进志愿队伍建设，形成有利于矫正对象在社区矫正的良好氛围和环境，并为社会资源源源不断地进入社区矫正打下良好的社会基础。在政府、社会和市场的共同努力下，在社区居民的广泛参与下，会有越来越多的社会资源进入社区矫正中，我国的社区矫正工作会越做越好。

三、公民参与社区矫正的机制探索

随着社区矫正工作的不断推进和全面展开，政府与公民共同在社区矫正领域的携手，成为刑事司法民主化的一个重要内容。总的来看，我国社区矫正实践中的公民参与仍然是低水平的，需要不断地发展和完善。

① 张鹏飞．社会力量参与社区矫正工作比较研究[J]．中国司法，2016（1）：74-77.

（一）公民参与社区矫正的必要性

1.公民参与社区矫正有利于增加对社区矫正这一刑事执行活动的认同与支持，有利于提升社区矫正的成绩和效果

一方面，在社区矫正执行过程中，公民参与社区矫正有助于增强公民的主人翁意识，扩大社区矫正的社会基础和社会资源的提取范围，增强社区矫正的整合能力；另一方面，公民参与社区矫正有利于社区矫正工作能够及时和充分有效地吸纳公众的利益要求，增加公众对社区矫正内容的认知和支持，提高公众对社区矫正的信任感，进而积极推动社区矫正工作的进行，提升社区矫正工作的绩效。实践证明，公民参与积极性越高，社区矫正的效果越好。

2.公民参与社区矫正工作有利于调适社区矫正工作和社区公民之间的利益矛盾，增强社区矫正工作与公民利益之间的相互适应性

社区矫正工作作为一项以社区为基础的刑罚执行工作，一定程度上会对公民个体的利益带来影响。社区矫正是实现宽严相济刑事政策的重要手段。公民参与社区矫正工作，能为体现国家公共利益的刑事执行活动和公民个体利益矛盾提供一个缓解压力的空间，增强社区矫正工作与公民需求之间的相互适应性。在社区矫正适用过程中，如果得不到社区居民的支持，社区矫正的效果就难以实现。因此，要想得到社区居民的支持，就必须鼓励公民参与或者为公民参与提供机会，为国家公共利益和公民个体利益可能产生的矛盾提供一个融和的空间。

3.公民参与社区矫正工作也是现代社会公民的权利要求

公民的参与权是现代民主制度的基础与核心。民主制度的一个显著特征是广泛的社会参与和公民对于经济、政治与社会诸领域的活动决策的广泛影响。社区矫正工作是一项对罪犯进行刑罚执行的工作，而犯罪是与每个公民的人身财产安全、生活安宁都直接相关的问题，关系到公民最重要的权利的保障和实现。作为社会生活的基本主体和犯罪行为的现实的或潜在的受害者，公民不仅有权了解并且参与社会对犯罪的策略和措施体系的制定、实施的过程，也有权参与对罪犯的惩罚和矫治的实施过程。相对于监狱行刑，公民参与社区矫正工作更具有可行性，使公民对刑事司法从旁观、被动的“局外人”转变到积极参与的“局内人”，更加能够体现和反映现代公民的主体意识、权利意识及责任意识的觉醒和提升。

4. 公民参与社区矫正工作，有助于消减社区矫正工作的执行偏差

公民参与社区矫正相关工作，在一定程度上可以有效监督执行社区矫正各方主体的工作执行与过程情况，减少和防止在社区矫正工作中公共权力的“寻租”行为的发生，促进以公共利益为核心的社会利益最大化的公共性价值目标的实现。

（二）公民参与社区矫正的理论依据

1. 新时代司法改革的需要

新一轮司法改革作为中共中央全面深化改革、建设法治中国、推进国家治理现代化顶层设计和系统部署的重要组成部分，在党的十八届三中全会后向纵深展开。“保障人民群众参与司法”已被写入《中共中央关于全面推进依法治国若干重大问题的决定》。该决定“不仅揭示了我国司法制度的人民属性，也指明了司法体制的改革方向和具体要求”①。公众参与司法在我国将进入一个崭新的阶段。社区矫正作为司法改革的一个重要方面，公民参与社区矫正是司法改革的必然要求和趋势。

2. 体现现代刑事政策的价值取向

随着社会的发展，经济体制改革的推进，市场经济的发展成熟，以政治国家为核心的一元社会结构开始衰亡，政治国家与市民社会相对分离的二元社会结构悄然崛起②。在政治国家的社会结构中，刑法以保护国家利益、社会利益作为自己的主要任务，奉行的是公共利益至上的原则，刑法的人权保障机能几乎被完全忽视；而在国家与市民社会二元格局的社会结构中，政治国家的权力在一定程度上受到限制。刑法不再单纯地被作为保护社会的工具，而是同时具有现代社会保护和保障人权的使命。社区矫正作为行刑社会化的重要内容，正是体现了国家和社会双本位的现代刑事政策取向。尤其在刑法执行中，一方面，国家通过刑罚处罚、教育改造等方式使罪犯受到一定的惩处、教育；另一方面，公民及一些第三方组织、民间社团的全面参与则在促进罪犯复归社会和预防犯罪方面发挥着更为显著的作用。

3. 体现现代公共管理政策趋势

新公共管理运动主要关注公共部门对市场机制和企业管理技术的引进，

---

① 姜伟 . 保障人民群众参与司法 [N]. 光明日报，2014-11-27（1）.

② 杜万华 . 二元社会结构体系及其法理学思考 [J]. 现代法学，1996（1）: 5-9.

治理理论的兴起则进一步拓展了政府改革的视角，它对现实问题的处理涉及政治、经济、社会、文化等诸多领域，成为引领公共管理未来发展的潮流[①]。治理理论中最主要的一个特征是治理主体多元化。过去，人们认为政府是唯一的权力中心，而治理理论则挑战国家和政府权威，认为政府不再是唯一的权力中心，一些非政府部门如私营部门、第三部门或公民个人等众多公共管理主体可以分享政府权力，共同管理公共事务。即便如此，政府对国家的发展依然起着很重要的推动作用。随着社会矛盾复杂性的不断增加，政府不可能事无巨细，方方面面都管理到；治理主体多元化后，政府不再是唯一的治理主体，其他主体的参与可以减轻政府的压力，告别国家垄断治理时代。社区矫正的社会化属性正是体现了公共事务中各方共同参与，发挥各方的优势的现代公共管理理念。

（三）目前公民参与社区矫正存在的主要问题

1. 目前我国社区矫正中公民参与度比较低

我国的社区矫正试点工作不同于其他许多国家和地区的一个重要方面就是对罪犯的社区矫正不是源于民间自发的帮助活动，而是一种自上而下的快速推动，在社会力量的参与和支持方面有所欠缺[②]。在社区矫正试点工作期间和全面铺开以后，社区矫正的社会团体和公民参与方面各地的做法各不相同。上海相对起步较早，成立了“新航社区”等社团组织，负责一部分社区矫正工作，由政府向社团购买服务，社团再聘用相应的社会工作者来承担。由于缺乏更多的社会资金来源，社团的运作主要还是依靠政府的扶持。其他一些省市在具体做法上基本上也是以司法行政部门为主，社区干部辅助配合，再辅以一定数量的志愿者，民间力量的自发参与明显不足。就笔者参与的浙江省宁波市鄞州区的实际情况来看，在实际参与社区矫正的公民中，主要是心理咨询工作者参与矫正对象的心理矫治和心理辅导。

2. 社区矫正中公民参与的意愿不高、参与的人员范围及参与途径有限

现阶段公民参与社区矫正主要是以志愿者为主要形式，包括各领域专家、社会名流、离退休干部、居委会成员、企事业单位职工、公务员、高校学生

---

① 陈广胜．走向善治：中国地方政府的模式创新[M]．杭州：浙江大学出版社，2007:10.

② 刘津慧．我国社区矫正试点考察及制度构建[M]．卢建平．京师刑事政策评论（第2卷）．北京：北京师范大学出版社，2008：265-294.

等。从我国开始试点社区矫正工作以来，社会志愿者在社区矫正中起着不可或缺的作用，许多社区矫正的实例都有公民和社会志愿者的参与。但是有学者统计，在北京地区，虽有 40% 的社区居民愿意以志愿者的身份参与社区矫正工作，但实际仅有 2% 的人表示参与过社区矫正工作[①]。华东政法大学叶慧娟对上海某街道志愿者参与社区矫正状况的调查显示，只有 15.94% 的被调查者称其家人或者朋友参加过社区矫正志愿者活动。志愿者中，街道、居委会工作人员占绝大多数，一般居民参加社区矫正志愿者活动在 5% 以下。

另外，对大学生的调查结果显示，愿意以志愿者身份进行社区矫正工作的大学生仍占少数（占调查总数的 38.64%），一方面是由于大多数大学生对社区矫正制度并不了解；另一方面，矫正对象与志愿者的空余时间难以协调统一，表明志愿者人数尚有不足，并且志愿服务的准备不够充分，缺乏预案等措施。志愿者提供服务的形式不够多样化，导致开展过单次服务之后没有后续方案予以跟进；志愿者缺乏促使矫正对象再社会化的综合素质[②]。

3. 缺乏法律与政策的保障

司法民主本身就是一个和程序紧密结合在一起的概念，“民主是一种程序，是寻求公众问题解决方法的一种途径”[③]，公众参与司法是一种外部参与，这种参与的外部性要求法律规定必须清晰而明确。我国关于社区矫正的专项立法进程缓慢，至今没有一部专门的社区矫正法，而现有的有关法律性文件对于社会力量参与的内容规定非常有限，目前主要的规定是 2014 年 11 月 14 日司法部、中央综治办、教育部等联合颁发的《关于组织社会力量参与社区矫正工作的意见》，对于公民参与社区矫正缺乏专门的规定。同时作为社会力量参与社区矫正的主要依据，一方面从形式来看，《关于组织社会力量参与社区矫正工作的意见》在法律效力的位阶层面也显然较低；另一方面从内容来看，《关于组织社会力量参与社区矫正工作的意见》对于社会力量参与社区矫正的规定也比较狭窄，很多相关的内容或是没有规定，或是规定缺乏具体的可操作性，难以真正实现促进社会力量和公民参与社区矫正的目的。

从内部管理角度来讲，对公民参与社区矫正的服务项目管理、需求管理、表彰激励、考核评价、资金筹集等具体的各个环节尚未出台一套完整的

---

① 周国强．我国公民参与社区矫正的困境与出路[J]学海，2013（6）：147-152.

② 金鑫．基于调查问卷进行的社区矫正工作参与人员的调查与研究[J]．法制与经济，2016（2）：60-62.

③ 科恩．论民主[M]．聂崇信，朱秀员，译．北京：商务印书馆，2004：4.

管理机制细则，使公民在参与社区矫正时没有规范化的途径可循。在社区矫正中，公民个人的力量比较分散，一定层面上需要依托一定专业性的组织来进行协调和维护，但是目前这类公民参与社区矫正可以依托的平台也非常缺乏。可以说，目前公民参与社区矫正在外部缺乏必要的法律保障，在内部缺乏必要的管理制度、激励机制和依托平台。

（四）我国公民参与社区矫正的途径和措施的完善

1.公民参与意识的培养

要培养和增强公民的参与意识，提高公民参与社区矫正的积极性和主动性。公民意识作为一种社会意识形态，是公民在公民社会中所形成的对于自身主体性、权利和义务、社会身份、政治地位等的理性自觉[①]。公民意识包括主体意识、民主参与意识、社会责任意识、法制意识、政治宽容意识等要素[②]。公民参与意识的确立是公民参与社区矫正的必要条件，公民参与意识决定着公民参与社区矫正的程度与成效。尽管我国社区建设已开展20余年，但社区的公民社会的意识并不强，公民对社区公共事务的参与意识和参与能力并未在社区建设中得到有效提升，对社区矫正参与不足也就在所必然。所以，要提高公民对社区矫正的参与度，首先要培养其对社区公共事务（包括社区矫正）的参与意识和参与能力。

公民意识的培养和增强，一方面有赖于社会成员的理性自觉和主体意识的提升；另一方面政府要强化公民参与，大力培养公民的社会参与意识和参与热情，积极鼓励和大力支持公民参与社区矫正中，充分发挥公民参与社区矫正的积极性、主动性，畅通公民参与社区矫正的途径。公民社会应该积极倡导公民的参与意识和责任意识，强调通过广泛的公民参与（包括司法参与），培养社会中公民的民主意识、民主习惯和民主能力，把民主意识、民主参与渗透至人们的日常生活中。

2.公民参与社区矫正相应法律法规的完善

很多国家对公民及社会力量参与社区矫正都有相应的法律法规。英国的社区矫正立法主要体现在社区令上，社区令包括“宵禁令、缓刑令、社

① 李小群．公民意识与法治国家的构建[J].江淮论坛，2009（5）：110-113.

② 罗建平，梁纪毅．公民意识对扩大公民有序政治参与的意义——一种非制度条件的分析视角[J].社科纵横，2009，24（2）：66-67，70.

区服务令、结合令、毒品治疗令和测试令、管护中心令、行动计划令”，社会力量的参与集中体现在行动计划令上[①]。美国红十字会的《志愿人员权利法案》（A Bill of Rightsfor Volunteers）的大部分内容都适合社区矫正领域的志愿者。

借鉴国外成功的做法，结合我国社区矫正工作的实际和公民参与社区矫正的现实情况，我们认为从立法层面构建公民参与社区矫正法律制度是十分必要的。立法可以明确参与社区矫正工作的公民及各类社会力量的职责定位，给公民参与社区矫正服务提供法律依据，保障其在参与社区矫正中的人身安全及其他各项权利，明确其应承担的责任义务。

3. 公民参与社区矫正的教育培训和激励机制的建立和完善

社区矫正是一项专业性、严肃性都比较强的司法活动，然而参与社区矫正工作的公民绝大多数都缺乏对社区矫正的深入了解，也缺乏参与社区矫正工作所需要的一定的专业能力和专业素养。教育培训工作可以由社区矫正机构负责组织，在村（居）民委员会和志愿者组织的协助下，就社区矫正的性质、有关法律法规及社区矫正对象教育矫正、帮困扶助等方面的政策等进行培训，同时还可以就与社区矫正对象沟通的技巧等进行培训。

公民参与社区矫正体现了公民的参与意识和民主意识，更多的是一种志愿行为，需要公民更多的付出，国家和政府应该对这类行为进行表彰和激励，鼓励更多的公民参与其中。可以通过立法和出台政策的方式，由人民政府、司法行政部门明确给予社区矫正工作中做出突出贡献的组织和个人表彰、奖励。对于积极参与社区矫正工作的公民，可以视情况的不同，或给予表彰和物质奖励，或在就业、上学、录用、录取、晋升提拔等方面给予优先的倾斜政策等。

4. 公民参与社区矫正的市场化机制运行

公民参与社区矫正工作一般是自愿的，但是我们必须认识到无偿利用社会力量的局限性，所以要引进市场化的运作机制，有偿利用社会力量来参与社区矫正是提升和实现社区矫正效果的重要途径。因此，一方面要树立“花钱买服务”的观念。实践证明，完全无偿利用社会力量的做法不利于社会力量的培育和公民的参与。在现有的社会经济条件下，通过支付不同报酬的形式“花钱买服务”，有偿利用社会力量开展社区矫正工作，能够为社区矫正

① 谭恩惠，卫嵘．社会力量参与社区矫正的积极性引导及参与路径研究 [J]. 生产力研究，2011（4）：116-119.

对象提供更专业、更有针对性的矫正服务，在实践中具有可行性。另一方面，有偿利用的社会人员有很大的差异，要区别对待。要在倡导、弘扬志愿精神的前提下，对志愿者进行全面客观评估，考核其服务成效。遵循市场经济规律，根据情况实行区别对待，安排适当补助或奖励。

四、论社区矫正工作的风险与防范

结合社区矫正实践情况，总结已有经验，发现潜在问题，特别是对于涉及社区矫正工作的风险，要进行针对性的问题调研和分析，提出针对性的防范对策和建议，这有利于推进社区矫正工作更好地发展。基于此，我们进行了以下探索。

（一）社区矫正工作风险的表现

风险通常是指某种危险情况发生的可能性。社区矫正工作风险是指社区矫正的工作人员（包括临聘人员、社工及志愿者）在从事社区矫正的工作中给他人（包括社区矫正对象及其亲属、被害人及其亲属、第三人、国家或社会等）造成损害的可能性或自身或亲属遭受损害的可能性。具体地说，表现为以下几种形式。

1. 社区矫正工作人员的故意违法犯罪行为导致的风险

此类风险在社区矫正工作风险中占比极高，是应当重点防范的风险。近年来，社区矫正工作人员利用职务之便贪污受贿、玩忽职守、滥用职权等行为时有发生，检察机关查办的一批职务犯罪案件表明，社区矫正工作已成为腐败案件的新领域。这类风险产生的后果是社区矫正工作人员有可能构成犯罪，被追究刑事责任；而工作人员的违法犯罪行为也有可能直接或间接导致矫正对象再犯罪。

例如，浙江省台州温岭一司法所所长为犯罪分子出具假证明，涉嫌帮助犯罪分子逃避处罚；金华市司法所干部叶某玩忽职守等。江苏、云南、湖北、广东、福建、河北、河南、江西等多地均有此类案例发生[①]。这给我们敲响了警钟，应当重视此类工作风险，做到防患于未然。

---

① 李洪三，张锦绣．社区矫正工作人员贪污受贿渎职类案例及警示教育活动案例选编五十二例[EB/OL]（2016-05-18）[2017-09-02]. http://chjzxc.com/index.php/Article/into/id/6337.html.

2. 社区矫正工作人员的过失行为导致的风险

社区矫正工作人员因工作中的过失导致他人受到损害。例如，集中劳动过程中，组织管理不力，以致发生矫正对象斗殴事件。此类风险中，工作人员不存在渎职行为，通常是由于业务不熟练、管理水平有限或管理力度不够造成的。虽然这种情形下工作人员不负刑事责任，但有时要负民事责任，或所在单位要承担赔偿责任。此类风险发生概率虽然不高，但是也应给予足够的重视，应通过提高管理水平、完善管理环节、培训工作人员等方法来防范此类风险，让此类风险发生的概率降到最低。

3. 在工作中他人造成社区矫正工作人员的损害

在工作中，无论社区矫正工作人员是否有过错，他人都有可能给工作人员造成损害，这是社区矫正的工作性质决定的。一是社区矫正的对象，是罪犯，相对于守法公民来说，人身危险性及主观恶性均较大。虽然他们之前所犯之罪是轻罪，但并非代表人身危险性及主观恶性就低。例如，有些人有吸毒、赌博等恶习，有些人有好逸恶劳、不劳而获的不良观念，有些人有仇视社会、抗拒矫正的不良情绪，这些因素导致他们有可能是犯重罪的潜在人群。因此，在矫正过程中他们可能会不冷静，与工作人员发生冲突，造成工作人员的人身伤害或财产损失，或因矫正对象的报复给工作人员及其亲属造成人身伤害或财产损失。二是被害人也有可能因不理解不冷静而情绪激动，与工作人员发生冲突，给工作人员或其亲属造成人身伤害或财产损失。这种风险从目前来看发案不多，但仍然是社区矫正工作中潜在的风险之一，也是应防范考虑的因素之一。

（二）社区矫正工作中各风险点分析

造成社区矫正工作风险的主要因素之一是存在于工作环节中的权力，这是上述第一种工作风险产生的根本原因，可以说有权力的地方就有腐败。因此，社区矫正中的腐败渎职与违法犯罪的风险和其他公务职权领域别无二致。《社区矫正实施办法》（以下简称《实施办法》）第三十八条明确规定了社区矫正工作人员不认真履行职责需承担的法律责任。“在实施社区矫正过程中，工作人员有玩忽职守、徇私舞弊、滥用职权等违法违纪行为的，依法给予相应处分；构成犯罪的，依法追究刑事责任。”在社区矫正执行过程中，有些工作环节矫正工作人员有较大的自由裁量权，并对最终的结果有重要影响。例如，对矫正对象采取监管的程度以及帮扶的方式等。如果对这些权力的监督不到位，就难免出现权力的滥用或权力的“寻租”，导致腐败渎职最终损害公民合法权益的风险后果。近年来，实践中也出现了不少此类事例，有的社区矫正工作者还被追究了刑事责任，如上述所举的社区矫正宣传网中所公布的多地发生的案例：2013 年，江苏连云港市首例社区矫正领域玩忽职守案；2014 年，四川宜宾市首例司法助理员玩忽职守案，还有社区矫正矫正对象遭遇乱收费案、司法所所长贪污受贿案等[①]。这些被检察机关查处的活生生的例子就是最好的证明。

下面笔者将对社区矫正工作各环节的风险点进行梳理，分析其风险所在。

1. 适用社区矫正前的调查评估环节

《实施办法》第四条规定：“人民法院、人民检察院、公安机关、监狱对拟适用社区矫正的被告人、罪犯，需要调查其对所居住社区影响的，可以委托县级司法行政机关进行调查评估。受委托的司法行政机关应当根据委托机关的要求，对被告人或者罪犯的居所情况、家庭和社会关系、一贯表现、犯罪行为的后果和影响、居住地村（居）民委员会和被害人意见、拟禁止的事项等进行调查了解，形成评估意见，及时提交委托机关。”

该环节中司法行政机关（通常是拟适用社区矫正对象所在地的司法所）出具的调查评估意见对法院的决定有着重要影响。从全国各地的实践经验（网络上披露的数字）来看，成年人刑事案件人民法院对调查评估意见的采信率普遍达到 85％以上，未成年人普遍达到 90% 以上。例如，江苏省（2006 年以来）社区矫正机构提供的 16 000 余起审前调查评估的采信率统计中，未成年人和成年人刑事案件就分别达到 90% 和 85%[②]。正因如此，受委托调查评估环节实际隐含着权力，为工作风险环节之一。在这一环节容易出现受贿索贿等腐败现象，轻者承担党纪或行政责任，重者承担刑事法律责任。例如，湖北潜江市一司法所所长丁某，接受山东某监狱的委托，调查矫正对象李某的社会情况，丁某到李某的家中要求收取 10 000 元的好处费，声称如果不交就没有审前调查表，李某就不能假释。李某家中困难，李某父母只有

① 李洪三，张锦绣. 社区矫正工作人员贪污受贿渎职类案例及警示教育活动案例选编五十二例 [EB/OL].（2016-08-18）[2017-09-02]. shttp://www.chjzxc.com/index.php.Article/info/id/6337.html.

② 参见枣庄市司法行政网. 新阶段如何做好社区矫正审前调查. [2017-9-2].http://www.zzsf.gov.cn/articles/ch00009/201410/0bdfc464-28f3-4929-b54b-3f09e34e3b00.shtml

借了 3 000 元给丁某[①]。

2. 监督管理环节

对矫正对象的监督管理是社区矫正的中心任务，在该环节社区矫正的工作人员有以下职权：接收矫正对象的权力（根据《实施办法》第六条、第七条，发现矫正对象未按规定时间报到的，应当及时组织查找，并通报决定机关；接收后还应当及时告知权利义务、应遵守的规定、被禁止的事项及违反规定的法律后果等。这些既是职权也是职责）；矫正措施的制定落实调整权（《实施办法》第九条）；批准社区矫正对象进入特定区域或场所的权力（《实施办法》第十二条）；批准矫正对象离开居住地的权力（《实施办法》第十三条，司法所的准假权只有 7 天，超过 7 天的，要报司法局批准，但最长不得超过一个月。请假的理由只限于"就医和家庭重大变故"）；批准社区矫正对象变更居住地的权力（《实施办法》第十四条）。此外，还有法院禁止令名单中的人的批准权、免除社区服务的批准权、管理等级的调整权等。

在监督管理环节可能出现的风险点主要如下：接收社区矫正对象时，如果出现异常情况是否及时采取了相应措施，是否因没有做好衔接工作导致矫正对象脱管；审批社区矫正对象外出请假申请时能否严格依规定审核；审批社区矫正对象进入特定场所、从事特定行为或会见特定人员的申请时，是否严格依规定审核；是否有编造和伪造社区矫正对象思想汇报、报到记录等应付上级检查的行为，从而导致矫正对象长期脱管；对社区矫正对象的违规违法行为进行处理时，是否未及时采取处置措施或徇私包庇，处置时的证据是否充分，程序是否到位；是否存在对脱管、漏管放任不管，不积极查找；是否擅自提前解除社区矫正；对社区矫正对象办理不批准出境报备时，是否不报备或故意延迟报备；是否非法限制社区矫正对象人身自由，是否非法罚没社区矫正对象财产，是否非法搜查社区矫正对象身体、物品、住所等[②]；在审批各项申请时是否有索贿受贿的行为。

3. 考核奖惩环节

在考核奖惩环节社区矫正机构的权力如下：第一，考核权。考核权是指矫正工作人员对社区矫正对象接受监督管理、参加教育学习和社区服务等表现情况定期进行考核的权力，并根据考核结果，对矫正对象实施分类管理

---

① 参见河源司法行政网．社区矫正成为腐败案件新领域.[2017-9-2].http://www.heyuansfj.gov.cn/shownews-5182.aspx

② 郑艳．社区矫正工作风险及防控策略[J].河南司法警官职业学院学报，2016，14（2）：31-35.

（《实施办法》第21二十一条）。第二，警告权。《实施办法》第二十三条规定了出现警告的事由，县级司法行政机关应当给予警告。第三，建议权。包括治安管理处罚建议权（第二十四条），撤销缓刑、假释的建议权（第二十五条），对暂予监外执行的收监执行建议权（第二十六条）。

在考核奖惩环节矫正工作人员可能出现的风险点主要如下：对社区矫正对象考核奖惩时，是否存在帮助社区矫正对象骗取奖励或者减轻、逃避处罚或者以考核奖惩为由存在受贿索贿的行为[①]。

4. 教育帮扶环节

《实施办法》的第十五条和第十六条规定了矫正对象每月参加教育学习和社区服务的时间分别不少于8小时，实践中由于要兼顾社区矫正对象的工作、生活安排，加之少数服刑人员故意迟到、拖延等原因，落实该条规定确实存在困难。该环节中容易出现没有保质保量完成集中矫正的情况。风险点主要表现在落实两个“八小时”可能存在弄虚作假，编造、伪造社区矫正对象参加集中教育和社区服务的记录应付上级检查，导致社区矫正效果及质量不高。

对社区矫正对象进行帮扶慰问时，存在将慰问款项扣留或据为己有的风险。该行为符合贪污罪的构成要件（国家工作人员利用职务上的便利，侵吞、窃取、骗取或者以其他手段非法占有公共财物的行为构成贪污罪）。因此，如果数额较大，该行为就构成贪污罪。

综上所述，社区矫正工作存在风险的环节不少，实践中也出现了不少事例，我们需要重视对社区矫正工作风险的防范。2015年4月，最高人民检察院开展了为期3个月的社区服刑人员脱管（社区服刑人员擅自脱离执行机关的监督管理）漏管（社区服刑人员交付执行脱节，执行机关未将服刑人员列入监督管理）专项检察活动，专项整治和纠正“社区服刑人员又犯罪”、矫正工作脱管漏管等失职渎职行为。在2015年4月16日最高检召开的新闻发布会上，新闻发言人详细列举了司法实践中导致社区矫正对象脱管、漏管的12种主要情形，有8项跟司法行政机关是否履职尽责有关[②]；同时，通报了4起社区矫正对象脱管漏管又犯罪的典型案例，有2起负责其社区矫正工

① 郑艳. 社区矫正工作风险及防控策略[J]. 河南司法警官职业学院学报，2016，14（2）：31-35.

② 关于这12种具体情形，参见高鑫. 最高检：12种情形造成社区服刑人员脱管漏管. [2017-9-2]. http://gjwft.jcrb.com/2015/4y/fxryzxjc/zbzy/201504/t20150416_1497060.shtml.

作的司法所干部被追究刑责[①]。最高检的新闻发言人特别强调，“在开展核查纠正社区服刑人员脱管、漏管及刑罚变更执行监督工作中，检察机关要注意发现有关人员徇私舞弊、权钱交易、失职渎职线索，既要办理社区服刑人员再犯罪案件，也要深挖背后可能存在的职务犯罪”[②]。与其等到违法犯罪以后再来追究刑事责任，不如防范在先。

（三）社区矫正工作风险的防范

1. 深化认识、风险预警

提高社区矫正工作人员（包括社会工作者、社区矫正志愿者、临聘人员）廉洁自律的法律意识，是有效防范工作风险的策略之一。可以考虑采取以下措施。

第一，针对上述分析的社区矫正工作的风险点，制定“社区矫正工作风险防控实施意见”，可制作发放社区矫正工作风险预警卡或手册，用“十个不准”“十个必须”等用语提醒社区矫正工作人员廉洁执法、履职到位。

第二，定期举办学习培训。在司法行政系统召开社区矫正预警会，结合社区矫正领域渎职案件的“反面典型”开展警示教育，让所有工作人员充分认识到工作中的法纪风险，在思想上绷紧风险防控这根弦，杜绝矫正工作中的不规范行为，从而避免玩忽职守、滥用职权和贪污贿赂行为的发生。同时，定期的学习培训可以提高工作人员的业务水平及执法合规意识，在工作中可尽量减少因过失带来的风险。而让工作人员了解一些辅助知识如心理学知识也可以减少执法过程中的冲突，从而减少来自他人的伤害风险。

2. 规范程序、明确职责

根据《社区矫正实施办法》《浙江省社区服刑人员档案管理办法（试行）》《浙江省社区矫正审前社会调查实施办法（试行）》《浙江省社区矫正实施细则（试行）》《浙江省社区矫正人员考核奖惩办法（试行）》等行政规范性文件的规定，制定一整套《社区矫正操作规程》，覆盖所有的社区矫正工作环节，每个程序应符合所有规范性文件的要求，每个步骤应明确责任主体及管理权限，并且标注风险点，做到将执法流程细化且无一遗漏。这样，每个环

① 高鑫．最高检通报4起社区服刑人员脱管漏管又犯罪典型案例[EB/OL].（2015-04-16）[2017-09-12].http://www.spp.gov.cn/ztk/2015/tglg/zyxw/201504/t20150416_95518.shtml.

② 查耀煌，黄丹．基层社区矫正工作法纪风险防范研究[EB/OL].（2016-04-13）[2017-09-12].http://www.chjzxc.com/index.php/Article/into/id/6007.shtml.

节的工作人员只要根据操作规程指示的步骤具体实施即可，并且每个步骤的注意事项也一目了然，不仅能让复杂的程序变得简单明了，也省去了工作人员查阅文件的烦琐。同时，操作规程也能让每个工作人员对自己的职责及权限了然于胸，有助于杜绝超越职权和互相推诿的现象，制定操作规程不失为风险防范的一个好方法。

3. 强化监督、健全机制

通过健全考核奖惩、过错追究机制来强化监督是风险防范的有效措施。强化监督可以从以下两个方面入手：

一是司法行政机关内部的自我监督。司法行政机关可以通过健全考核奖惩、过错追究机制来强化内部监督。用定期自查、阶段检查、群众评议的方式将社区矫正风险防控纳入社区矫正工作考核中。对风险防控做得好的单位及个人给予奖励，而对风险防控有待完善的单位及个人给予批评乃至处罚。对社区矫正机构及其工作人员在行使职权、履行法定义务过程中出现的故意违法或失职行为严厉追责、决不姑息；情节严重构成犯罪的，将其依法移交有关部门追究刑事责任。将考核奖惩与过错追究机制结合起来会大大增强社区矫正工作人员的执法意识和责任意识，规范社区矫正执法行为，从而预防社区矫正工作人员职务犯罪和执法风险。

二是强化检察院的法律监督。《社区特征实施办法》明确规定了人民检察院的法律监督权力（第二条第三款："人民检察院对社区矫正各执法环节依法实行法律监督。"），检察院若能充分发挥法律监督的作用，则能够最大限度地防控社区矫正中的执法风险。2015 年 4 月，最高人民检察院开展的为期 3 个月的社区服刑人员脱管漏管专项检察活动就非常好。但依靠为数不多的运动式的专项检察显然还不够，也不能达到防患于未然的目的。检察院可以设立社区矫正检察（科）室，定期与不定期地对社区矫正成员单位开展走访监察活动，查找社区矫正工作中的薄弱环节及管理漏洞，了解社区矫正单位的风险防控做得是否到位，工作人员在各执法环节是否存在贪污受贿、滥用职权、玩忽职守和徇私舞弊的情形。一旦发现违法违规情形或错误的思想苗头，则应立即纠正，"惩前毖后"，避免社区矫正工作人员的错误发展到受到刑事责任追究的严重后果。

五、监狱警察参与社区矫正的优势与机制建设

（一）监狱警察参与社区矫正的价值和意义

1. 就目前的状态而言，我国社区矫正仍处于“监管中心主义”的现实状态，监狱警察的参与对于社区矫正强化监管是非常必要的

虽然社区矫正不同于监狱矫正，其具体的执行不是在福柯所描述的全景式监控的“圆形监狱”中按照严格的纪律、时间表等要求进行[①]。但是社区矫正从性质上讲本质还是刑罚执行活动，社区矫正的管理和监督活动属于刑罚执行的职责，其前提还是应该建立在对社区矫正对象有效而规范的管理基础之上。一定意义上，以司法警察为社区矫正执法主体是更适合社区矫正的性质和实际需要的。正如有些学者所建议的“参照司法行政机关所属的监狱人民警察和强制戒毒人民警察的队伍模式，将全国各级社区矫正管理机构和执行机构的国家公职人员全部纳入司法警察职务系列中，形成社区矫正人民警察警种，实行国家人民警察的专业化职业化管理，并依法赋予其对社区服刑人员行使社区矫正和社区治安的执法权”[②]。但是，在目前大范围设立社区矫正人民警察警种尚不具备实际操作可能的情况下，监狱警察参与社区矫正不失为一个良好的过渡替代方案。

2. 监狱警察参与社区矫正符合刑事一体化的理念

在我国目前的刑罚执行体系中，监禁刑的执行主要是由监狱等负责，开放行刑的社区矫正的执行则主要是由基层司法行政机关负责。封闭式的监禁刑和开放式的社区矫正作为行刑方式性质是相同的，所不同的是在刑罚执行的对象、刑罚执行的地点、刑罚执行的方式上的区别。两者所面对的刑罚执行对象都是犯罪分子，同时监狱矫正的对象和社区矫正的对象在一定条件下是可以互换的。对于从监狱矫正对象转化为社区矫正对象的社区服刑人员，监狱警察可以帮助其更好地转换身份，适应相对自由的环境。社区矫正的对象可以成为潜在的监狱矫正对象，监狱警察可以通过对监狱矫正的宣传和介绍，教育和警戒社区矫正对象要努力遵守社区矫正的规定，避免成为监狱矫

① 米歇尔·福柯．规训与惩罚［M］．刘北成，杨远婴，译．北京：生活·读书·新知三联书店，2012：45-46．

② 王谨．社区矫正执法人员警察身份的法律确认［J］．活力，2016（8）：138．

正的对象。封闭式的监禁刑和开放式的社区矫正共同组成了我国自由刑的刑罚执行，其惩罚犯罪、矫正犯罪、预防犯罪的目的是完全一致的，监狱警察参与社区矫是符合刑事一体化理念的。

所以有学者认为：在“一体双翼”的新型构造中，监狱矫正与社区矫正相辅相成、交融互动。随着监禁刑和非监禁刑协调统一的新型行刑体系的建立，社区矫正与监禁行刑应实现相互贯通，做到“出口”和“进口”都顺畅。由此，有必要建构监狱和社区之间的衔接通道，实现监狱行刑与社区行刑的动态衔接[①]。

3.监狱警察参与社区矫正可以较好地解决社区矫正中的警察问题

目前，在我国的社区矫正工作中，矫正队伍的组成是以司法行政部门工作人员为主，社会工作者协助、社会志愿者配合模式。尽管大家对于作为社区矫正执法者的社区矫正官是不是应该具有警察身份这个问题还有一定争议，但是一般认为：应当在社区矫正机构中配备一定数量的警察，协助社区矫正官开展相关的工作[②]。就目前社区矫正工作队伍的实际情况来看，我国社区矫正在监管主体的人力资源配置上存在严重不足，最主要的就是应该配备一定数量的司法警察以配置缺失的问题，而监狱警察参与社区矫正活动则恰恰可以在一定程度上有效缓解这个问题。

4.促进监狱内外的资源共享和监狱的发展

监狱机关在长期的行刑执法过程中积累了丰富的和刑罚执行相关的经验和资源，但是监狱的性质决定了监狱与社会活动之间相对封闭。监狱警察参与社区矫正活动也是建立了一个把监狱内的丰富资源与社会共享的畅通渠道，同时也开辟了监狱管理人员与开放的社会管理活动之间的交流通道，能够提高监狱和监狱管理人员的发展水平。

（二）监狱警察参与社区矫正的优势

1.身份优势

首先从外观上，监狱警察的警察身份必然会通过其身上穿着的警用服饰、携带的相应警用装备等直接体现出来，而这类身份外观标识就直接表明

---

① 张东平．监狱与社区的行刑执法衔接[J].贵州警官职业学院学报，2017，29（1）：103-109.

② 吴宗宪．社区矫正立法中的警察问题探讨[J].中国司法，2014（11）：57-62.

了社区矫正的性质，体现了社区矫正刑罚执行的严肃性和权威性。

司法所是社区矫正对象进行报到和解矫的场所和机构，监狱警察的身份及相应的外观标识本身就会对社区矫正对象心理上形成一定威慑，能对作为罪犯的社区矫正对象进行更加有效的约束和管理，从而起到更好的教育改造的效果。社区矫正对象在司法所及其他矫正场所看到有身着警服的执法人员时，相对而言就会更容易意识到自己社区矫正对象的身份，会更在意自己在矫正机构和矫正场所的言行举止，一方面能够有效助推社区矫正工作依法依规有序展开，另一方面也可以促使社区矫正对象安心接受矫正，对稳固社区矫正对象的改造和矫正成果、有效降低社区矫正对象和刑满释放人员的重新违法犯罪率具有积极的意义。

2. 经验优势

一方面，参与社区矫正的监狱警察往往都有多年在监狱工作的经验，监狱警察参与社区矫正后，能够从自己的亲身经验出发为社区矫正对象详细分析监狱服刑和社区服刑的性质和差异；能够有效劝导社区矫正对象服从社区矫正机构的监管；教育社区矫正对象珍惜来之不易的在社区服刑的机会和自由，在社区矫正中也严格要求自己，特别是坚决不去触碰法律“高压线”，从而保证最后能够顺利解矫。这有利于进一步提高社区矫正工作的严肃性和权威性。

另一方面，监狱民警具有的丰富的监管、教育经验，也可以通过传帮带的方式提高社区矫正机构司法人员的监管教育经验和能力，能够有效缓解社区矫正执法力量相对薄弱、人员变动相对频繁、执法经验相对不足等问题，促进社区矫正执法队伍的建设。同时，监狱民警也可以利用自己丰富的矫正工作经验对社区矫正工作做好监督，提出相应的改进意见。

此外，很多监狱警察具备较好的心理学知识，能够了解社区矫正对象的心理动态，从而更有针对性地对社区矫正对象进行心理咨询和辅导。保障社区矫正对象的心理健康，推进社区矫正工作更加人性化。

3. 业务能力优势

由于监狱警察长期从事罪犯的监狱矫正工作，所以在社区矫正中对社区矫正对象的行为矫正等方面有其自身的业务能力和经验的优势。监狱警察可以将监狱管理中的先进理念和某些相对合适的方式方法有效地与社区矫正工作相融合，强化监禁行刑与非监禁行刑的互动支撑。在社区矫正对象的日常监管、教育管理方面借鉴监狱管理的某些理念和做法，能够促使社区矫正监管上作的规范执法水平和精细化管理得到进一步的强化和优化，还能使社区矫正在某些方面实现进一步的创新发展，使社区刑罚执行与社会管理紧密结合，全面提高社区矫正管理水平。

比如，对社区矫正对象进行一定的队列训练就能够达到有效矫正和规范社区矫正对象行为习惯、增强社区矫正对象的集体意识和纪律意识的目的。在矫正工作文书制作、矫正档案归档管理等方面，社区矫正机构的工作标准和工作规范相对不太完善，监狱警察参与社区矫正可以把监狱正中的工作标准和严谨的工作作风借鉴和应用于社区矫正工作之中。社区矫正在人员管理和应急预案上完全可以借鉴监狱的成熟经验，对社区矫正对象进行动态分析，提高管理效率，通过制作突发事件处置预案等提高管理水平。

4. 资源和桥梁优势

监狱行刑还是目前对犯罪人员的主要行刑方式。在刑罚执行方面，相对于社区矫正执行机构，监狱无疑拥有巨大的资源优势。在行刑一体化的理念下，让社区矫正对象近距离地了解和感受监狱行刑方式无疑有助于社区矫正对象更加安心和珍惜社区矫正的机会。监狱警察参与社区矫正可以使社区矫正机构更好地利用监狱的这种资源优势，监狱警察可以比较方便地安排社区矫正对象参观监狱服刑人员生产劳作场所、食堂、监舍、禁闭室和警示教育大厅等设施；监狱警察可以现场向社区矫正对象详细讲解监狱服刑人员的有关管理措施和规章制度；监狱警察可以请监狱服刑人员现身说法，讲述监狱服刑人员被羁押的痛苦和无奈，进而告诫社区矫正对象要守法、要遵守社区矫正的监管规定，要珍惜在社区接受教育矫正的机会和自由。

（三）监狱警察参与社区矫正的机制建设

1. 建立监狱警察参与社区矫正的选派工作机制

要使监狱警察参与社区矫正工作得到长远和健康的发展，选派优秀的监狱警察参与到社区矫正的工作中是首要前提。在目前的管理体制下，最好是从省级或者市级机关层面出台相应的政策和措施，从指导思想、目标任务、选派安排、工作职责、管理规范及工作细则等多个方面来规范监狱警察的选派工作。可以从监狱系统选派高素质的年轻干警到相应的县（市、区）参与社区矫正工作，在职务安排上可以挂任县（市、区）司法局局长助理，同时可以兼任社区矫正执法大队副大队长，专职社区矫正工作。

2. 探索监狱警察参与社区矫正执法的方式方法

（1）全过程参与

监狱警察可以参与全过程的社区矫正执法，包括社区矫正对象入矫接收、社区矫正审前调查评估、走访排查、组织入矫宣告、训诫教育、日常监管、脱管追查、司法奖惩、调查取证、禁止令执行、违规违法及再犯罪行为制止、执行收监等执法类工作。

监狱警察参与社区矫正执法首先要尽快熟悉社区矫正业务，可以从开展社区矫正对象警示教育、心理测试活动开始，先易后难逐步全程参与社区矫正执法，逐步发挥监狱警察的教育改造特长。

就宁波市而言，截至 2018 年 4 月共选派了 14 名监狱民警进入新岗位，共参与社区矫正审前调查 73 人次、矫正宣告 117 人次、训诫教育 60 人次、个别谈话 117 人次、收监执行 5 人次、授课 9 次，共 756 人次社区矫正对象接受教育。

（2）重点针对监管难点

监狱警察参与社区矫正执法的重点应该是社区矫正中不太好管、不太服管的社区矫正对象。对于这类人员，应该要利用和发挥监狱警察的身份和教育改造的特长。在条件允许的前提下，对这类人员尽量实施一对一帮教，强化信息核查，加大对这类人员的监管力度。利用警察身份对这类人员进行训诫谈话，对其形成心理上的威慑，提升这类人员的认罪悔罪意识和矫正对象的身份意识，端正其矫正态度，使其不敢再逾越社区矫正监管的红线。同时，也可以组织此类矫正对象到监狱开展警示教育活动，让监狱中的服刑人员现身说法，以此督促这类人员认真守法、积极自律，认清自身身份，珍惜社区矫正的机会和自由。

（3）参与社区矫正的规范化、科学化建设

可以充分借助监狱警察的执法工作经验，提升基层司法所社区矫正执法行为的规范性，规范社区矫正对象的接收、管理、变更、解除等矫正管理流程。比如，开展审前社会调查评估，监狱警察可以全程参与实地走访、笔录制作和证据收集等环节，利用其经验和规范的工作方法全程做好监督和指导工作。再如，监狱民警可以和社区矫正中心的工作人员组成宣告团，为新入矫的社区矫正对象举行入矫宣告，以规范入矫宣告仪式，充分体现社区矫正刑罚执行的严肃性、规范性和权威性。

监狱警察通过进行社区矫正业务的培训，既可以强化基层社区矫正工作机构作为刑罚执行机构的主体意识，又可以将自己丰富的执法工作经验和社区矫正的管理需求相融合，将这些理念和方法传授给基层司法所工作人员，提高他们的执法理论水平和实际能力。

3. 完善监狱与社区矫正机构的衔接配合机制

可以通过制定监狱与社区矫正机构衔接配合工作的相关规范，推动作为社区矫正机构的司法机关和监狱之间就监狱警察参与社区矫正的工作衔接。为使监狱警察参与社区矫正的工作经常化和规范化，社区矫正机构和监狱可以联合举办选派挂职监狱警察的培训班，了解社区矫正的特点、强化社区矫正的法治意识，使社区矫正的执法理念在一定程度上有所转变。

4. 构筑健全完善的考核评价体系

要制定《社区矫正民警考核办法》对参与社区矫正的监狱警察进行考核。通过规范来确定参与社区矫正的监狱警察全年的工作目标，细化参与社区矫正的监狱警察的监督管理、教育矫正等主要工作职责。要建立以每月进行评分、每季进行检查、每年进行年终考核为内容的参与社区矫正监狱警察管理考核制度，明确考核奖惩条件。由接收单位社区矫正机构将选派的监狱警察纳入管理考核，年度考核结果向作为派出单位的监狱反馈，对参与社区矫正任期结束后的监狱警察进行相应工作鉴定，并以此作为双方使用和提拔干部的重要标准。实施这样一个完整的日常管理考核体系，能够锻造一支执法规范、纪律严明、公正廉洁的参与社区矫正的警察队伍。

六、社区矫正中心的实践、定位与功能完善

我国的社区矫正经过十几年的探索，全国大部分县（市、区）都建立了集监管执法、教育帮扶于一体的县(市、区)社区矫正中心（以下简称“矫正中心”），但矫正中心的地位及功能如何定位？只有解决好这个问题才能在矫正中心建设的过程中有的放矢，发挥出社区矫正中心应有的作用。

（一）争议：司法所作为社区矫正的执行机构是否适宜

2003 年，“两院两部”《关于开展社区矫正试点工作的通知》明确规定：“街道、乡镇司法所要具体承担社区矫正的日常管理工作。”2004 年，司法部印发的《司法行政机关社区矫正工作暂行办法》第九条规定：“乡镇、街道司法所具体负责实施社区矫正，履行下列职责：贯彻落实国家有关非监禁

刑罚执行的法律、法规、规章和政策；依照有关规定，对社区服刑人员实施管理，会同公安机关对社区服刑人员进行监督、考察；对社区服刑人员进行考核，根据考核结果实施奖惩；组织相关社会团体、民间组织和社区矫正工作志愿者，对社区服刑人员开展多种形式的教育，帮助社区服刑人员解决遇到的困难和问题；组织有劳动能力的社区服刑人员参加公益劳动；完成上级司法行政机关交办的其他有关工作。”由此可见，社区矫正试点以来，司法所是执行社区矫正的主要机构。在社区矫正试点之初，还没有专门的社区矫正机构的情况下，司法所作为司法行政机关的及最基层单位承担社区矫正的具体执行工作是当然之选。

司法所毕竟不是执行社区矫正的专门机构，随着社区矫正工作的深入展开，司法所在机构设置、人员队伍和配套设施方面显然无法满足社区矫正工作的需要。原因如下：司法所本是司法行政机关最基层的组织机构，承担人民调解、法制宣传、来信来访等法律服务，现在让其承担执法任务，法律却没有直接赋予其执法地位，工作人员的执法力度难免不强；社区矫正的执法专业性强，工作人员需要专业知识与技能、相应的执法权力和待遇，这些要求在司法所难以实现；我国司法所以乡镇、街道为单位设置，在编人员 1 至 3 人，但各乡镇、街道的服刑人员数量差别较大，在公务员编制严格控制的大背景下，人员配置难以跟上；由于工作压力大、风险大、待遇低，司法所工作人员大多不愿长期从事社区矫正工作，工作人员不仅数量少、兼职多且流动性大。工作人员的频繁更换容易造成工作脱节，一些省市抽调监狱、戒毒人民警察参与管理，希望加强执法力度，但显然在法律没有明确赋予其执法权的情况下，只能是权宜之计。司法所的基础设施显然也无法满足社区矫正的需要，如缺乏必要的办公用房和服刑人员谈话室、学习室、档案室等场所，缺乏必要的装备和交通、通信工具，这都大大阻碍了司法所执法职能的发挥。对此，有学者指出，司法所不适合作为社区矫正的执行机构，认为司法所兼任社区矫正机构弊大于利，将社区矫正基层执行机构设置在县（市、区）级司法行政部门更为适宜[①]。也有学者提出，为了避免反复和折腾，可以在继续加强司法所建设的同时，夯实社区矫正一线工作机构体系[②]。

① 但未丽．社区矫正：立论基础与制度构建[M]．北京：中国人民公安大学出版社，2008：287-296；刘强．社区矫正组织管理模式比较研究[M]．北京：中国法制出版社，2010：247-262.

② 郭健．我国社区矫正机构论纲[J]．刑法论丛，2011，28（4）：99-129.

（二）探索：建设县（区）社区矫正中心的实践

在学者们争论不休的同时，奋斗在社区矫正一线的同志们正进行着实践的探索。2008 年，北京市朝阳区司法局借鉴国外社区矫正工作经验，率先创办了“阳光中途之家”[①]。“阳光中途之家”接受区司法局的指导管理，提供对社区矫正对象的教育培训、心理矫治和食宿安置，不仅有效地解决了司法所专业力量不足的问题，大大提高了社区矫正刑罚执行效能，还解决了“三无”（无家可归、无亲可投、无生活来源）社区矫正对象的就业、落户等问题，受到了政府、群众及学者的关注。2011 年，在北京市委、市政府的推动下，“中途之家”得以在全市推广，后逐渐推广到全国大部分省、市、地区。2013 年，司法部社区矫正工作要点提出要在县一级推广建立“社区矫正管理教育服务中心”等场所设施，用于社区矫正对象的帮扶教育[②]。大部分省、市、地区称此类机构为“社区矫正中心”。可见，“中途之家”“社区矫正管理教育服务中心”“社区矫正中心”在我国没有明确区分，只是称谓不同。在司法部的推动下，各省（自治区、直辖市）正如火如荼地进行着社区矫正中心的场所建设，北京、江苏、上海、安徽、江西等较早探索在区县建立社区矫正中心的省市设施完备、人员充足、信息化程度高，正在走规范化、专业化的提档升级之路。以湖南、天津、河南为代表的社区矫正中心建设起步较晚的省份正在全力推进社区矫正场所设施建设，由省级政府统筹资金、明确场所面积、统一中心功能区域，成效显著[③]。

（三）思考：“社区矫正中心”应如何定位

尽管我国的“社区矫正中心”从国外的过渡性住宿式社区矫正机构“中途之家”发展而来，却带有明显的中国特色，如由政府主导推广兴建；隶

① 中途之家（halfway house，又译为“重返社会训练所”），它是为社区矫正对象、刑满释放人员及其他特殊人群提供一种过渡性住宿式社区矫正机构，起源于欧洲，1964 年国际“中途之家”协会成立于美国芝加哥。“中途之家”在国外已有 100 多年的发展历史。

② 具体职能是为社区矫正对象统一开展法制教育、心理辅导和社会认知教育，对有需求的社区矫正对象提供技能培训、过渡性安置，促使其顺利融入社会。

③ 郑艳．社区矫正机构的建设构想 [J]. 河南司法警官职业学院学报，2018，16（2）：28-33；郭健．关于加强县（区）社区矫正中心建设的调研思考 [J]. 犯罪与改造研究，2017（4）：38-42.

属于县（市、区）司法局领导和管理；社区矫正管理科进驻中心办公等，不仅带有浓厚的行政色彩，还具备了社区矫正机构应有的执法、管理及教育功能，易让人误以为是专门的社区矫正机构。但是司法部在全国力推的社区矫正中心建设是从场所建设角度出发的，如浙江省给“社区矫正中心”的定位是县级行政司法机关集中开展社区矫正工作的专门场所（见浙江省司法厅《关于进一步加强县（市、区）社区矫正中心建设的指导性意见》，以下简称《指导性意见》)，因为没有编制的“社区矫正中心”只能说是一个“工作平台”，还称不上是一个具有执法职能的“机构”。如果同监狱相比，就可以发现《中华人民共和国监狱法》明确规定监狱是我国的刑罚执行机关，同时监狱也是执行监禁刑罚的场所。因为《中华人民共和国社区矫正法》尚未出台，没有法律明确赋予“社区矫正中心”刑罚执行机关的地位，所以目前也只能定位于执行社区矫正的场所了。

目前，我国已经建立了由司法部直属领导的社区矫正局，专门负责全国的社区矫正工作，各级司法行政机关内设对应的社区矫正管理分局(处室)专门负责本辖区的社区矫正工作的具体实施。可以说，社区矫正的管理机关已经明确，但具体的执行机关却并不明确。全国各地为了克服司法所在社区矫正执法中的困难进行了各种实践探索，如北京的“阳光中途之家”、浙江台州的“社区矫正执法队”、江苏省的“社区矫正管理教育服务中心”、重庆的“帮教管理服务中心”等，做法可谓五花八门，但都有共同点，就是在县（市、区）一级设置社区矫正的执行机构，这些“机构”虽然还称不上“名正言顺”，但在社区矫正的执法过程中实际承担着社区矫正机构的职能。为什么全国各地的司法行政机关会不约而同地在县（市、区）一级建设社区矫正的实际执行机构呢？很显然，这样的建制相比司法所更合理。根据现行《中华人民共和国社区矫正法》第九十二条的相关规定，社区矫正执法活动是以县一级司法行政部门为基本单位的。司法所管辖范围太小，而省市一级管辖范围太大，均不宜作为执行机构，而县一级的管辖范围不大不小，便于对社区矫正对象的连续性进行跟踪管理，既利于社区矫正工作的专业化、职业化建设，又利于统一规范执法；既在整合社会资源方面有优势，又便于业务指导和专业培训。而目前在司法部的力推下，全国大部分省市均开始建设集执法、管理、教育“三位一体”的县（市、区）的社区矫正中心，并朝着规范化、专业化的方向发展，很快将覆盖全国。从实际情况来看，确认社区矫正中心具有专门的社区矫正机构的地位符合我国的国情。

现在，社区矫正机构应当是刑罚的执行机构的观点基本已达成共识。而社区矫正中心作为社区矫正的专门机构，应该具有和监狱同等的地位（监狱是国家的监禁刑罚执行机关，社区矫正中心则是非监禁刑罚执行机关）。因此，建议在《中华人民共和国社区矫正法》修改时能明确规定，社区矫正中心是国家的非监禁刑罚执行机关，司法部是主管机关，下设的社区矫正局可以负责全国的社区矫正机构的设置、布局与规划工作，可以根据县（市、区）的社区服刑人数确定相应的人员编制，工作人员包括矫正行政管理人员和执法警务人员。只有这样，社区矫正中心才会成为有专职工作人员、组织严密、具有专业化、战斗力和执法权的专门机构，才能真正解决社区矫正实践中监管不力、执法不强的问题。

（四）建议："社区矫正中心"的功能完善

1. 重视"社区矫正中心"的应有功能

如上述，"社区矫正中心"（以浙江省为例）既是开展社区矫正工作的专门场所，又是对服刑人员开展执法、管理、教育工作的平台。根据《指导性意见》，浙江省的"社区矫正中心"的功能定位是："组织实施社区矫正监督管理工作，统筹整合多方资源组织开展教育矫正活动，协调落实社会适应性帮助措施，促进社区服刑人员顺利融入社会。"笔者认为，社区矫正中心的建设应当具备以下 4 项功能：第一，刑罚执行功能。这应当是社区矫正中心首要的和根本的功能，体现在社区矫正中心具备的对社区矫正对象的监管功能，如对社区矫正对象的接收、解除；治安管理处罚、收监等建议；考核奖惩；各种限制（如离开居住地的县、市等）的监管与实施等。第二，刑罚制裁功能。一旦发生社区矫正对象的脱管、漏管或违反规定的情况，应启动刑罚的强制权。例如，强制带离、强制到场、强制隔离；调查取证；使用戒具、定位监控；等等。第三，教育矫正功能。这一功能的发挥与监狱的不同之处在于，社区矫正中心可以通过组织社会力量和资源来共同实施（甚至可以邀请一些社会组织进驻中心），但其责任和后果由社区矫正中心来承担。第四，扶困帮助功能。这应当是社区矫正中心的拓展功能，也是不同于监狱之处。例如，协调有关部门落实国家相关政策，调动社会各方力量帮助解决社区服刑人员工作、学习、生活中的各种困难和问题。

2. 完善“社区矫正中心”建设中的现实功能

（1）解决“社区矫正中心”的名称统一问题

关于社区矫正中心的名称，现在全国并不统一。例如，北京命名为“阳光中途之家”，江苏命名为“社区矫正监管教育服务中心”，江西称为“社区矫正监管中心”，有的省份各区县叫法也不同。笔者认为，社区矫正场所的名字在试点之初会不统一，但现阶段应当逐步规范，而且要名副其实。由于社区矫正的功能之一是监管教育服务，“社区矫正监管教育服务中心”“社区矫正监管中心”均存在以偏(监管、教育、服务)概全之嫌，“中途之家”让人误以为只有过渡性安置功能。相比较而言，“社区矫正中心”的称谓简洁明了，概括性强，意味着其具有社区矫正机构的全部功能。

（2）“社区矫正中心”的设置应该因地制宜，避免浪费资源

“社区矫正中心”的设置应以县（市、区）行政区划为基础，根据社区服刑人数和地域特点及资源合理配置，必要时可以打破县（市、区）行政规划，如有些服刑人数过少的县（市、区）可以不设，由其他县（市、区）的中心代管，或几个县（市、区）设置一个。县(市、区)社区矫正中心建筑面积不宜统一大小，可根据各地实际情况和工作需要合理确定。功能区域设置上应有利于4项功能的发挥，如一般应设立报到登记室、矫正宣告室、监控指挥室、教育培训室、心理矫治室、警务检察室、档案资料室等。社区矫正对象临时安置室可以根据需要设立，还可以设立相关社会组织工作室等。有条件的地区可配备相应的执法车辆，自建或依托社会资源建立法制教育、技能培训、社区服务等基地。

（3）“社区矫正中心”的扶困帮助功能尚待加强

从现阶段“社区矫正中心”的工作职责[①]来看，刑罚执行功能、刑罚制裁功能和教育矫正功能得到了较好的体现，但扶困帮助功能尚待加强，尤其是为社区矫正对象提供过渡性安置和技能培训方面。大部分“社区矫正中心”没有临时安置室，也没有能提供临时安置的社会组织或基地；针对性的技能培训也很少。这两项又是大部分社区矫正对象所需要的。因为这些人员自身缺乏竞争力，很难找到稳定的工作，多数通过打零工来维持生计。这种

① 根据全国社区矫正教育管理工作会议精神，社区矫正中心的工作职责有：调查评估、报到登记、入矫和解矫宣告、风险评估、电子监管、视频指挥、巡查督察、应急处置、集中学习教育、社区服务、心理健康教育、心理咨询和心理疏导、考核奖惩、与公检法等部门的沟通协调以及社区矫正工作委员会办公室日常工作。

情况很容易导致矫正对象对生活再次失去信心，因为工作不稳定和收入较低会使一部分矫正对象重操旧业，所以对这部分社区矫正对象应该加强技能培训，提高他们的竞争力，并给“三无”（无家可归、无亲可投、无生活来源）人员提供临时安置，从而对预防他们再次犯罪起到良好的作用。笔者认为，“社区矫正中心”应拓展功能，为有需要的刑满释放人员同时提供临时安置和技能培训。

七、监狱与社区矫正中心一体化构建探索

“监狱与社区矫正中心一体化构建探索”是宁波市鄞州区司法局和浙江万里学院法合作研究的课题，课题利用鄞州区社区矫正的实践，总结已有的经验，分析存在的问题，同时借鉴全国其他地区的有益经验和做法，提出了针对性的解决路径。

为贯彻党的十八届四中全会通过的《中共中央关于全面推进依法治国若干重大问题的决定》（以下简称《依法治国的决定》）中提出的“完善刑罚执行制度，统一刑罚执行体制”的要求，司法部在2018年下发了《关于推进刑罚执行一体化建设工作的意见》（以下简称《工作意见》），全国多地司法厅也出台了相应的实施方案，有序推进监狱警察支持和参与社区矫正工作。监狱与社区矫正机构在调查评估、交付接收、日常管理、收监执行、矫正中止与终止等方面既依法履职、分工负责，又相互贯通、协调配合。因此，监狱与社区矫正中心的一体化指的是监狱与社区矫正中心在刑罚执行上的有效衔接。

（一）监狱与社区矫正一体化构建的必要性

1.监狱与社区矫正中心一体化构建是“依法治国”的必然要求

《依法治国的决定》中提出的“完善刑罚执行制度，统一刑罚执行体制”虽是宏观层面的要求，但在现有的法制框架下，如何在微观层面体现这一点则是各刑罚执行部门应当考虑的问题。就司法部管辖的监禁刑与非监禁刑的执行来说，监狱与社区矫正中心已形成“一体两翼”的格局，使这“两翼”协同配合、顺畅衔接，达到刑罚执行的“一体”目的，则是完善刑罚执行制度的必然要求。因此，监狱与社区矫正中心一体化构建是依法治国的必然要求。

2. 监狱与社区矫正中心一体化是刑罚执行效能最大化的必然要求

刑罚执行的效能最大化即刑罚执行目的实现的最大化。刑罚执行的目的除了传统的惩罚与报应之外，将罪犯改造为适应社会的守法公民并预防其再犯是另一个重要目的，并且后者是最终目的。为了达到这个目的，除了隔离罪犯、震慑罪犯，还需矫治其心理及行为，帮助他们适应社会。监狱与社区矫正中心在行刑模式上各有侧重，各有所长，二者良好的协作必然会在改造罪犯的过程发挥出最大的执法效能，既能克服监禁刑的弊端，又能避免社区矫正制度的不足。例如，在社区矫正过程中的重新收监需要监狱方面有力且及时的协作才能完成。如果二者协作存在障碍，就会造成罪犯得不到应有惩罚及改造，甚至会造成脱管、漏管的现象。因此，监狱与社区矫正中心一体化构建是刑罚执行效能最大化的必然要求。

（二）监狱与社区矫正中心一体化构建的实践探索

1. 选派监狱民警协助社区矫正工作

选派监狱警察参与社区矫正工作是司法部《工作意见》中推进刑罚执行一体化建设的一个重要制度建设。浙江省司法厅出台了相关文件，如《关于选派监狱民警协助开展社区矫正工作的意见》《关于全面推行监狱戒毒民警协助开展社区矫正工作的通知》，有序推进监狱警察支持和参与社区矫正工作。宁波市目前能够做到按上级要求的警察人数派驻社区矫正中心，如鄞州区社区矫正中心有两名警察常驻，一年一轮。

2. 推进监狱与社区矫正中心的信息共享

监狱与社区矫正中心的信息共享是司法部《工作意见》中推进刑罚执行一体化的一个重要方面。浙江省社区矫正办公室出台了相关文件，如《关于部署开展“智慧社区矫正中心”创建工作的通知》《浙江省“智慧矫正”建设三年行动规划（2019—2021年）的通知》，正有序推进社区矫正中心的信息化建设。从宁波市鄞州区社区矫正中心的情况看，信息化建设正在有计划地推进中，届时与监狱的信息共享将不再是难题。

3. 加强监狱与社区矫正中心执法工作的衔接

监狱与社区矫正中心执法工作的衔接十分重要，可以说是监禁刑与非监禁刑执行一体化的最重要的衡量指标。浙江省司法厅与宁波市司法局都充分认识到了这一点，并下发了相关的文件（如浙江省司法厅出台的《关于进一步加强监狱工作与社区矫正衔接的若干意见》，2018年宁波市司法局也下发了《关于加强监狱与市县司法行政机关监地衔接若干问题的意见》)。从宁波市司法局下发的文件来看，监地衔接的问题找得准，办法措施的针对性强。例如，在收监执行上，抓住了人员移交、文书材料移交、跨省协调环节；在保外就医上，有病情告知制度、暂予监外执行的协调管理、死亡通报、应急管理等；在教育管理上，有政策告知、刑释人员的管理、家属信访的排解等；更有强有力的监地衔接领导机制，成立了宁波市监地衔接领导小组，有议事会商机制（遇到疑难问题可以重点会商）、信息互通机制等。这些机制与措施无疑很好地加强了监狱与社区矫正中心执法工作的衔接，是监狱与社区矫正中心一体化的有益探索。

（三）监狱与社区矫正一体化构建中存在的问题

1. 选派监狱警察协助社区矫正工作之利弊

选派监狱警察协助社区矫正工作的初衷是为了解决社区矫正工作人员队伍不足、执法身份缺失、部门之间衔接不畅等问题。那么这个制度是否真的达到了预期目标呢？从目前实施的现状来看，可以说是有利有弊。

选派监狱警察协助社区矫正工作的确有着明显优势：第一，监狱警察作为人民警察的组成部分，其高标准的工作能力和业务素质能为社区矫正工作发挥强有力的保障作用。第二，我国的社区矫正制度发展时间不长，虽然经过 2003 年的试点后已推广至全国，但发展仍不全面不完善，选派监狱警察协助社区矫正工作能够将监狱中有效的改造方法带入矫正工作中，用监狱行刑的有益经验为社区矫正工作提供借鉴。第三，监狱刑罚与社区矫正的区别主要在于执行场所的不同，而惩罚、教育的功能一致，手段、方法大体相同。社区矫正配备监狱警察力量，对于辖区内可能出现的狱内罪犯突发疾病保外就医、死亡、脱管的情况和对漏管人员的追查、收监执行等工作都将起到重要作用，将监狱的优质警力资源投入社区矫正工作当中不仅能带动社区矫正工作顺利开展，也可提高司法资源的利用率。第四，具有身份震慑优势。监狱民警的身份对于社区矫正对象能形成心理上的威慑性。每当社区矫正对象看到有身着警服的执法人员时，就会特别注意自己的言行，也能助推社区矫正工作依法依规有序展开。

不可否认的是，这个制度也有一些弊端：第一，根据《中华人民共和国监狱法》（以下简称《监狱法》）和《中华人民共和国人民警察法》的相关规定，监狱警察职权行使的范围是在监狱的管辖范围，一旦监狱警察脱离监

狱的辖区进入社区矫正的范围内，可能会出现管辖权混乱及行使职权时出现法律责任归属不明确的问题。第二，监狱在惩罚犯罪方面是我国主要的刑罚执行机关，目前监所关押的压力也普遍比较大，选派监狱民警参与社区矫正工作可能会造成监狱警力的流失，影响监狱警力配备及监所关押的安全等问题。第三，选派警察从事社区矫正调查评估、走访排查、交付执行、组织宣告、日常监管、脱管追查、司法奖惩、调查取证、禁止令执行、违规违法及再犯罪行为制止、执行收监等执法类工作时，监狱警察作为人民警察，其工作的理念、方式、措施和社区矫正对象肯定存在一定的差异，从监禁刑到非监禁刑之间的转变也需要时间和过程适应。对于情节较轻、社会危害性较小的社区矫正对象，监狱警察的介入会不会对其在社会上的活动造成负面影响也需要更加深入地去研究和综合考量。第四，选派的监狱民警个人素质的高低会对社区矫正工作有较大的影响。素质高、能力强的监狱警察自然会发挥比较好的协助作用，但素质较低、能力不强的监狱警察可能适得其反，不仅难以发挥期待的作用，还会带来工作上的麻烦。第五，社区矫正机构对派驻民警的管理不具有实质考核权，派驻民警因临时调派一年一轮，有些难免会有敷衍混日子的想法。

2. 暂予监外执行上社区矫正面临的困境

对于在监狱服刑或留在看守所服刑的罪犯中适用暂予监外执行的，有关的实务操作程序较为规范。目前，暂予监外执行的难题主要产生在“审前未羁押判处实刑的罪犯收监”这一环节，以鄞州区人民法院 2016 年 3 月至 2019 年 5 月的统计数据为例，审前未羁押判处实刑未收监的罪犯有 18 人，其中因是未成年人唯一监护人未收监的有 4 人（其中 3 人在与公安的交涉中没有结果，1 人可以监外执行，但无法落实监管单位）。其余均因患有各种疾病（高血压、心脏病、尿毒症、精神疾病、肺结核、肺癌、腿关节手术后不能走路等）而导致看守所拒收，而法院在组织鉴定的过程中，因被告人不配合鉴定而无法得出鉴定结果的有 7 人，逃匿的有 6 人，还有 1 人因鉴定机关认为其符合保外就医条件，但法院审核后认为属严重犯罪，不宜监外执行。这些人均没有收监执行（最长的超过 6 年半），也没有暂予监外执行（交由社区矫正机构执行），一直处于无监管的自由状态（逃匿的占 1/3）。他们不仅没有得到应有的惩罚，还损害了司法的公正与权威，再犯的可能性极大（成为了社会的不安定因素），并为那些一心想钻法律空子的犯罪分子树立了极坏的榜样。这样的状况当然是新时代的社会主义法治社会所不能容忍的，必须得到纠正。因此，当务之急是在现有的法律框架下寻求有效的解决途径。

从鄞州区人民法院的统计数据来看，未交付执行的原因中78%的情况是看守所拒收（其中有1名虽患有严重疾病，但法院裁定不符合保外就医条件的罪犯，看守所依然拒收，实在有损法院的权威）。看守所敢拒收的根本原因在于立法规定的不完善，表现在法律的冲突、空白及规定的模糊上。

（1）“交付执行前”的时间界定立法不明确

《中华人民共和国刑事诉讼法》第254条第5款规定：“在交付执行前，暂予监外执行由交付执行的人民法院决定。”但是，对于“交付执行前”的时间节点立法与司法解释都没有明确界定。不仅学者们众说纷纭，在实践中，各部门的理解也不一致。根据《监狱法》第15条规定，“公安机关应当自收到执行通知书、判决书之日起一个月内将该罪犯送交监狱执行刑罚”。如果在这一个月的空当期内（该空当期是属于交付执行前还是交付执行后？），罪犯病情严重危及生命，需要暂予监外执行时，由谁来决定？现行《刑事诉讼法》没有明确规定，2014年10月，《最高人民法院、最高人民检察院、公安部、司法部、国家卫生计生委关于印发 < 暂予监外执行规定 > 的通知》（司发通〔2014〕112号）也未作出明确规定。对于审前未羁押判处实刑的罪犯的交付执行，看守所大多将对罪犯进行收押视为交付执行完毕，认为一旦收押，在将该罪犯送交监狱服刑前，看守所难以对罪犯的刑罚执行方式进行变更，看守所往往因不愿承担空当期的突发风险而拒绝收押实刑犯。

（2）看守所收押送监服刑罪犯的程序存在立法冲突

关于已决罪犯的收押，《看守所拘留所执行刑罚罪犯管理办法》第10条和《监狱法》第17条均作出了明确规定，即先办理罪犯收押手续，再进行身体检查，检查后，对于符合暂予监外执行情形的，再依法提请有关机关批准。但对于看守所在收押需要送监服刑的罪犯时是否应当参照上述规定执行，并未予以明确。在实践中，看守所往往从监管安全的角度出发，坚持按照《中华人民共和国看守所条例》（以下简称《看守所条例》）中第10条①

① 《中华人民共和国看守所条例》第10条规定：看守所收押人犯，应当进行健康检查，有下列情形之一的，不予收押：（一）患有精神病或者急性传染病的；（二）患有其他严重疾病，在羁押中可能发生生命危险或者生活不能自理的，但是罪大恶极不羁押对社会有危险性的除外；（三）怀孕或者哺乳自己不满一周岁的婴儿的妇女。

的规定来执行，即先检查身体，后决定是否收押。由此，一些患有疾病的罪犯虽经人民法院决定收监执行甚至经检察机关协调，仍无法被顺利交付于看守所收押执行。看守所坚持这样做的结果有 3 种：一是人民法院迫于无奈而违规作出暂予监外执行的决定，这种患有疾病但不符合保外就医条件的人虽有社区矫正机构的监管，但恃病无恐，暂予监外执行期间违法违规，社区矫正机构想要收监，又会遇到同样的看守所拒收的情况，收监收不进，社区矫正机构又管不了，实刑犯成了自由人。二是人民法院组织鉴定时由于罪犯不配合，鉴定出不了，暂予监外执行的裁定也无法作出。这些罪犯既不进监狱，又不受社区矫正机构的监管，长期处于脱管状态，有的逃匿，有的再犯。三是人民法院组织鉴定后，认为其不符合保外就医的条件，裁定不予监外执行，但看守所依然拒收，导致判决得不到执行。不管是哪种情况，都是判决得不到执行，罪犯得不到监管，极大地损害了司法的权威。

仔细分析一下，看守所拒收有怕担责任的一面，也有法律冲突的一面。《中华人民共和国刑事诉讼法》第 265 条第 3 款规定："对适用保外就医可能有社会危险性的罪犯，或者自伤自残的罪犯，不得保外就医。"也就是说，患有严重疾病的人如果有社会危险性，依然是需要关押的，而《看守所条例》则规定患有严重疾病的人不予收押，立法的冲突造成患有严重疾病但有社会危险性的人得不到关押。按法律效力来说，《中华人民共和国刑事诉讼法》是上位法，效力高于《看守所条例》，在《看守所条例》与其有冲突的时候，应该遵照《中华人民共和国刑事诉讼法》的规定，但看守所因为怕担责任而坚持执行《看守所条例》，故造成了判决得不到执行的局面。

3. 监狱与社区矫正中心的工作未达到无缝衔接

由于社区矫正是新生事物，监狱与社区矫正中心的衔接工作一开始便有诸多问题，在调查评估、交付接收、日常管理、收监执行、矫正中止与终止等各环节难免存在信息不共享、交流不及时、衔接不到位、中途常脱节的现象，严重时会导致脱管、漏管，这也引起了司法管理机关的重视。浙江省司法厅就出台相关文件来加强监狱和社区矫正中心的衔接工作。如前文所述，2018 年宁波市司法局也下发了《关于加强监狱与市县司法行政机关监地衔接若干问题的意见》，对信息互通、收监执行、保外就医、应急管理等方面均提出了明确且较具体的意见。这些努力让监狱与社区矫正中心的衔接工作得到了明显改善。但这些规范性文件法律位阶低，其中许多具体的衔接工作依赖监狱和社区矫正中心主动积极的支持配合，实际工作中如果工作人员不认真、责任心不强或专业水平欠缺，便会有衔接不到位的弊端，如法律文书提供不完整或送达滞后、委托评估程序不严谨、回访考察工作不规范、出监衔接不到位、收监难等。因此，监狱与社区矫正中心的衔接工作并未达到无缝衔接的目标，还有改进的空间。

（四）完善监狱与社区矫正中心一体化建设的建议

1. 完善选派监狱民警参与社区矫正工作机制的建议

在现有的法律框架下（没有社区矫正警察），选派监狱民警参与社区矫正工作，可以暂时解决社区矫正工作人员强制执法时身份缺失的问题，执法工作中需要强制力和威慑力的时候能及时提供警力。但是，其临时轮岗的性质导致选派的民警有些有敷衍混日子的想法，社区矫正中心并没有实质的考核权，对民警的不良表现也没有督促监管的力量。随着社区矫正工作的深入开展和宽严相济刑事政策的具体落实，社区矫正对象逐年增多，构成日益复杂，教育改造难度加大，社区矫正工作面临的任务会越来越重，在法律短时间内不会有变化的前提下，该制度将会长期实行下去。从长远来看，形势的发展要求我们建设一支高素质的、稳定的、可持续给予矫正工作以人才和智力支持的监狱民警队伍，这就需要在上级领导机构的支持下，尝试将选派监狱民警作为专业力量稳定下来，以政策或规章的形式将选派民警的职责、权利、义务确定下来，与表彰、奖励、晋升相结合，充分调动选派民警的积极性，让选派民警参与社区矫正工作的制度发挥出预期的作用。

2. 审前未羁押判处实刑罪犯交付执行难的对策

虽然审前未羁押判处实刑罪犯交付执行难的最终解决之道是完善立法，但是在现有的法律框架下，依靠执法部门的配合与协调也能有破解对策。建议利用议事会商机制，监狱、公安局、检察院、法院、司法局、卫生计生委等部门参加协调会，在会上统一认识、协调执法，以解决未羁押判处实刑罪犯交付执行难的问题。

（1）统一认识

第一，统一对该问题重要性的认识。应当让各执法部门认识到判实刑得不到执行的问题将会严重损害司法权威，是一个必须要解决、亟待解决的问题，被判处实刑的罪犯长期得不到监管的情况不能再持续下去了。第二，统一对“交付执行前”的认识。将“交付执行前”理解为法院将执行刑罚的有关法律文书依法送达前不仅符合现有的法律规定，还有利于执法部门的执

法。《监狱法》第 15 条规定："公安机关应当自收到执行通知书、判决书之日起一个月内将该罪犯送交监狱执行刑罚。"从该规定可以看出，自公安机关接到法院的有效判决后，执行刑罚的程序就开始了，公安机关将罪犯送交看守所，再由看守所送交监狱，都是执行刑罚的过程。在看守所送交监狱的空当期也属于交付执行后，若出现患有严重疾病的情况，就按"交付执行后"来处理，这样能使处理的程序规范且统一，会减少多头管理带来的权力配置不协调现象。

（2）协调执法

协调执法依靠的是各执法部门的积极配合，不能有怕担责任的心理。对于已生效的法院判决，必须做到严格执行。如对于被判实刑的罪犯，看守所应该做到应收尽收，不能以《看守所条例》这样的下位法来对抗上位法《中华人民共和国刑事诉讼法》的执行。对审前未羁押的判处实刑未执行刑罚的罪犯也应先办理罪犯收押手续，再进行身体检查，若发现有严重疾病的罪犯，可按"交付执行后"的程序来处理，对于患非严重危及生命疾病的罪犯，建议监狱主动从看守所接收，由监狱来决定是否暂予监外执行。若罪犯出现了严重危及生命的疾病，需要紧急暂予监外执行时，建议检察院协调公安机关批准暂予监外执行。这样既能使罪犯及时收监（看守所拒收带来的 3 种结果就不会出现），又能减少罪犯在看守所突发意外的风险。

这样做的另一个好处是，如果公安机关批准了暂予监外执行，社区矫正机构在监管过程中一旦发现罪犯违法违规，就可以报公安机关收监，收监时不用通过看守所收押，而可以由监狱直接收押，从而减少了执法冲突。

3. 以信息共享来实现监狱与社区矫正中心的无缝衔接

目前，宁波市正在大力推进社区矫正中心信息平台的建设工作，但平台的功能还是实现社区矫正内部的信息共享，并没有打通和监狱的信息共享渠道。如果两部门能信息共享、通力合作，服刑人员的交接就会达到"秒响应"，这会有效杜绝因信息不畅导致的脱漏管现象。监狱可以将符合社区矫正条件罪犯的出监信息在信息交流平台中完成预通报，如罪犯身份信息、犯罪事实、犯罪情节、家庭关系信息等都可以在平台中沟通，社区矫正组织、社区矫正中心就可以及时摸清矫正对象的底数，针对不同情况建档，及时发现衔接中的漏洞，采取合理的应对措施。案件受理、期限控制、文书送达、社会经历、犯罪社会影响、人身危险性评估、刑释安置、社会融入程度等工作事项均可在平台中完成交接。信息共享不仅能降低执法成本、提高执法效率，还能真正实现监狱与社区矫正中心的无缝衔接。但是，信息共享也带来了信息泄露的安全风险。对此，需要从制度、组织、管理和技术综合入手，构建一个综合支撑体系，从而既能共享信息，又能安全保密。当然，从统一刑罚执行体制，全面推进刑罚执行一体化的角度来说，信息共享应该扩展到所有的刑罚执行部门，如法院、检察院、公安等。

八、社区矫正的信息化、规范化、标准化实践与完善

目前“智慧社区矫正”信息化体系已基本完成系统平台建设、数据中心建设、标准规范等基础架构，建成了覆盖全区域的社区矫正远程视频督察系统、电子定位监控系统、远程教育平台等，并已实施基于物联网技术的移动执法终端、基于卫星定位技术的电子定位手环、基于微信平台的社区矫正大数据分析应用、基于互联网技术的“区块链 + 社区矫正”、法院与司法行政机关社区矫正信息化联网等项目。

以社区矫正信息化为载体可以大力促进社区矫正的规范化运作。社区矫正的信息化具有量化、规范、透明等特性，社区矫正的信息化使社区矫正的活动和信息网络相结合，信息化的特征必然促进社区矫正活动的规范化。运用社区矫正信息化的手段、通过社区矫正的规范化运作可以进一步建立起社区矫正的实施标准，推进社区矫正工作的标准化。

（一）社区矫正的信息化

1.社区矫正信息化的基本含义

有学者认为“对于社区矫正工作而言，所谓的信息化就是在社区矫正领域内，把社区矫正管理过程中所涉及的各项工作进行标准化、科学化和规范化的改革，转变现有的社区矫正管理模式，从而大幅提升社区矫正工作的社会效益，切实降低行刑成本”[①]。

杨海明认为，“社区矫正信息化建设，主要是以社区矫正执法、监管平台为重点，推行电子监控和操作性规范，形成集网上平台监管、依靠定位技术跟踪、能够远程操作考核并规范在刑人员操作为一体的综合性监管服务平台”[②]。

---

① 孙培梁．社区矫正信息化[M]．武汉：华东科技大学出版社，2013：3.

② 杨海明．论社区矫正信息化[J]．法治与社会，2017（35）：247-248.

姜爱东（2015）认为，传统社区矫正手段在具体实行中的弊端日益显现，以科技手段实现对社区矫正对象的监管已经成为大势所趋。通过将社区矫正工作信息化，对大数据进行挖掘，建立社区矫正的模型，可以更加高效和准确地实现对社区矫正对象的管理，对于促进社会的长治久安有很大好处[①]。

我们认为，社区矫正信息化应该是一个体系性的概念，是将现代的信息化手段完全覆盖社区矫正工作，社区矫正工作基本实现信息化的一个过程。所以社区矫正信息化是一个在社区矫正中以基础性系统平台为基本载体，以数据中心建设、社区矫正各项工作标准规范等为基础架构，包含社区矫正远程视频督察系统、电子定位监控系统、远程教育平台、社区矫正移动执法终端、电子定位手环、社区矫正大数据分析应用等各项子系统的一个综合性体系。

2. 社区矫正信息化的基本框架和功能

社区矫正的信息化首先是以基础性系统平台为基本载体，同时必须要融合多个功能性子系统，才能全面满足社区矫正对社区矫正对象的执法需求和社区矫正机构的管理需求。

基础性系统平台建设是实现社区矫正信息化的首要条件。通过基础性平台建设能够实现社区矫正基本业务流程的信息化，如社区矫正的衔接与接收、社区矫正的执行和社区矫正的解除与终止等，都可以在信息系统中完成。

（1）入矫对象详细资料的信息化

将社区矫正对象个人基本信息、犯罪事实及社会关系等相关信息办理，包括

（2）教育矫正活动的信息化

社区矫正对象的危险性评估及社区矫正对象的个性化矫正方案都可以通过系统来完成。

社区矫正对象的教育学习和社区服务等内容，包括法制、文化、技能和心理健康等教育学习活动的过程和历史记录，社区矫正对象的社区服务的时间、地点、类型，都可以通过图片或文字形式上传到平台。

（3）信息辅助管理

社区矫正机构管理的社区矫正对象人数较多，信息交流的通畅是社区矫正管理的重要一环，通过信息系统平台，社区矫正机构可以向社区矫正对象发送各类教育文件、教育通知、劳动通知、心理咨询等信息，社区矫正对象

① 姜爱东．狠抓落实全面推进社区矫正工作[J]．中国司法，2015（3）：17-20.

接收各种通知后，也可以及时反馈到平台，并按通知要求去完成相关任务或者参加相关学习。

（4）监控与警示管理

结合电子定位监控的子系统，社区矫正可以利用信息平台对矫正对象的越界行为和不良表现进行监控与警示，包括对矫正对象对监控设施的强拆行为、越界行为、断开监控行为、失联行为、进入重点区域行为等进行监控，并向有这些行为的社区矫正对象发送警告，警告社区矫正对象其有不良表现行为或已超出活动范围，要求其迅速纠正或改正。

（5）奖罚考核信息化

通过系统对社区矫正对象集中学习、社区服务、思想汇报、请销假等情况进行加分和扣分，为社区矫正对象评定当月得分，系统自动统计累计得分，并将这些信息上传记录。

3. 社区矫正信息化平台的各子系统

（1）远程视频督察系统

社区矫正视频督察系统以社区矫正远程督查、应急指挥、执法调度、信息共享、监督管理、教育矫治、帮扶工作各环节为主要内容，采取分级建设监控平台的方式，构建从国家到县级的纵向贯通的联网体系。地方的县（市）区社区矫正中心视频督察系统可以实现与司法部、省司法厅指挥平台的对接及互联互通。

远程视频督察系统可充分运用社区矫正信息平台对司法所等基层社区矫正机构的日常监管工作进行实时监控、查调历史视频，对社区矫正对象实时进行定位、监管、信息交互。通过远程视频督察系统，上级司法行政机关可以对各级社区矫正机构的矫正工作做到情况明确、底数清晰、信息畅通，充分发挥上级机关的监控督察功能。可随机抽查、核查、巡查社区矫正对象的活动轨迹及相关动态，加强实时动态监管，进一步加强对社区矫正对象的管理，提升社区矫正工作的实效性。

通过远程视频督察系统，上级社区矫正机关可以达到日常值守、执法巡查、视频督察、分析研判与突发事件的协同指挥、应急处置的有机统一。

（2）电子定位监控系统

电子定位监控系统以定位电子腕带为基础，能够对社区矫正对象的位置、行动轨迹、活动区域等进行有效及时的监控，可以实时定位矫正人员的位置，不需要时刻盯梢，保证矫正人员充足的自由，减少他们的抵触情绪，不影响

社区矫正对象的正常交往，充分实现社区矫正监管的科学化、人性化。

通过电子定位监控系统，社区矫正监管人员可以从后台了解到社区矫正对象所处的位置及全天行程路线，定位频次、精度和成功率大幅提升。若有社区矫正对象自行拆卸、故意损坏或超出规定的区域范围等现象发生，监控后台就会即时报警，自动告知越界者，并通知社区矫正工作人员，同时在电子地图上自动显示越界时间及地点。

社区矫正对象电子腕带定位监控系统可以增强对社区矫正对象的警示和震慑作用，确保社区矫正监管工作的高效安全，提高社区矫正对象的信息化监管水平，为严格落实刑罚执行提供有力保障。

（3）远程教育平台

传统的社区矫正教育学习模式形式单一，内容有限，难以满足各矫正阶段社区矫正对象的学习需求。社区矫正远程教育平台以社区矫正信息化平台为基础和依托，使社区矫正对象可以随时随地参与社区矫正的教育学习，打破了传统的社区矫正教育学习模式的时空限制。同时，社区矫正远程教育平台因信息化带来的便利，在设计方面内容更加丰富、全面，形式更加多样新颖，同时可以更加有针对性、个性化地制定社区矫正对象的教育学习方案，可以满足入矫教育阶段、常规教育阶段、解矫教育阶段的多样化需求。

4. 社区矫正信息化平台的具体应用

（1）移动执法终端

移动执法仪电子终端设备是集指纹采集、拍照、录音和录像功能于一体的便携式执法取证设备。通过移动执法终端可以在现有的综合业务工作平台基础上，提供执法人员移动执法功能。通过移动终端设备可以对社区服刑人员在集中教育、社区服务等活动中实行指纹签到签退记录，提供值班日志、工作日志、日常监管记录、个别教育等日常业务数据的在线、离线采集功能，提供两类人员基本信息、日常改造信息等查询功能，支持与社区矫正综合业务平台相关审批功能互联互通、支持移动客户端在线审批等。移动执法仪终端作为社区矫正信息化的新手段，它的推广和使用将大大提升社区矫正工作的工作效率，保障监管的及时性和准确性。

（2）电子定位手环

电子定位手环是电子定位监控系统最主要应用的设备。电子定位监控系统的外设电子定位设备有两种，一种是一体式腕表，另一种是定制手机 + 电子手环。

一体式腕表是将信号发射模块与电子定位模块集成在腕表上，电子定位模块以 GPS 技术进行实时定位，生成定位数据，信号发射模块会定期将电子定位模块生成数据向后台监管系统进行传输，后台监管系统通过读取数据来确定腕表是否在规定的活动区域内。一旦一体式腕表发生表带断裂、腕表损坏、离开规定活动区域等情况，后台监管系统就会进行报警。这种一体式腕表电子定位因技术相对比较落后、佩戴比较笨重而不太被采用。

定制手机 + 电子手环设备。被矫正人员将防拆卸腕带式电子标签佩戴在自己的手腕上，此腕带电子标签为有源电子标签，无时无刻不在向外发送信号，信号被人员佩戴的手机读头读取到并发送到远端的系统管理中心。

被矫正人员手机加装的 RFID 读头作为电子标签的读写设备，实时读取电子标签的信息，当读头读取到腕带电子标签的信息时，会将信息上传，系统中心会得知被矫正人员的状态正常，并可通过手机 GPS 获取人员的位置；当读头读取不到电子标签的信号时，会发出异常报警信号：标签或手机有可能远离被矫正人。

（3）社区矫正大数据分析

通过对社区矫正对象在社区矫正信息平台的基础数据、相关政务部门有关社区矫正对象的共享信息的获取，来进行大数据分析另外，在法律许可的情况下获取社区矫正对象的通讯数据（通信行为、上网行为、搜索行为、位置信息等）、社交数据（微信、QQ 等社交软件）、消费数据（淘宝、京东等购物平台）、出行数据（交通、住宿、出入境等）作为对社区矫正对象大数据分析的基础。

在获取大量数据的基础上，通过统计分析、大数据分析、非结构化数据处理等手段，进行基础数据分析、定位数据分析、社区矫正对象行为分析、矫正对象心理分析、社会危害性分析、再社会化需求分析（再就业、就学、复学）、数据关联性分析等。

通过这些大数据分析，可以对社区矫正对象进行风险评估、行为预测（行为习惯），从而制定更为科学、人性化的教育矫治方案；通过大数据的心理分析模型对部分社区矫正对象进行必要的心理危机干预；在社区矫正对象出现危害行为的时候，可以给予监管部门以应急与辅助决策，包括提示社区矫正监管机构实行警务联动，进行现场处置等。

5. 信息协同

社区矫正活动因矫正对象的复杂性，监管活动涉及不同的行政部门，涉

及法院、检察院等司法机关，因此要充分发挥社区矫正信息化平台的作用，必须加强社区矫正信息化与司法行政信息化的协同，司法行政机关社区矫正信息化与法院信息化的协同，司法行政机关社区矫正信息化与检察机关信息化的协同。

在社区矫正信息化实践方面，宁波市鄞州区司法局在社区矫正信息化建设方面投入了大量人力、物力，在信息化平台建设和社区矫正信息化平台的各子系统建设、利用电子手环的定位监控应用方面都取得了非常好的效果。

宁波市鄞州区司法局通过社区矫正信息化建设与政府各部门之间形成协同治理合力。比如，鄞州区司法局社区矫正局在鄞州公安分局的协助配合下，利用社区矫正信息化平台，通过两个部门之间的联合行动，整合各自的资源，司法局提供脱管的社区矫正人员的基本信息（包括身份证号码、照片）；鄞州公安分局利用公安系统对脱管的社区服刑人员进行联网识别，将脱管人员的违规情况反馈给鄞州区司法局，从而能有足够的证据对脱管的社区服刑人员进行处罚。

宁波市鄞州区司法局还利用社区矫正信息化平台与社会组织之间形成协同治理合力，在社区矫正对象的教育、心理矫治等各方面充分利用社会组织的力量，使这些社会组织通过信息化平台参与到社区矫正活动中。

宁波市鄞州区司法局利用社区矫正信息化平台，有效减少了社区工作人员的工作量，降低了人工异常的出现，同时更便于矫正人员的日常生活，督促矫正人员积极表现，展现出了良好的社会意义。

在未来的社区矫正信息化发展中，可以将图像识别、语音识别等应用加入社区矫正管理系统中。

（二）社区矫正的规范化

1. 以信息化促进社区矫正监管教育工作规范化

一是通过信息化应用来健全完善监督管理的相关制度。着重抓好社区服刑人员报到、汇报、请假销假管理、居住地变更审批等重点执法行为，严格实施分类管理和考核奖惩，强化社区矫正对象电子定位监管，防止社区矫正对象脱管、漏管和再次违法犯罪。二是通过信息化应用来强化教育矫正活动，以信息化统筹地区教育资源，实现教育资源共享，有效开展远程教育，坚持集中教育和个别教育相结合的原则，扎实开展分类、分阶段教育，推动社区矫正教育学习和社区服务工作的落实，加强心理矫治工作，不断提高教育矫正效果。

2.以信息化促进执法流程规范化

通过实行执法信息全面上网，可以切实加强执法信息的实时采集、动态管理，确保每一项执法工作都形成完整的资料库、证据链。通过加强执法流程网上管理，可以提供固化的执法流程，加强对执法权限的刚性约束，确保执法主体合法、执法责任明晰。

3.以信息化保障执法检查监督规范化、常态化

通过加强执法活动网上监督，完善网上预警、网上督办、网上监控、网上抽查等监督机制，实现对执法活动网上全方位、全过程监督管理。

4.以信息化提升执法联系互动的规范化

社区矫正的信息化也推进了司法行政部门与法院、检察院、公安及监狱等部门的互联互通，信息共享，实现网上办案，因地制宜推行网上业务办理、无纸化办公，缩短中间环节流通时间，促进各部门执法联动的规范化，减少各自执法行为的任意性，同时可以强化执法各方的业务办理时效，切实提升社区矫正执法工作效率。

（三）社区矫正的标准化

社区矫正活动是一项广泛的、全面的、长期的，针对社区矫正对象的非监禁刑罚执行活动，社区矫正在将法律规定、法治要求落实的过程中要保障社区矫正活动的科学化、专业化、规范化，必然要求提升到标准化的程度，以更好地全面保障社区矫正的质量和效果。

社区矫正标准化是指运用标准化原理和方法，对社区矫正工作中存在的问题，制定实施共同和重复使用的标准体系，以获得最佳秩序和社会效益的非监禁刑罚执行活动[①]。

社区矫正标准化的基础是要建立社区矫正管理标准体系。社区矫正管理标准体系的建设应该是专业化和标准化的结合，在各地的社区矫正管理标准体系的建设实践中，社区矫正专业机构都引入了社会力量参与标准的制定，矫正机构、专家学者、社会组织、质量监督部门、标准化研究部门一起参与社区矫正管理标准体系的建设，充分体现了社区矫正专业化和标准化的融合。

① 马灵喜．社区矫正标准化研究［J］．中国司法，2016（12）：70-75.

社区矫正管理标准体系的内容全面涵盖了社区矫正所有活动和程序，对社区矫正活动各个环节、细节实现标准的全覆盖。标准体系一是应该明确社区矫正作为刑罚执行工作的各种术语和定义，是社区矫正活动的基本内涵和矫正活动的出发点和原则。二是明确社区矫正工作队伍的人员、岗位责任标准，要求队伍分工明确、职责清晰、队伍岗位之间互为补充。三是建立统一规范、运行高效的社区矫正执法标准体系，确定社区矫正调查评估、交付接收、教育矫正、收监执行、解除矫正及精准帮扶等领域的标准化流程。四是制定日常管理体系标准和考核评价体系的标准，其中考核评价可以包括对社区服刑人员的考核和对社区矫正工作人员的考核。

社区矫正标准化需要建设标准化的矫正机构、标准化的信息系统、标准化的执法设备等基础设施作为保障。社区矫正机构和信息系统等基础设施的标准化应当满足社区矫正惩罚教育等多种功能的基本需要和提升发展的需求。比如，上海就按照统一名称、统一标牌、统一用色、统一设施、统一功能的“五个统一”等标准化要求，建成 22 个标准化社区矫正中心，使社区矫正标准化有了场所保障和坚实的物质基础。

社区矫正信息系统的标准化可以实现基础数据标准的统一、定位监控规范的统一、社区矫正装备标准的统一，实现司法行政部门及其他社区矫正相关部门通用性数据标准的统一，使业务系统能够互联互通，为社区矫正的公开、高效、规范提供保障。

从宁波市鄞州区的实践来看，我国社区矫正标准化建设还处在试点探索阶段。开展社区矫正标准化建设，必须以现有的法律法规、规章制度为基础、依据和出发点。目前来讲，我们虽然初步建立了社区矫正法律制度，但是社区矫正法还没有颁布，社区矫正法律制度还有待进一步完善和系统化。社区矫正标准的可操作性、实效性需要进一步提高，社区矫正标准的物质保障和软件支持力度需要进一步提升。

社区矫正的信息化使传统社区矫正向智慧社区矫正进化，社区矫正的信息化也促进了社区矫正活动的规范化操作，使社区矫正迈向标准化运行。社区矫正的信息化、规范化、标准化全面推进了我国社区矫正制度的不断深化和健康发展，为我国的社会治理作出了更大的贡献。

第六章　司法体制改革地方实践与司法公正

一、司法公正的内涵

司法公正是文明社会的基本要素。人类社会发展史，是一部光明与黑暗、科学与愚昧、善良与罪恶、正义与专横的斗争史，而这一斗争的原动力就是人们对光明、科学和正义的不懈追求。公正与公平、公道、合理等词义等同或者类同，它们是人类生活在群体之中，谋求公平地分配权利和义务，合理地处理善恶、荣辱、得失等问题，为保障共同的安全、自由和幸福而维持和谐的社会关系所遵循的伦理准则。公正未必与法治有关，但是法治则必定以公正为基调。在宪法体制下，法律的权威和法治的公正性要依赖于司法公正；没有公正司法，就不会有法治。无论是实质正义，还是程序正义，都是宪政社会的本质内涵。要实现宪政社会的这一本质要求，最首要的是要实现司法公正。没有司法公正，就谈不上民主宪政；没有民主宪政的社会，也就不是真正意义上的文明社会。可见，文明社会的基本要素之一就是司法公正。司法公正是法治国家的首要标准。法治国家是一个充满着民主、自由和公平、正义的国家，在那里，“法律面前人人平等”不再是一句口号。要真正达到“法律面前人人平等”的理想彼岸，非“司法公正”之舟莫属。可见，公正司法是法治社会一条最根本的司法原则。换句话说，现代法治国家的根本标准之一就是司法机关公正司法。司法公正是良法的本质要求。自古以来，法律有“良法”与“恶法”之分，现代法治所要求的是良好的法律，亦即“良法”。17 世纪的英国，资本主义商品经济高度发展，在产业革命的推动下，开始形成近代市场经济体制。契约自由、平等竞争和人身安全已成

为人们的价值准则。这种价值观念反映在治国思想上就是法治。英国法治思想的奠基者哈林顿与洛克顺应时代潮流，提出和论证了法律一方面要保护和扩大个人的自由与权利，另一方面又要防止独裁、专制和限制政治权力这一法治原则。19世纪，英国著名的宪法大师戴雪在其代表作《英宪精义》中把英国法治思想系统地概括为“法律主治”，并形成一个思想体系，这就是他立于英国法治的三要素论：第一，“英吉利人民受法律治理，唯独受法律治理”。这一要素的实质就是反对政府专断，要求政府只能按法律办理，而不能在没有法律根据的情况下去处罚公民。第二，任何英国公民都必须受命于英国的普通法；如果违反，均受普通法院管辖，这一要素的实质是法律面前人人平等。第三，对英国人来讲，宪法不是一切法律规范的渊源，而是个人权利与自由的结果。由此，我们可以看出，良法的本质就是，法律是维护个人权利与自由的必然产物，法律面前人人平等。那么，要在人们的现实生活中实现良法的这些本质内涵就必须严格司法，通过严格司法来实现司法公正。如果只有良法，而缺乏严格的司法活动，那么再好的法律也不过是写到纸上的空话而已。司法公正是司法权行使的最高目标。正因为人世间有“冤情”，才需要设置司法；正因为社会上有“不平”，人们才格外渴望“公正”。司法人员是人间“公正”的捍卫者。为了维护司法权的公正性，法律赋予其如下6个方面的特征：一是被动性；二是程序性；三是独立性；四是中立性；五是审查性；六是终极性。司法的最高准则就是公正，如果没有公正，那么这种司法对社会就是一种反动。要做到司法公正，就必须要求司法人员把追求司法公正作为自己的最高目标。司法人员应当是社会正义的卫道士，应该是公平的化身。

二、司法体制改革前的司法状况及其存在的问题

自改革开放以来，我国的民主法制建设有了长足进步，取得了举世瞩目的成就。但是，我们还应当清醒地看到，在司法领域仍然存在着许多问题。其中，突出的一点就是司法不公的问题，在某些地方或个别案件中还相当严重。

（一）司法腐败问题令人忧虑

司法腐败的外在表现林林总总，归纳起来主要有：一是办“关系案”“人

情案”“金钱案”，甚至索贿受贿，徇私枉法。在日常生活中，这样的事情是随时都可以碰到的，只要是有人一涉讼，无论是原告还是被告，首先想到的不是依法诉讼，而是“找门子”“托关系”，好像不找关系、不托人，这场官司就无从下手，就不好打。当事人把能否胜诉的希望，不是寄托在有力的证据、客观的诉讼请求和法官公平的判决之上，而是寄托在自己的“路子广不广”“门子硬不硬”“下的本钱大不大”方面。打官司“找关系、托熟人”，已成为一条约定俗成的“规矩”，把打官司变成了“打关系”。一些人为了办“关系案”“人情案”和“金钱案”，可以置国家法律于不顾，索贿受贿，徇私枉法。二是违法查封、扣押财产，违法办案，违法执行。在现实生活中，我们有些基层法院为了“创收”，成立所谓的“讨债公司”，借此来为当事人讨债，以谋取经济上的利益，按照讨回来的标的额的大小提成。为了达到多提成的目的，有些法院的执法人员不惜以手中的司法权作为“棒子”，随意查封、扣押当事人的财物。还有的法院司法人员为了保证向自己行贿的当事人胜诉，还采取伪造证据、变造法律文书的手段，同一方当事人沆瀣一气，损害另一方当事人的合法利益。三是在地方保护主义的影响下，偏袒本地当事人，损害外地当事人的合法权益。有些地方的司法机关相互之间争夺管辖权，以图偏袒本地当事人的利益，并获取更多的诉讼费和财政返还，有的审判机关则利用法律条文中不够完善的地方，钻法律的空子，甚至不惜违反法律去维护本地或本部门的利益；有的地方的审判机关拒不配合、协助其他地方的已发生法律效力的判决和裁定的执行，有的地方的司法机关则为了自己本地区或本部门的暂时利益不被侵占，公然越权使用或者滥用强制措施。四是有些司法人员违反审判纪律，泄露审判机密，为律师介绍案件或为当事人推荐律师，从中牟取利益。在现实生活中，由于腐败风气的侵袭，有些司法人员在行使国家法律所赋予的司法权时，只从个人的利益得失出发，公然违反审判纪律，向案件当事人泄露审判机密；还有些审判人员为了追求经济利益，寻租手中的公权力，搞所谓的“内引外联”“发挥优势”。五是乱收费、乱拉赞助，诉讼费管理比较混乱。有的法院为了解决经费困难，千方百计采取乱收费、乱拉赞助的方式来搞所谓的“创收”。有的法院在审理刑事案件时，把一些不必要的费用转嫁到被告人或者被害人身上；还有的法院对于当事人上缴的诉讼费用乱提成、乱分配，不如数上缴国库；更有甚者，一些基层法因“穷困”而不忘“思变”，假借手中的司法权乱收费、乱拉赞助。六是对当事人态度生硬、冷漠，耍特权、耍威风。人民

法院，顾名思义，就是为民作主、申冤，保护人人享有平等权利的地方。当权利受到侵害时，当事人首先想到的应该是人民法院。然而，由于司法人员没有真正树立起为人民服务的宗旨，对投诉的当事人不热情，缺乏耐心，态度生硬，言辞冷漠，使投诉者望而却步，心灰意冷。更有甚者，有的司法人员借自己手中的权力，对当事人要特权、耍威风。以上6种是司法腐败外在的主要表象形式，那么，这种表象形式的背后应当是司法腐败的本质成因。司法腐败表象深处的本质是司法权行使过程中的行政化、官僚化与功利化，而根本原因是体制层面上的问题。从静态的角度不定期观察，从我国目前的司法体制来看，包括审判机构的设置、审判机构与人大的关系、法官的选拔任用、审判机构内部的组成等，都是独立于行政权之外的，而且国家宪法同其他法律都规定，司法机关独立行使审判权，不受其他任何机关或者个人的非法干预。但是，从动态的角度观察，出现了让人悲观的情形，由于种种原因，我国司法权的运行仍然没有真正摆脱行政权左右的阴影。特别是在人民法院人、财、物的保障和审判程序的启动、运行与终结等环节，受到行政权力的干扰和影响甚烈。与司法权行使过程中被行政干扰而伴生的是司法权的官僚化，导致司法体制法官的等级化：一是形成了由普通法官到庭长、副院长、院长的裁判等级体系；二是建立了根据部级、局级、处级、科级等不同级别，确定法官政治待遇和裁判水平与裁判力高低的法官位阶体制。

（二）司法体制上的缺陷

我国司法体制长期以来都实行的是“条块结合，以块为主”的领导体制，包括人民法院在内的地方各级司法机关，归属于地方各级党委和政府领导。其人、财、物都由地方政府管理或者负责解决。由于司法机关归地方党委领导，在人、财、物等各方面都受制于地方政府，因而它们只对本地区的党政领导负责，每当处理跨地区的纠纷时，自然会竭尽全力维护本地区的利益，由此形成了较为严重的地方保护主义和部门保护主义。当司法权是一种横向的权力从属关系，地方法院对地方政府形成密切的隶属和依附关系时，就足以使司法机关不敢冒犯行政部门。在这种人、财、物都掌握在地方党政领导手里的情况下，法院很难抵制来自各方面的干预，地方党政领导的意志法院和法官都必须执行。同时，从客观上来讲，这种司法权的横向隶属、依附关系，也必然迫使地方法院只有与地方党政领导合作才能正常开展工作。法院和法官明知有些案件的处理不合法、不公正，但是如果坚持原则，秉公执法，就会顶撞地方的某些领导，法院的经费就可能紧张，法院的用车、干警分房就要受影响，工作就难以开展，有的人员职务升迁就可能“搁浅”，甚至还可能被无端调离、罢免和受到政治上的打击报复。从另一方面来讲，我国的行政区域性的社会结构和浓厚的人情关系对审判独立和司法公正也造成了严重影响。由于过去经济、政治、社会结构的原因，法院对环境的依赖性很强，法院家属的工作、子女的入托上学和就业等都依赖社区解决，而中国的社区自我保障能力很弱，社区的许多公益事业还主要靠地方政府解决。这样，法官对社区的依赖又转变为对地方政府和地方利益的依赖。地方行政机关的权力影响也必然通过这些依赖而渗透到司法领域的各个环节。由此我们可以看出，地方保护主义是司法公正的大敌，是造成司法腐败的重要原因之一。除了以上原因之外，司法组织机构及其行为的行政化，也必然导致司法腐败。首先，这种行政化表现为法官听命于法院内的行政领导。法官的升迁进退主要由行政首长说了算。这种制度虽然便于从上到下的控制和管理，但其致命的一个弱点就是客观上在法官的自主行为与良心之外设置了由上级所控制的利益。这就使法官很难独立公正地行使职权。其次，法院行政化表现为法院内部关系的科层化。科层制是行政机关运行的一个重要特点，目的在于快速高效地推进首长意志以维护行政秩序。法院事实上形成了审判员服从庭长、庭长服从副院长，最终大家服从院长的行政体制。由于这种权力服从关系得到强化，法官很难成为一个独立的司法主体，而必须对院长的指令唯命是从。最后，法院行政化还表现为，不同审级法院之间不应该存在隶属关系，但是，在现实生活中，上下级法院之间已经变成了一种领导与被领导的上下级关系。凡此种种，都有碍于司法公正的实现。

三、十八大以来司法体制改革促进司法公正的简要回顾

党的十八大以来，以习近平为核心的党中央对全面推进依法治国，推进法治中国建设，坚持依法治国、依法执政、依法行政共同推进，坚持法治国家、法治政府、法治社会一体建设。其中，司法体制改革是全面推进依法治国的一项重要内容。党的十八大报告提出要“进一步深化司法体制改革”，党的十八届三中、四中全会分别通过了《中共中央关于全面深化改革若干重大问题的决定》（以下简称“十八届三中全会决定”）、《中共中央关于全面推进依法治国若干重大问题的决定》（以下简称“十八届四中全会决定”），对进一步深化司法体制改革进行了全面部署。截至 2017 年 7 月 1 日，“中央

全面深化改革领导小组”（以下简称“中央深改小组”）共召开36次会议，共审议通过46份涉及司法体制改革的文件，相关改革举措基本出台完毕，已进入到全面落实阶段。十九大后，在以习近平为核心的党中央的坚强领导下，人民法院继续迎难而上、砥砺奋进，在更高站位、更深层次、更宽领域，以更大力度深化司法体制综合配套改革，全面落实司法责任制，努力推动中国特色社会主义司法制度优势更加显现，维护社会公平正义的审判效果更加可期可感。十九大以来，人民法院司法体制综合配套改革已在上海先行试点；加强知识产权审判领域改革创新若干问题的意见由中办、国办印发；中央深改组已经审议通过建立“一带一路”争端解决机制和机构的意见；司法人员职业保障配套制度正在协调落实；人民法院内设机构改革加快推进；基本解决“执行难”深入攻坚；人民法院信息化3.0版和智慧法院建设如火如荼；《中华人民共和国人民法院组织法》《中华人民共和国法官法》等法律修改并颁布实施，更多的改革蓄势而发，更深层次的问题着力破解。2020年5月25日，在第十三届全国人民代表大会第三次会议上，最高人民法院院长周强在工作报告中就深化司法体制综合配套改革做了介绍：贯彻政法领域全面深化改革实施意见，发布人民法院第五个五年改革纲要，促进各项改革系统集成、协同高效。贯彻新修订的《中华人民共和国人民法院组织法》和《中华人民共和国法官法》，健全配套机制，推动中国特色社会主义司法制度优势转化为治理效能。落实人民陪审员法，扩大参审范围，全国陪审员参审案件340.7万件。根据全国人大常委会授权，在15个省份20个城市开展民事诉讼程序繁简分流改革试点，通过制度创新激发司法效能，满足群众多元、高效、便捷的纠纷解决需求。整体而言，司法体制改革“四梁八柱”性质的改革基本完成，各方面都取得了积极成效。

（一）司法机关的依法独立性明显增强

人民法院司法体制改革通过一系列的体制和机制改革，增强了司法机关的依法独立性。

第一，在人财物方面，司法体制改革采取了循序渐进的原则，将省级以下地方人财物由省一级管理①。目前，省以下司法机关人财物统一管理正在有序推进。例如，吉林、湖北、广东等23个省份已进行省级财物统管改革。

① 孟建柱．深化司法体制改革[N]．人民日报，2013-11-25（6）．

这种将人权、财权上提的做法切断了省以下司法机关和地方之间的利益关系，使司法机关摆脱了地方掣肘，确保了独立性[①]。

第二，在司法辖区和行政区划的分离方面，在北京、上海首批设置了跨行政区划的法院、检察院。此外，最高人民法院还在深圳、沈阳、南京、郑州、重庆、西安设置了6个巡回法庭，在北京、上海、广州设置了专门的知识产权法院，这种改革脱离了司法机关和地方党政机关之间的联系，在使法院摆脱地方保护主义和行政干预方面具有积极作用。

第三，在遏制领导干部干预司法活动方面，确立了领导干部干预司法活动、插手具体案件处理的记录、通报、责任追究制度，极大地遏制了领导干部干预司法活动的行为。据统计，中央政法委于2015年、2016年分别通报了两起领导干部干预司法活动的典型案例，有效地发挥了警示作用[②]，地方也加强了对领导干部干预司法活动的记录、通报和问责。

第四，改革也强化了司法人员抵御不当干预的能力，明确了非因法定事由、非经法定程序，不得将法官、检察官调离、免职、辞退或者作出降级、撤职等处分，这就解决了司法人员依法履职的后顾之忧，为其依法履职提供了保障。

第五，强化了司法责任制，“由审理者裁判、由裁判者负责”进一步深化。党的十九大报告指出，深化司法体制综合配套改革，全面落实司法责任制，努力让人民群众在每一个司法案件中感受到公平正义。2019年2月27日，《人民法院第五个五年改革纲要（2019—2023）》发布，10个方面65项措施精准对接党中央部署的各项司法体制改革任务，明确健全以司法责任制为核心的权力运行体系，首次提出明确院长、庭长的权力清单和监督管理职责，健全履职指引和案件监管的全程留痕制度，在更高的起点上谋划了未来五年的改革创新举措。最高人民法院印发的《关于进一步全面落实司法责任制的实施意见》《关于健全完善人民法院主审法官会议工作机制的指导意见（试行）》《进一步加强最高人民法院审判监督管理工作的意见（试行）》《关于健全完善人民法院审判委员会工作机制的意见》等一系列配套文件相继发布，一系列深层次的改革加快推进，为法治中国长远发展夯基筑台、立柱架梁。最高人民法院印发的《关于完善人民法院审判权力和责任清单的指导

① 张金才．中共十八大以来司法体制改革的进展及成效[J]．当代中国史研究，2016，23（3）：4-15.

② 彭波．中央政法委首次通报五起干预司法典型案例[N]．人民日报，2015-11-07（5）.

意见》和《最高人民法院法官审判权力和责任清单（试行）》，明确院庭长、审判组织和承办法官依法行使职权的边界和责任 。研究制定法官惩戒工作规范，推动设立最高人民法院法官惩戒委员会。入额办案、办案担责、有责追究的司法权运行机制正在形成。

（二）司法公正性显著提高

通过改革，司法的公正性水平获得显著提高。

第一，司法责任制改革理顺了司法机关内部权力运行机制，为公正司法奠定了良好基础。以上海为例，据统计，改革后法院受理的案件中 99.9％的案件直接由独任法官、合议庭裁判，提交审委会讨论的案件仅为千分之一；就检察系统而言，通过权力清单制度改革，82％的案件直接由检察官独立自主决定，检察长和检委会行使的职权减少了 2/3。就全国的数据而言，改革后地方各级人民法院由独任法官、合议庭签发裁判文书的案件占到了 98％以上。

第二，以审判为中心的诉讼制度改革强调了庭审在审判中的作用，提升了办案程序的公正性。据统计，2014 年至 2016 年，全国排除非法证据的一审刑事案件共 2 765 件，重要证人出庭率、侦查人员出庭率稳步攀升[①]。例如，在四川，2016 年证人出庭 1 178 件次，2017 年 1 月至 5 月证人出庭达 358 件次[②]。

第三，律师权利保障得以强化。本轮司法体制改革明确了保障律师各项执业权利的具体程序机制，同时构建了投诉、申诉、控告等律师执业权利救济机制，提升了律师执业权利的保障水平。例如，在“刘勇遇袭案”中，北京和江苏的司法局、律师协会迅速启动跨区联动处置机制，有力地维护了律师的执业权利。

第四，涉案财物处置程序得到规范，解决了执法司法不公问题。中央深改小组第八次会议审议通过的《关于进一步规范刑事诉讼涉案财物处置工作的意见》有针对性地提出了诸多改革举措，包括明确禁止立案前的查封、扣押等违法行为，建立保管机关（人员）与办案机关（人员）相互制

① 参见《“人民法院司法改革成效数据报告暨改革典型案例”新闻发布会》，2020 年 8 月 19 日。

② 刘德华，史兆琨．抛弃“卷宗主义”推进庭审实质化，四川检察机关探索以审判为中心的刑事诉讼制度改革成效显著[N]检察日报，2017-07-06（1）．

约的制度，完善审前财产返还机制和权利救济机制等，提升了涉案财物处置的规范化水平。

第五，公益诉讼制度试点改革促进司法公正效果明显。据统计，截至2017年6月，试点地区的检察机关在生态环境和资源保护、食品药品安全等领域，共办理公益诉讼案件9 053件，有效保护了生态环境、保障和改善了民生，有力提升了司法的公正性①。

（三）司法效率明显提升

本轮司法体制改革提高了司法效率。全国大多数地区法官的人均办案量由改革前不足百件提升为200多件，个别地方达到300件甚至400余件，逐步接近发达国家水平。

第一，通过案件繁简分流改革提升了办案效率。在民事诉讼方面，2016年全国基层法院适用简易程序和小额诉讼程序审结案件为717.9万件，占一审民商事案件的66.7%②。2020年1月15日，为了深化民事诉讼制度改革，最高人民法院根据全国人大常委会的授权发布了《民事诉讼程序繁简分流改革试点实施办法》，对优化司法确认程序、完善小额诉讼程序、完善简易程序规则、扩大独任制范围、健全电子诉讼规则5个方面进行改革。截至2020年7月底，杭州、宁波两地法院司法确认申请数共计15 720件，适用小额诉讼程序案件数17 757件，当事人合意适用小额诉讼程序案件数880件，共计18 637件，小额诉讼程序转换案件数1 535件，小额诉讼案件适用简式文书案件数9 300件。适用简易程序案件数75 959件，公告送达案件适用简易程序案件数2 837件，简易程序案件上诉数5 447件，简易程序适用简式文书案件数26 348件。适用独任制普通程序案件数2 679件，上诉146件；独任制二审案件数2 451件，其中独任制审结简易程序上诉案件数2 322件，独任制审结裁定上诉案件数278件。在线申请立案数203 393件，在线立案数126 977件，在线庭审案件数8 735件，电子送达裁判文书案件数173 415件③。在刑事诉讼方面，刑事速裁程序的试点效果较为明显，检察机关审查起诉周期由过去的平均20天缩短至5.7天，速裁案件10日内审结的占94.28%，当庭宣判率达95.16%，

① 魏哲哲．检察机关提起公益诉讼制度全面实施[N]. 人民日报，2017-07-03（9）.

② 参见周强《最高人民法院工作报告》，2017年3月12日。

③ 参见浙江省高级人民法院《试点工作情况月报》2020年第5期，2020年8月10日。

取得了良好的试点效果[①]。在认罪认罚从宽制度改革方面，实践中正在试点认罪认罚从宽制度改革。根据改革，对认罪认罚的案件，在程序方面进行了简化，可以适用简易程序或速裁程序审理，这一改革进一步分流了刑事案件，有望节约诉讼资源，提高司法效率。

第二，非诉讼纠纷解决机制改革化解了诉讼压力，提升了司法效能。截至2017年底，各级法院设置专门的诉调对接中心3 320个，专门工作人员15 432名，建立特邀调解组织22 194个，特邀调解员78 153人，2017年各级人民法院利用特邀调解等方式分流案件186.3万件，约占一审民商事案件总数的16%，大量案件通过人民调解、行业调解、律师调解、仲裁、公证等其他非诉讼方式快速解决。2019年8月1日，《最高人民法院关于建设一站式多元解纷机制 一站式诉讼服务中心的意见》出台，围绕多元化纠纷解决机制、诉讼制度、诉讼服务体系、跨域立案服务等司法改革要求，旨在打造中国特色纠纷解决和诉讼服务新模式。

第三，现代信息技术的运用大大提高了司法效率，打造智慧司法成为改革的重要目标。2017年11月，全国14个省区市开展道路交通事故损害赔偿纠纷"网上数据一体化处理"改革试点，推动建立道交一体化平台，公安交管部门的责任认定、相关主体的理赔计算、调解组织的调解、鉴定机构的鉴定、法院的诉讼、保险行业的理赔等纠纷处理流程实现在线处置、信息共享、工作联动，做到一网办案、一键理赔、快速处理，让道路交通纠纷解决更方便、更快捷、更透明。各地积极推进要素式庭审、令状式文书、示范性诉讼等机制创新逐渐涌现，案件办理周期缩短，司法效率显著提升。庭审语音识别、文书智能纠错、在线调解、类案推送等网络化、智能化的办案机制，在越来越多的法院展开实践。例如，苏州法院利用智能化办案系统，使法官、书记员的事务性工作分别减少了40%～50%左右，案件审判效率提高了20%以上[②]。2017年8月18日，全球首家互联网法院——杭州互联网法院成立，实行从起诉到执行等全程网络化，开庭平均用时25分钟，平均审理期限48天，比传统审理方式效率提升了一倍多。2018年新年伊始，人民法院"智慧法院导航系统""类案智能推送系统"正式上线运行，人民法院探索出互联网时代司法服务的新空间，人民群众日益享受到司法便民的大

① 参见《最高人民法院、最高人民检察院关于刑事案件速裁程序试点情况的中期报告》，2015年11月3日。

② 同上。

红包。截至 2019 年 12 月，全国中基层法院跨域立案服务实现全覆盖，“移动微法院”试点全面推开，全国 43% 的法院支持网上交费退费，让人民群众立案“一次不用跑”。全国 98% 的法院建立了诉讼服务大厅，力求能够在诉讼服务中心办理的诉讼事项决不让群众多跑一次腿。88% 的法院运行诉讼服务网，让当事人不用千里奔波，随时随地就能办理诉讼事务，为人民群众提供更加丰富快捷的纠纷解决渠道和一站式高品质的诉讼服务[①]。

（四）司法权威进一步提升

司法只有具有了权威，才能发挥定分止争的作用。经过司法体制改革，司法权威进一步提升。

第一，在行政机关出庭应诉、尊重并执行法院生效裁判方面取得积极进展。例如，北京四中院已经实现了行政机关工作人员出庭率 100%。又如，2016 年广东全省各级行政机关负责人出庭应诉达 1 598 人次，比上年度上升了 45.27%。

第二，破坏司法权威的行为得到遏制。《中华人民共和国刑法修正案（九）》扩大了扰乱法庭秩序罪的打击范围，将殴打诉讼参与人，侮辱、诽谤、威胁司法工作人员或者诉讼参与人，毁坏法庭设施，抢夺、毁坏诉讼文书、证据等行为纳入到了扰乱法庭秩序罪之下。

第三，执行难的问题取得重大进展。针对当前群众呼吁强烈的执行难的问题，2016 年 1 月，最高人民法院与国家发展和改革委员会等 44 家单位联合签署了《关于对失信被执行人实施联合惩戒的合作备忘录》。此外，2016 年 4 月 29 日，最高人民法院实施的《关于落实“用两到三年时间基本解决执行难问题”的工作纲要》提出要以信息化建设为抓手，完善执行体制机制，努力实现执行工作领域的深刻变革，用两到三年时间基本解决执行难的问题。为了破解查人找物的难题，最高人民法院与国家发改委、公安部、国家工商总局、中国人民银行、证监会等 10 多个部门建立了网络执行查控系统。2018 年 12 月 12 日，国务院新闻办公室发表的《改革开放 40 年中国人权事业的发展进步》白皮书指出：“2016 年至 2018 年 9 月，全国法院共受理执行案件 1 884 万件，执结 1 693.8 万件（含终本案件），执行到位金额 4.07

① 参见两会特稿《司法体制改革：破流浪行，向着公平正义》。

万亿元。”执行难问题的解决已经取得显著成效[①]。

第四，信访问题得到改善。根据十八届四中全会决定提出的诉访分离的改革思路，本轮司法体制改革把涉及民商事、行政、刑事等诉讼权利救济的信访事项从普通信访体制中分离出来，由政法机关依法处理，改变了集中交办、依靠行政推动、通过信访启动法律救济机制等破坏法律权威的传统做法。据统计，2015年最高人民法院接待来访人数同比下降12%[②]。

（五）人权保障水平更上一个台阶

在人权保障领域，司法体制改革从实体和程序两个方面入手进行了积极改革，我国的人权保障水平上了一个新的台阶。

第一，废止了劳动教养制度。第十二届全国人大常委会第六次会议通过了《关于废止有关劳动教养法律规定的决定》，废止劳动教养制度改变了非经司法审判程序便可长时间限制人身自由的做法。

第二，健全了刑事错案的预防、纠正机制。2013年，中央政法委出台了《关于切实防止冤假错案的规定》，最高人民法院、最高人民检察院分别通过了《最高人民法院关于建立健全防范刑事冤假错案工作机制的意见》《最高人民检察院关于切实履行检察职能防止和纠正冤假错案的若干意见》。上述文件从原则到程序，从权利到责任，从源头上加强了对刑讯逼供和非法取证的预防机制，构建起了全方位的预防、纠正刑事错案的制度体系。

第三，改革法律援助制度，强化当事人辩护权等诉讼权利的保障力度。中央深改小组第十二次会议审议通过的《关于完善法律援助制度的意见》推动了法律援助制度的发展。首先，司法行政机关进一步放宽了经济困难的认定标准，扩大了法律援助的范围。其次，加强了法律援助质量建设，各地加强了法律援助标准建设，制定了法律援助服务标准和案件质量标准，提供了更加优质的法律援助服务。最后，提升了法律援助的经费保障，全国已有90%的地方将法律援助业务经费纳入财政预算中，20多个省份设立了法律援助专项资金。

---

① 高一飞，陈恋.人民法院司法改革40年的回顾与思考[J].中国应用法学，2019，(1)：136-154.

② 参见周强《最高人民法院工作报告》，2016年3月16日。

（六）司法民主进一步加强

让公民参与司法、了解司法、影响司法、监督司法进而改造司法，是推进司法改革的有益之举。公民参与司法能促进司法公正、司法民主，提升司法公信力和司法能力。

本轮司法体制改革强化了人民陪审员的独立性和参审的实质性。根据全国人大常委会《关于授权在部分地区开展人民陪审员制度改革试点工作的决定》，全国50个地方法院展开了试点工作。据统计，2016年全国22万名人民陪审员共参审案件306.3万件，占一审普通程序案件的77.2%①。

司法体制改革强化了人民监督员的独立性、监督的实质性和有效性。一是实现了人民监督员一律由司法行政机关选任。由于参加评议的人民监督员是随机产生的，确保了人民监督员独立于被监督者，也避免了人民监督员的同质化；二是扩大了人民监督员的作用范围，将其发挥作用的情形由7种增加到了11种；三是完善了人民监督员的知情权保障机制、案件材料提供机制、评议表决机制等，确保了人民监督员监督的实质性；四是明确了人民监督员的意见和检察长、检委会意见不同时的处理机制，提高了人民监督员监督的有效性。自改革以来，共选任人民监督员15 903名，人民监督员已经监督案件5 474件②。

（七）司法职业化改革成效明显

司法体制改革在司法职业化建设方面取得了积极成效。通过司法人员分类管理改革和员额制改革，将办案力量配置在第一线，整体上提高了司法质量和司法职业化水平。目前，全国员额制改革几乎完成，全国法院共产生12万名入额法官。通过改革，全国基层法院85%以上的办案力量配置到了第一线，办案力量增加了20%以上，人均办案数量增长20%以上，结案率上升18%以上。

本轮改革对法官、检察官实行单独职务序列、单独薪酬待遇。以法院系统为例，目前全国23个省份及新疆生产建设兵团已完成首批入额法官单独职务序列等级确定工作，对9.5万余名法官按照单独职务序列等级进行管理，同时，全国共2 356个法院（约占全国法院总数的67.3%）已经落实或基本

① 参见周强《最高人民法院工作报告》，2016年3月16日。

② 参见周强《最高人民法院工作报告》，2016年3月16日。

落实或通过预发形式落实工资改革[①]。基层法院、检察院职务序列单列后，职级晋升的天花板被打破，法官、检察官迎来了广阔的晋升空间，提升了其职业尊崇感与工作积极性。在薪酬待遇方面，按照员额法官、检察官高出同级公务员 50%，其他辅助人员、司法行政人员高出 20%的比例，提高了司法人员的工资收入。

（八）司法公开化程度进一步提高

根据党的十八届三中、四中全会关于推进司法公开，构建开放、动态、透明、便民的阳光司法机制的要求，进行了司法公开改革，在司法公开、透明方面取得了积极成效。司法公开是法治文明发展的必然要求，也是司法体制改革的重要内容。在最高人民法院的推动下，全国各级法院重点建设了审判流程、庭审活动、裁判文书、执行信息四大公开平台。截至 2018 年 12 月 31 日，中国审判流程信息公开网公布司法解释文件 252 条、业务文件 231 条、案例 111 条、开庭公告 1 436 223 条；中国庭审公开网累计直播案件 2 452 件，全国法院累计直播案件 2 332 742 件；中国裁判文书网发布裁判文书 62 231 200 篇，访问总量达 21 702 808 624 次。其中，最高人民法院公开裁判文书 11 300 份；中国执行信息公开网显示，截至 2019 年 1 月 7 日，2018 年全国新收执行案件数量 7 509 031 件、已结案件数量 6 838 924 件、公布失信被执行人名单 12 910 742 例、限制乘坐飞机 17 626 666 人次、限制乘坐火车 5 488 750 人次、网络拍卖总量 275 190 件[②]。

（九）诉讼更加便民、利民

便利民众接近司法是维护公民合法权利的重要保障，也是我国塑造司法公信力的重要途径。本轮司法体制改革以司法为民为目标，在方便民众诉讼方面有了长足进步。

第一，基本解决了立案难问题。通过立案登记制改革，对于所有符合法律规定的起诉、自诉及申请，一律接收诉状，当场登记立案，解决了立案难、维权无门的问题。目前，全国法院已经全面实行立案登记制，当场立案登记率达到 95%。

---

① 罗书臻 . 最高人民法院通报司法责任制等基础性改革情况 [N]. 人民法院报,2017-07-04(02).

② 同上。

第二，通过信息化建设更加便利了民众参与诉讼。比如，法院推行的审判流程公开平台、电子送达等都便利了民众及时知悉案件的进展情况，远程视频开庭、作证等方式也解决了进行诉讼的人力成本、时间成本问题，保障了诉讼的顺利进行。又如，上海浦东法院开发了“二维码”自助立案系统，平均立案时间只有15分钟，极大地方便了群众参与诉讼。再如，网络司法拍卖在全国推行后，平均成交率达到85.37%，为当事人节省佣金92亿元[①]。

第三，解决了经济困难者寻求法律救济的问题。中央政法委、财政部等6部委制定了《关于建立完善国家司法救助制度的意见（试行）》，扩大了法律救助的范围，加大了法律救助的力度，加强了法律救助的资金保障，确保了贫困者也可以及时有效地获得司法救济。

（十）司法廉洁性进一步提高

司法廉洁与否直接影响了民众对司法的信任程度及对裁判的接受程度。本轮司法体制改革加强了对司法腐败行为的治理，提高了司法的廉洁性。

第一，加强了对司法人员社会行为的规范。2015年6月，中央深改小组审议通过了《关于进一步规范司法人员与当事人、律师、特殊关系人、中介组织接触交往行为的若干规定》，明确了司法人员社会交往的底线。

第二，健全了司法惩戒制度，确保了司法行为的廉洁性。中央深改小组于2016年7月审议通过了《关于建立法官、检察官惩戒制度的意见（试行）》，加强了惩戒制度建设，明确了惩戒的主体、标准和程序及责任，加大了对违法行为的威慑力度。

第三，司法责任制改革也强化了办案者的责任意识，遏制了司法腐败行为。根据司法责任制改革的安排，有涉嫌犯罪的违法行为的人要承担刑事责任，这是最为严重的责任形式。通过这种最为严重的责任形式，有效地遏制了司法腐败行为。

第四，司法机关内部过问案件办理的行为得到遏制。2015年3月，中央政法委颁布了《司法机关内部人员过问案件的记录和责任追究规定》，通过记录、通报、处理司法机关内部过问案件办理的行为，解决了司法的

① 参见周强《最高人民法院工作报告》，2017年3月12日。

公正性、廉洁性问题。比如，中央政法委于2015年、2016年分别通报了几起领导干部过问司法活动的典型案例，遏制了司法机关内部过问案件办理的行为。又如，广东省政法机关2016年共记录司法机关内部人员过问案件70件，其中，被查实的11名干警因违规过问案件而受到纪律处分和组织处理。

四、司法体制改革实现司法公正的地方实践

（一）统筹推进司法体制综合配套改革（上海市高级人民法院）

司法体制综合配套改革是党的十九大部署的重点改革任务。中央把这项重要而光荣的任务交给上海，让其在司法体制综合配套改革方面先行先试，既是对前期司法改革试点工作的充分肯定，又是对上海的高度信任。为了贯彻落实中央、市委和最高法院的决策部署，上海高院研究制定了《关于贯彻落实〈关于上海市开展司法体制综合配套改革试点的框架意见〉的实施方案》（以下简称《上海高院实施方案》），将改革任务细化分解为8大类、72条、136项，重点从8个方面推进综合配套改革。上海法院在市委及市委政法委的领导下，在最高法院的指导下，在市人大及其常委会的监督下，在市相关部门的支持下，在巩固前三年改革成果的基础上，全力以赴地推进司法体制综合配套改革的各项任务，取得了阶段性成效。为了进一步抓好各项任务，主要从8个方面推进司法体制改革：一是规范审判权力运行，完善监督制约机制，提升审判质效；二是优化司法职权配置，完善管理体制机制，提升司法公信力；三是推进以审判为中心的诉讼制度改革，强化人权保障，切实防范冤假错案；四是深化繁简分流，优化资源配置，着力解决案多人少的矛盾；五是坚持司法为民宗旨，提升诉讼服务水平，让人民群众有更多改革获得感；六是完善人员分类管理，夯实制度机制保障，推进法官正规化、专业化、职业化建设；七是坚持科技强院，深化现代科技与司法体制改革深度融合，推进“数据法院”“智慧法院”的建设；八是优化司法环境，兑现胜诉权益，为经济社会发展大局提供有力的司法保障。任务的跟踪问效、巩固提升工作，我们将这136项任务细化梳理为三大类：一是已制定规范性文件并在实践中取得较好成效，需要进一步在巩固中抓落实，形成长效机制的（96项）。比如，司法责任制改革、员额制改革、诉讼服务改革、繁简分流

改革等；二是已形成制度性成果，需要进一步完善细化配套机制，提升改革工作实效的（34项）。比如，专业法官会议制度、院庭长办案制度、新型审判监督管理机制等；三是已形成试点方案并正在先行先试，需要进一步探索总结形成制度性成果，在实践中检验改革成效的（6项）。比如，新型审判团队建设，涉外商事争端诉讼、调解、仲裁“一站式”衔接工作站试点等。在改革推进中，上海高院先后研究制定了133项改革配套规定，并进行了系统梳理和汇编，形成了一整套体系性、配套性的制度成果，努力为全国法院提供可复制、可推广的经验借鉴。综合配套改革对审判质效的提升效果日益体现，上海法院审执质效主要指标排在全国前列。下面，结合上海法院实际，就如何统筹推进各项改革任务谈几点体会。司法体制综合配套改革涵盖司法领域的方方面面，各项任务相互联系、相互影响，必须整体推进、统筹兼顾，增强改革措施之间的整体性、系统性、配套性、协同性，发挥综合效能，实现改革效果最大化。在这个过程中，必须妥善处理好以下几对关系。

1. 处理好顶层设计与基层探索的关系

推动司法体制综合配套改革，既要加强统一部署，又要鼓励基层大胆创新。上海法院推进的改革任务中，司法责任制、人员分类管理、省以下人财物统管等各项最关键、最基础的制度性安排，是中央对司法改革指方向、管全局的顶层设计，必须一抓到底。上海高院在全市法院定期组织开展司法责任制落实情况的督察和整改，就是为了确保执行中央顶层设计不走样、不变形。同时，对一些不同区域、不同层级的法院可能存在差别、具有一定灵活性、需精细化设计的改革事项，如庭审方式改革、新型审判团队、审判辅助事务外包等改革任务，我们在具体推进中鼓励基层法院探索，在相关经验成熟后上升到全市层面予以规范推广。

2. 处理好整体统筹和重点突破的关系

司法体制综合配套改革是一项内容复杂、层次繁多的系统工程，既要紧紧抓住关键的“牛鼻子”，又要善于运筹帷幄、整体推进。比如，司法责任制、员额制、内设机构改革，都牵一发而动全身，如不实现先期突破，各项审判机制改革就可能陷入观望。同时，改革也需要配套保障，统筹谋划，增强各项任务的耦合性。比如，司法责任制和审判权力运行机制是“牛鼻子”，但是如果没有贯穿全程的权力监督、制约、保障机制，没有后续配套的审判管理、考核标准化、信息化建设，效果就会大打折扣；薪酬待遇的分配怎样真正体现不同的司法责任和岗位分工，内设机构改革怎样与跨行政区划集中

管辖、专门法院和审判团队建设等配套实施，也都需要通盘考虑。2018 年，上海法院在统筹推进 136 项改革任务的同时，针对需要配套解决的突出问题和薄弱环节，重点梳理出立案与诉讼服务、分案机制、送达难、执行强制措施、审判监督管理、专业法官会议与审委会、审判专业化建设、审判团队建设、员额管理和单独职务序列、司法绩效考核、队伍思想状况、信息化应用等 12 大方面、34 个具体问题，研究形成了《上海法院司法体制综合配套改革重点任务分解表》，以重点突破带动改革任务的整体推进。

3. 处理好立足当前和着眼长远的关系

增量改革与存量优化也需要统筹兼顾。比如，内设机构改革与法官单独职务序列管理。一方面是借助等级晋升去行政化的红利释放，树立专业化审判人才培养发展导向；另一方面是加大法官岗位绩效考核力度，同时开展内设机构改革和人员进退留转工作。这样有利于消化部分人员在转岗分流甚至退出领导岗位时的思想负担，将员额法官的注意力和职业规划引导到专业化审判职责上，减少重点改革任务推进的阻力，最高人民法院制定了《关于进一步推进案件繁简分流优化司法资源配置的实施意见》，上海市高级人民法院制定了《关于实行随机自动分案的若干意见》等规定。

司法体制改革是一个动态的、连续的过程，必须在巩固的前提下深化，在立足当前的基础上谋划长远。上海法院在推进改革中，坚持一手抓当前、一手抓长远的思路，推出的各项改革措施、制度设计都力求兼顾解决当前问题和形成长效机制。立足当前，就是从当前制约公正司法、影响司法能力最突出的问题入手，切实采取有针对性的措施。比如，针对案件分配机制中存在的指定分案规则难统一、案件难识别、过程难监管等问题，建立随机分案为主、指定分案为辅，兼顾繁简分流、专业对口的分案机制，减少分案环节的人为因素，保证审判的程序公正与审判效率；针对改革后审判监督管理方式亟须深化转型等问题，上海高院通过完善专业法官会议制度并同步配套信息化方案、完善审判委员会制度、推动形成院庭长办案常态化机制等，改变“人盯人、人盯案”的传统方式，转向全院、全员、全过程，涵盖事前、事中、事后全流程的审判监督管理。着眼于长远，就是准确把握国家改革大局的方向，把解决问题与建立长效机制结合起来，切实抓好做铺垫、打基础、利长远的举措，夯实上海法院长远发展的基础。上海高院在推进改革的过程中，始终把制度机制建设摆在首位。比如，上海高院在推进基本解决执行难中，制定和修订了《执行办案责任制的若干意见》《关于确认和终结无财产可供执行案件若干问题的规定》等20余项执行工作的制度规定，为改进执行工作建立了规范化、标准化、长效化的制度体系，促进了执行工作的规范、有序运行。

4. 处理好内部改革与外部协同的关系

推进改革不仅要聚焦内部存在的瓶颈，还要回应社会的诉求。比如，上海法院稳妥推进的司法责任制改革，内设机构改革，跨行政区划法院改革，知识产权、金融、海事等审判体制机制改革，均着眼于进一步理顺优化司法职权配置；上海法院设计审判绩效考核、推动适法统一、完善司法责任认定和追究机制，都是以解决社会最关心的司法质量问题为导向的；推动的诉讼服务标准化、司法公开、破解执行难等一系列措施，也都是着眼于维护人民群众切身利益这个目的。一些改革任务的推进不仅集中在“两院”，还需要对接公安、司法、信访、综治、政府职能部门等，形成制度衔接合力，特别是以审判为中心的诉讼制度改革（“206系统”的开发应用）、执行体制机制改革、多元化纠纷解决机制等。同时，改革举措只有真正有利于推动大局工作，才能得到更多支持。上海法院立足于改革先行者、排头兵的站位，主动对标自贸区、“五个中心”建设、一带一路、长三角一体化等重大战略，积极研究司法保障和应对措施，从服务大局的视野去推进改革。2018年以来，先后制定《关于贯彻落实<上海市着力优化营商环境 加快构建开放型经济新体制行动方案>的实施方案》《关于为企业家创新创业营造良好法治环境的实施意见》《关于服务保障中国国际进口博览会的若干意见》等多项司法举措，与苏、浙、皖地区高院共同签署了《关于全面加强长江三角洲地区人民法院司法协助交流工作的协议》，全力为国家战略和上海工作大局提供司法服务保障，得到了李强书记、周强院长、陈寅书记等领导的多次批示肯定。

5. 处理好改革推进与科技助力的关系

司法改革和信息化建设是人民司法事业发展的车之两轮、鸟之双翼。改革要解放思想、提高生产力，既要靠制度供给创新，又要靠信息技术提升能级。改革深入的过程，必然是现代科技与司法审判深度融合的过程。上海高院在推进综合配套改革的过程中，将信息化建设作为司法改革的重要支撑和破解司法难题的利器。比如，研发上海刑事案件智能辅助办案系统（“206系统”），运用大数据、人工智能等新技术，对录入系统的证据进行自动校验和瑕疵提示，减少司法任意性，防范冤假错案；又如，上海高院正在研究

制定的完善审判监督管理机制的实施意见，也将配套制定信息化方案，力争让每一个需要监督和管理的流程节点都能够信息化、标准化、智能化、可追责。已研发运行的“上海法院审判执行监督预警分析系统”实现对立案、审判、执行各环节风险点的实时预警、提示，推动审判监督管理向规范化、流程化、标准化转型；再如，上海法院建立的绩效考核系统推动繁简分流、司法公开、诉讼服务改革、电子卷宗同步生成和全流程网上办案等，都充分发挥了现代科技的驱动作用。同时，我们在运用科技助力的过程中，既注重信息化与审判需求和经验深度融合，做到管用；又注重与实际应用感受度深度融合，做到好用，力争避免信息化建设的盲目、孤立、低水平重复。改革的过程就是不断发现问题和解决问题的过程。在取得阶段性成效的同时，我们也清晰地认识到，当前上海法院推进综合配套改革还存在一些问题。例如，很多改革任务虽然出台了制度性规定，但仍需进一步抓好落实工作；各项改革任务的协同性、协调性还有待进一步增强；权责一致的司法权运行新机制还有待进一步规范完善；人员分类管理制度保障有待进一步夯实等。因此，在以后的工作中要坚持问题导向、需求导向，坚持以工作实效和人民群众的满意度作为评判改革的根本标准，抓住关键环节、集中发力突破，在巩固中抓落实，在推进中抓落实，在提升中抓落实，在成效上抓落实，全力推进各项改革任务落地见效，推动工作取得新的成绩。

（二）建立统筹调配机制，促进人员配置均衡，筑牢司法责任制改革基础（陕西省高级人民法院）

近年来，陕西省高级人民法院在最高人民法院的监督指导下，认真贯彻中央司法体制改革部署要求，推动各项改革任务取得新进展。尤其是围绕落实建立健全政法专项编制和法官员额省级统筹、动态调配机制改革任务，积极争取省委支持，加强与编制、组织等部门协调，科学统筹谋划，大胆创新探索，稳步推进实施，取得了积极进展和显著成效。中央司改办简报刊发了陕西省法院的经验做法，最高人民法院周强院长等领导同志给予了批示肯定，先后入选《人民法院司法改革案例选编》和参评新时代政法战线全面深化改革十大先进典型。

1. 创新改革思路

随着司法责任制和法官员额制改革的深入推进，如何科学配置和使用编制及员额，成为陕西法院全面落实司法责任制改革必须解决好的首要课题。

一是坚持问题导向，全面汇总、深入分析全省法院编制、人员、案件等现状，针对改革前编制人员和案件数量配比总体失衡，法官办案量严重不均，城区法院编制严重短缺和边远地区法院编制长期闲置现象同在，法院间案件数量大致相等但编制数相差悬殊，特别是西安、榆林等地法院积案较多、占比过大、“案多人少”问题突出等结构性矛盾，不推诿不回避，坚定改革信念，勇担主体责任，迎着困难问题上，顶着阻力压力干，积极筹划人事管理制度改革新举措，努力用改革思维和改革方法破解困境难题。二是确立指导原则，围绕建立完善编制相关机制、员额省级统筹、动态调整机制改革目标，遵循中央决策精神和最高法院部署要求，结合陕西法院实际，逐步确立形成了“全省统筹、差别分类、以案定员、以员调编、动态调整”的基本原则，保证推进改革方向明确、思路明晰。三是确定推进路径，广泛调研论证，积极探索完善，确定了“三步走”实施方案，即通过逐次开展分配法官员额、统一调整编制和补充选调人员工作，建立完善全省法院编制、员额统筹调配工作机制，切实保障改革蹄疾步稳、落地见效。

2. 统筹配置员额

牢牢坚持全省统筹、以案定员改革思路，不采用简单按比例平均分配员额的做法，大胆探索建立以案定额的法官员额动态管理机制，从根本上促进人案配置均衡。一是区分法院类别，综合考虑各个法院辖区的服务半径和自然条件、办案成本与办案难度、法官人均办案量与案件增幅、人员编制与队伍现状等因素，将全省 11 个中院分为 4 个类别，109 个基层法院分为 6 个类别，分别确定不同层级和类别法院员额法官每年应办案件数量标准。二是以案配置员额，用每个法院近 3 年的平均受理案件数除以该院对应类别确定的员额法官应办案件数，准确计算出各个法院应当配置的员额法官数量；对边远地区、案件数量较少、经计算配置员额数不足 10 个的 16 个基层法院，采取定额配置方法，统一分给 11 个法官员额，保证法院履职正常需求。三是统筹员额使用，按照统一核算标准和结果，除预留总额 5% 用于公开招录、临时微调等用途外，将员额对应分配到全省 121 个法院。2018 年，根据经济社会发展和案件数量变化等情况，对各个法院的员额数进行了第一次常态化调整，促进人案配比保持动态均衡。四是严格遴选法官，严把员额法官选任标准和程序关，全省法院 2 次统一遴选员额法官 3 876 名，占编制总数 35.57%，遴选工作经验被最高人民法院简报刊载交流。

3. 合理调整编制

针对员额统筹分配后，一些法院审判辅助人员编制不足问题，及时跟进，统一调编，促进审判资源配置更加优化均衡。一是明确调编原则，坚持不超总量，在保持专项编制总数恒定不变的基础上，根据现有空编及机构改革缩编情况进行调整；坚持同级调整，只在中院之间和基层法院之间互相调整平衡；坚持相对稳定，对增减编制数在5个以内的法院暂不调整，对拟减编制数在6个以上的只拿出一半名额进行调整，一半留给该院正常补充人员。二是严格以员测编，用每个法院的员额数除以中级人民法院38%、基层法院42%的员额占编制比例，计算得出各院应配编制数，与现有编制数相比较，确定该院需要调出或调进的编制数量。三是全省统一调整，按照向人案矛盾突出的法院和基层法院倾斜的思路，起草编制调整方案，报经省编办批准实施，共统筹调配全省法院编制780个，占编制总数的7.16%，其中核减6个中院、52个基层法院编制292个，统筹使用预留编制196个，为3个中院增编90个，其中西安中院增编60个，榆林中院增编22个；为19个基层法院增编398个，其中西安市未央区法院增编77个，西安市雁塔区法院增编76个，榆林市榆阳区法院增编35个。四是坚持循序渐进原则，经省委组织部、省编办授权，省高院对全省法院人员招录和调动交流实行统一管理，根据各法院实际空编及预期退休人员状况拟定编制使用计划，力争三年内逐步将编制人员完全调配到位。

4. 补充选调人员

着眼解决员额编制统筹调配后个别法院“有编无人”的问题，定向为增编法院补充工作人员，推动审判资源科学整合和有序流动。一是省内定向选调遴选，报省委组织部审批《工作方案》，共同召集省、市两级有关部门召开联席会议，进行专题部署，协调省法官遴选委员会组织专项遴选考试面试，已经为增编法院补充员额法官146名。二是面向社会公开招录，启动从律师、法学专家中公开选拔法官工作，开展为缺编法院招录法官助理和工作人员的工作。三是及时补充辅助力量，按照员额法官与书记员1：1的配置比例，统一为三级法院公开招录聘用制书记员308名，为审判工作提供更加充足的人力资源保障。

员额和编制全省统筹、动态调整机制的建立，极大地缓解了人案配置不均矛盾，激发了队伍活力。2019年以来，全省法院不同地区间法官人均结案数差额同比下降了16.75%，法官人均结案数上升了21.12%，全省法院审执案件数上升了 10.99%，案件质效评估指标和群众满意度也同步实现了“双提升”，有力促进了执法办案水平的提升，提升了司法公信力。下一步，我们将认真贯彻落实本次会议精神，学习借鉴兄弟法院先进经验，深入落实司法体制综合配套改革各项任务，推动陕西法院司法体制改革工作进一步向纵深发展，为健全完善公正高效权威的社会主义司法制度，全面提升司法效能和司法公信作出新的应有贡献。

（三）创新审判团队建设，全面落实司法责任制（北京市高级人民法院）

全面推进落实司法责任制改革以来，新型审判团队建设始终处于重要地位。中央政法工作会议上，郭声琨书记强调，要构建分工协作、优势互补的新型办案团队，解放司法生产力。全国法院第 21 次工作会上，周强院长要求加快建设符合实际的新型办案团队，最大限度释放工作潜能。作为第三批试点，改革伊始，北京法院就高度重视审判团队建设，目前在各审执领域组建起审判团队共 1 839 个，审判团队已成为全市法院基本的审判执行单元、绩效评价单元和监督管理单元。2018 年 4 月，周强院长在北京法院调研时，充分肯定了北京法院审判团队的改革经验，其主要做法有以下 3 个方面。

1. 在团队组建上，以“三个立足”为基本要求，灵活组建审判团队

一是立足不同的审级职能组建审判团队。充分考虑不同审级法院的不同职能，立足审级职能特点，在基层法院普遍建立“速裁团队”，配合完善的繁简分流机制，高效解决大量简易案件；在中、高级法院，侧重专业化审判需要，建立专业化审判团队，配合专业法官会议制度，促进法律统一适用。

二是立足不同法院特点组建审判团队。充分考虑北京法院不但有“大院”“小院”之分，并且在传统法院构架之下，还设有知识产权法院和跨区划法院的多样化特点，在案件量大、人员多的“大院”针对分布集中的案由组建专业化速审团队，集约审理相关案件；在案件量和人员相对较少的“小院”，组建综合性团队，优化人力资源配置。知识产权法院、跨区划法院专业性较强且机构扁平，组建审判团队侧重以完善自我管理为目标，实现上级法院对下级法院的监督作用。

三是立足不同诉讼阶段组建审判团队。诉前阶段，侧重对接多元化解机制，组建能够充分发挥调解员作用的审判团队，实现案件在诉讼前端合理分流。速裁阶段，建立与繁简分流机制对接的，能够大量办理简易案件的速裁

团队，实现以最少的人力资源办理最多简易案件。审判阶段，建立与速裁机制对接、专业性更强的专业化审判团队，实现法官集中精力审理疑难复杂案件。执行阶段，推出符合执行实际的速执团队，高效执结大批量执行案件。

2. 在团队运行上，处理好“三对关系”，推进审判团队科学运行

一是处理好审判团队与审判庭的关系，实现两者并行不悖。妥善处理审判团队与审判庭的关系，既要通过审判团队“由实现审理者裁判，让裁判者负责”，又要发挥审判庭的监督管理作用。以法官为中心组建新型审判团队，实现充分放权，缩短审判工作的管理链条，使审判权运行更加高效，同时明确院庭长权责清单，要求院庭长对案件的处理意见必须通过审委会或者专业法官会议提出，实现有序放权与有效监督的有机统一。

二是处理好审判团队与合议庭的关系，实现两者有效对接。审判团队不同于合议庭，北京法院结合实际，围绕合议庭既组建有相对固定的审判团队，又有随机方式组建的审判团队。在二审案件占比较大的中级人民法院，普遍建立内嵌于合议庭、相对固定的审判团队；在一审案件占比较大的知识产权法院，建立一名法官带领若干名辅助人员组成的基础审判单元，需要组成合议庭审理案件时，由基础审判单元随机组成新的审判团队。

三是处理好审判团队之间的关系，实现团队之间自洽相容。根据人员素质差异、工作衔接机制、司法服务侧重等不同情况，组建类型多样、自洽运行的审判团队且团队之间相互平等。高效型审判团队快速处理简易案件，专家型审判团队精细化审理疑难案件，孵化器式审判团队实现法官均衡搭配及梯次培养，大要案审判团队集中攻克重大案件，院庭长审判团队带头办理复杂案件，充分发挥示范引领作用等。

3. 在监督管理上，采取“三项举措”，强化审判团队监督管理

一是明晰权责清单。各院结合工作特点，制定不同业务领域团队的工作细则，明确团队人员的工作职责，法官主要抓庭审、评议、裁判 3 个核心环节及专业法官会议，其他流程由辅助人员完成。辅助人员根据工作流程节点实现精细化管理，通过集约化提高辅助事务质效。同时，依托权力清单和负面清单，明确院庭长监督管理的行权边界，以明晰权责为监督管理团队打下基础。

二是建立有效奖惩机制。根据不同案件类型建立差异化考核机制，由专业的法官考评委员会评价法官办案数量、质量、效率和效果。对法官助理、书记员的工作业绩考核，重点听取团队法官意见。绩效考核奖金分配不与法

官等级、行政职级挂钩，而是注重向一线倾斜，并根据办案数量、服判息诉率等审判工作关键指标适当拉开档次，切实调动办案积极性。

三是完善监督管理机制。明确院庭长监督“四类案件”的具体情形、发现机制、监管权限、监督方式，依托人工智能和大数据手段，加强案件流程管理和程序审批，确保有序放权、有效监督、科学管理、提升质效。全市法院均建立专业法官会议制度，研究疑难复杂案件法律适用难题或其他重大疑难复杂问题，凝聚法官集体智慧，为审判团队办案拓宽思路。

通过新型审判团建设，北京法院取得了明显成效。一是审判权运行实现了“三个转变”。由“一审一书”的传统模式向法官、法官助理、书记员三类人员灵活搭配的团队模式转变，法官专注于坐堂问案、拍板定案；由法官“大包大揽”的粗放式工作向团队成员分工协作的精细化模式转变，发挥“1+1>2”的效应；院庭长行政化审批的科层机制转变为权责统一、扁平管理的运行模式，形成全院、全员、全过程的实时动态监管体系。二是审判质效不断提升，实现“三升一降”。2018 年前三个季度，收案同比上升16.7%；结案同比上升 13.8%，结案率同比上升 0.2 个百分点，三年以上未结案同比下降 42.9%。三是队伍素质明显提高。开展首届全市法院模范团队、先进团队评选活动，进一步发挥典型团队的引领示范作用。注重以提升组织力为重点，通过审判团队建设促进人才体系化培养，在新型审判团队建立党小组，确保办案单元党组织全覆盖，实现抓党建、带队建、促审判的有机融合。

下一步，北京法院将紧紧围绕化解“一大矛盾、五大难题”，进一步增强改革创新意识，深化新型审判团队建设，创造出更加行之有效的工作机制，全面推动司法责任制落地见效。

（四）“法官自主、全院集约、院庭长定向”三位一体，构建审判监督管理新机制（上海市虹口区人民法院）

上海市虹口区人民法院积极推动制度创新，探索实行“法官自主管理、全院集约管理、院庭长定向管理”三位一体的审判监督管理新机制，取得了明显成效。

1. 建立四个委员会，积极推进法官自主管理

该院积极探索法官自主管理模式，四个法官自主管理委员会由退休法官担任总顾问，分管院长担任总协调人，成员主体为资深法官，均由民主推选

产生。目前，已组建审判责任评定、庭审和文书评查、立审执兼顾、纪律作风等四个法官自主管理委员会。审判责任评定法官自主管理委员会负责对二审改判、发回重审及其他可能存在差错的案件进行审判责任认定；庭审和文书评查法官自主管理委员会负责裁判文书检查、庭审观摩及评查；立审执兼顾法官自主管理委员会负责对涉及立审执兼顾的案件和事项进行会商并提供咨询性意见；纪律作风法官自主管理委员会负责对法官履职时的纪律作风和行为规范进行监督和检查。2017年，四个委员会对164件案件进行责任评定，对161次庭审和1 400余份裁判文书进行评查，就5项立审执兼顾事项召开协调会议，开展审务督察78次。法官自主管理委员会尊重法官的意见并将其融入审判权力运行的管理、监督及审判责任的评定、落实过程中，激发了法官参与审判管理的积极性和自觉性，进一步完善新型审判监督管理机制。

2. 按照三个阶段，有序推进全院集约管理

该院积极探索，按照从易到难、从边缘事务到核心事务、从部门事务到全院事务的顺序，稳步推进审判辅助事务集约化管理。试点阶段，建立审判执行辅助事务中心。率先创设审判执行辅助事务中心，将公告、调查、保全等辅助性事务从业务部门剥离，由中心予以集中管理和实施。推进阶段，成立执行集约化服务中心。在执行局挂牌成立执行集约化服务中心，根据“分权制衡、分段处置、集约执行、阳光运作”的定位，在执行局内部抽调干警组建服务团队。将执行非核心事务予以分流和集约处理，使执行法官能够集中精力处理财产查控、处置等核心事务。深化阶段，探索全院辅助事务集约管理，进一步将集约化管理融入全院所有辅助事务管理中。例如，集中部分文员专事全院庭审记录工作，其余文员担任法官事务助理，确保每一名法官都配备一名助理。率先推进电子卷宗随案同步生成和深度应用，深度整合线上线下资源，进一步提高集约化管理水平。

3. 抓住三个重点，全面深化院庭长定向管理

该院将强化对“重点案、重点事、重点人”的定向管理，作为提高审判管理针对性的重要举措，及对院庭长适应改革要求、转变管理方式的工作要求。一是管理排摸好“重点案”。建立以流程节点管理为主导的案件全流程管理模式，通过每个节点的精细管理进一步加快办案节奏。二是管理谋划好“重点事”。每年年初研究制定年度重点工作安排和各部门短板弱项清单，明确责任人和时间表，逐月跟踪，加强问效。既为院庭长管理提供有力抓手，又形成了不回避问题、努力推动问题解决的良好工作生态。三是管理关注好“重

点人”。围绕人员分类分层管理建立了一系列重点工作机制和平台。建立队伍分析与需求征询机制。通过座谈会、问卷调查、个别访谈等形式汇总分析本院队伍的基本情况和主要诉求，形成队伍建设工作的任务清单。建立人员动态调整机制，每年在全院范围内开展一次人员配置优化调整，统筹考虑工作需要和个人专长、岗位意愿，确保人员配备与部门业务工作需要适配。

（五）完善审判监督管理和廉政风险防控链条，全面落实司法责任制（广东省佛山市中级人民法院）

为了全面落实司法责任制改革，广东省佛山法院建立健全新型审判管理监督机制，正确处理充分放权和有效监管的关系，不断提升管理监督的科学化、规范化、精细化水平。2017 年，全市法院新收和办结案件分别为 182 951 件和 182 334 件，同比增长 8.7% 和 10.4%，结收比为 99.7%；入额法官人均结案 281 件；作为案件质量核心指标的一审判决发改率为 3.99%，持续低位运行。

1. 明晰职责，落实司法责任

一是充分放权。出台了《完善司法责任制改革试点具体实施方案》《关于深化审判权运行机制改革落实司法责任制的实施意见（试行）》等规定，细化审判职权配置，落实法官办案主体责任。

二是监管有据。出台《关于规范院庭领导审判管理和监督职责的若干规定（试行）》，以列举清单的方式，明确院庭领导分层行使宏观指导审判、制定规章制度、优化工作机制、统一裁判尺度、行使案中监督权等 10 余项管理监督职责。

三是责任到位。院庭领导履行监管职责的情况，纳入个人绩效考核并占 20% ～ 40% 的权重，怠于履职或不当履职造成严重后果的承担相应责任。

2. 完善机制，强化审判管理

一是建立审判绩效考核机制。以三类人员为基础，分别出台绩效考核办法，通过合理设置不同类型、不同层级人员在管理、业绩和作风等项目中差别化的考核指标及权重标准，实施分类分层考核，提高绩效考评的科学化、精准化水平。

二是健全案件质量评价机制。强化案件质效评查，以常规、重点和专项评查 3 种方式实现对员额法官案件评查全覆盖，并及时通报评查结果，列明

问题清单，督促落实整改。同时，强化结果运用，评查情况记入法官档案，并与绩效考核挂钩。

三是统一裁判标准。持续深化审判委员会制度改革，有效发挥专业法官会议作用，不断完善劳动争议、交通事故等类案裁判文书标准化说理机制，着力加强专业化审判庭和审判团队建设，有效避免“同案不同判”问题，确保案件质量稳中向好。

3. 加强联动，形成监督合力

出台《关于建立监察室与审判管理办公室联动监督工作机制的意见》，凝聚内部监督合力，防止审判监督与纪律监督两条线、两张皮。

一是案件异常情况互通。对 3 次以上扣除审限、不符合案件报结条件、弄虚作假报结等异常审判流程情况，以及案件评查认定的瑕疵案件和问题案件等特殊案件，审管办及时通报监察室，监察室视情况进行核查。

二是信访举报线索共享。监察室收到信访举报，将相关线索提供给审管办，审管办将其作为案件质量重点评查对象。2017 年，市中院审管办对监察室提出的 11 件案件启动案件重点评查程序，并及时反馈评查结果。

三是联合开展审务督察。审管办和监察室针对审判质效、信息公开、文书上网，以及鉴定、评估、拍卖等司法活动中存在的突出问题，联合开展审务督察，形成督查合力，提升督查实效。

4. 把握关键，提高监管实效

一是定期进行信访线索分析。每季度由院长召集纪检监察部门同志召开信访举报分析会，深入分析研判信访举报反映的突出问题，并协调相关职能部门督促处理。2017 年，检控类举报同比下降幅度达到 59%；反映强烈的执行投诉同比下降 36%。

二是加强重大敏感案件风险防控。及时总结办案经验，制定《刑事重大敏感案件审理标准化操作规程》，和重大敏感案件依法处理、舆论引导、社会面管控“三同步”等规定，健全重大敏感案件风险防范及处置机制，形成可复制、可推广的标准化办案操作程序。

三是打造全链条廉政风险防控体系。全面排查法院党务政务、审判执行、综合事务、司法行政等全部工作环节和各类人员的廉政风险点，共锁定风险点 200 个，并列出责任清单，明确防控措施，进一步织密廉政风险防控网络。

5. 全程留痕，确保监管有序

一是事前留痕。院庭领导行使案中监督权，应在事前填写《审判管理监督流程登记表》，明确监督依据及监督要求，并将登记表及相关案件材料转交审管办或部门内勤登记备案。院长行使案中监督权，由审管办将登记表报送相关案件的分管院领导、庭长，由其出具书面意见。

二是事中留痕。合议庭或承办法官将案件进展情况或评议结果形成书面报告，报庭长审批后提交审管办登记备案。审管办完成登记备案后，逐级报送分管院领导及院长审批。

三是事后留痕。院庭领导行使管理监督职责的处理结果在办公办案平台上全程留痕，相关案件登记表正本存入案件附卷备查，副本交由审管办登记备案。2017 年，全市法院院庭长依职权对 100 件案件行使案中监督权并按规定留痕。

（六）完善“四类案件”监管制度，做到“放权不放任”（四川省筠连县人民法院）

四川省筠连县人民法院完善院庭长管理监督机制，针对“四类案件”面临的“识别难、启动难、留痕难、公开难”的问题，结合自身实际，按照“权责明晰、规范有序、全程留痕、公开透明”的原则，制定实施了《“四类案件”监督管理办法（试行）》，努力实现监管范围、程序、方式、责任的“四个转变”，做到“放权不放任，监管不缺位”。

1. 认定标准具体化，实现监管范围从抽象到具体转变

一是群体性案件的界定本地化。综合考虑涉案人数、涉案群体、涉案领域、社会影响等多方面因素，系统评估案件可能形成集团诉讼、连锁诉讼的可能性，原则上把一方当事人人数在 5 人以上，或一方当事人虽不足 5 人但可能引发连锁诉讼的案件作为群体性案件。

二是疑难、复杂案件的范围具体化。民事、刑事案件主要从法律关系复杂、争议焦点多、证据采信存在疑问、法律适用困难等方面进行界定。行政案件则从行政机关的行政级别（县级人民政府）、被诉行政行为与其他法律关系交叉等方面来认定。执行案件主要包括被执行人为特殊主体、存在重大执行障碍、长期无法执结等类案件。同时，把可能引发较大舆情的案件、新类型案件、发回重审案件、再审案件等纳入疑难，复杂案件的范围。

三是类案冲突案件情形固定化。此类案件主要包括与上级法院的裁判指引、类案处理规则、量刑规范化、量刑指导意见及本院同类型案件的生效判决等可能产生冲突的案件；法律、法规、司法解释未作规定，或虽有规定但规定

不明确，或规定之间存在冲突的案件；以及处于新法、旧法衔接阶段的案件。

四是违法审判案件的含义明确化。此类案件主要是指当面或以书面、电子文件、电话等方式反映法官超审限、久拖不执、裁判不公，或其他违反审判纪律、廉洁自律规定的案件。

2017 年 1 至 5 月，筠连县人民法院无一名法官主动申报“四类案件”，也没有一件案件进入监管程序，但自 6 月实施监管办法以来，已发现、申报 135 件，经审定后有 126 件案件进入监管程序，占全院案件总数的 4%。其中，群体性案件 97 件，疑难、复杂案件 14 件，类案 10 件，反映法官违法审判的案件 5 件。

2. 明确四类主体和三个环节，实现监管程序从无序化到有序化转变

一是明确“四类案件”发现主体及发现重点。规定立案庭、承办法官、其他部门、院庭长四类发现主体，立案庭主要负责对群体性案件进行识别，承办法官重点识别疑难、复杂案件和类案冲突案件，其他部门（如纪检组、监察科、信访窗口）重点发现举报法官违法审判的案件。院庭长发现属于“四类案件”需要进行监管的，有权随时决定启动监管程序。

二是明确“三个环节”的审定程序。分别规定庭长、副院长、院长的审查权限，业务庭庭长审查后认为属于自己监管范围的，直接决定进入监管程序；认为不属于自己监管范围的，层报分管副院长、院长决定；分管副院长可以决定由自己监管、指令业务庭庭长监管或报请院长监管；院长可以直接决定由自己行使监管权，或指令分管副院长监管。

该院通过明确发现主体及审定程序，基本解决“四类案件”由谁来发现、谁来认定、谁来启动监管的问题。在 126 件监管案件中，立案庭发现 74 件，办案法官申报 29 件，信访、监察部门发现 5 件；院庭长决定 18 件。

3. 规范三种监管方式，实现监管方式从行政化到扁平化转变

一是规范静默化监管方式。对可能产生类案冲突的案件，院庭长可以向独任法官或者合议庭推送类案判决；对疑难复杂案件，院庭长可以向承办法官和合议庭推送典型案例、相关法律法规和司法解释；对群体性案件，院庭长可以全程查阅卷宗、旁听庭审，对审判流程运行情况进行查看、操作和监控；对法官有违法审判行为的案件，院庭长可以调整承办人。

二是规范报告进展情况和评议结果的时间和方式。院庭长通过签发督办单进行监管，承办法官原则上在 3 个工作日内以书面形式予以报告。对于当事人信访举报的案件和疑难复杂案件，法官需要报告案件进展情况和评议结

果。目前，筠连县人民法院已签发督办单17份，重点解决群体性案件、信访举报案件和长期未结案件的处理问题，在把握办案节奏、确保办案效果方面发挥了积极作用。

三是规范提交讨论的范围和时限。院庭长对审理过程或者评议结果有异议的，可以在3日内决定将案件提交专业法官会议或审委会讨论。目前，筠连县人民法院已有20件“四类案件”提交了专业法官会议讨论，承办法官和合议庭采纳讨论意见19件，有5件提交了审委会讨论，提交讨论的案件无一件被改判或发回重审，有效确保了“四类案件”的办案质量。

4. 强化信息技术支撑，实现监管责任从虚无化到有形化转变

一是自动化识别。按照“电脑+人工”的方式，首先由系统对不同案件、不同审级、不同门类进行区别筛查，自动提示是否属于“四类案件”，再由人工进行二次甄别，确保得到准确认定。

二是标签推送。对于已经认定的“四类案件”，系统进行标签化处理，并自动推送给相关院庭长、审管部门和承办法官。

三是节点控制。对于法官应该报告而没有报告、应该提交讨论而没有提交讨论的，系统会自动冻结文书签发和结案审批流程，法官无法签发文书和报结案件。

四是全程留痕。无论是静默化监管、报告进展情况和评议结果，还是提交讨论，系统都能自动记录操作过程和痕迹，随案永久保存。

（七）探索“类案类判”机制，确保法律适用统一（贵州省高级人民法院）

统一“类案”裁判尺度，保障法律适用的预见性和统一性，是推进司法责任制改革的重要内容。贵州省高级人民法院以强化专业法官会议、审判委员会功能为抓手，以智能化、信息化平台为依托，以发回重审、改判案件为切入点，探索构建“类案类判”工作机制，确保“类案”法律适用统一。

1. 强化“类案”研判和指导，建立“类案类判”梳理常态机制

一是强化专业法官会议“类案”研判功能。贵州各级法院均按照审判执行案件类型设立专业法官会议，重点研究讨论重大、复杂、疑难、敏感案件；具有普遍性法律适用问题案件；上级法院不予核准、发回改判、申诉上访案件中的类案问题等，提出咨询意见供独任法官或合议庭参考。专业法官

会议定期对所研讨的“类案”进行总结提炼，研究裁判思路、裁判标准、审理要点，形成裁判指引和类案参考等，强化对“类案”的甄别与研究。

二是发挥审委会“类案”指导作用。审委会一方面通过讨论决定重大、疑难、复杂案件，从个案实体上确保法律适用的统一。另一方面，强化中高级法院审委会审判指导职能。贵州省高级人民法院审委会转变工作方式，主动建立裁判尺度及审判思路不统一的甄别梳理机制，定期讨论研究形成全省法院类案裁判指引规范，发布类案参考案例，统一全省法院裁判尺度，促进类案类判。

2. 运用标准化管理和司法大数据，构建“同案不同判”防范预警机制

贵州省高级人民法院利用大数据对案件关键要素建立标准数据库，对裁判结果进行预判，同时建立预警机制，对偏离度高的案件进行预警或自动进入复查程序，使将审判监督贯穿于审判权运行全过程中。

一是利用大数据分析实现类案类判。以大数据挖掘分析为前提，建立类案裁判标准数据库，建立类案及关联案件强制检索机制，为法官提供多维度、多层面的分析场景，通过自动检索、类案推送、裁判文书语义分析、对比分析等大数据方法避免类案非类判现象。刑事审判方面，要求对故意杀人和伤害案件、抢劫、盗窃几类常见案件的证据加以规范，打破传统刑事诉讼法规定的证据类型的归类，根据破案的内在逻辑联系设计证据模块，通过要素化、结构化形成证据指引，在立案时对相关证据进行筛查，及时发现不符合刑事基本证据要求的案件，充分发挥“筛子”作用；民事审判方面，围绕商品房买卖合同纠纷案件中的“管辖—主体资格—诉讼请求—内容审查—争议焦点”构建智能分析模型（挖掘案、人、事的本体特征及彼此关联），自动分类形成证据链（包含所有类型案件的基本特征、关键情节，所有当事人的诉讼行为、财产情况等），采用自然语义识别技术（NLP）采集案件要素进行基础分析，在审查案件程序合法和实体合法后，归纳案件争议焦点，根据法官确认后的审判要素初步得出裁判结果；行政审判方面，以行政征收案件作为突破口，对是否影响行政行为合法性的审判要素进行梳理，提炼出影响行政征收案件合法性的13个实体要素、14个程序要素及程序合法时间轴，以统一裁判尺度。

二是建立类案判前甄别发现和判后比对结果异常预警机制。办案系统以标准值为对比指标，对于偏离标准值过大的案件予以警示，提醒独任法官、合议庭及时进行自查，院长、副院长、庭长或审判执行团队负责人也可以进

行审查。自系统运行以来，已对 93 558 件有电子裁判文书的历史案件进行了偏离度分析，其中偏离度大的案件有 3 078 件。

3. 聚焦发回重审和改判案件，建立三级审委会类案研判沟通机制

针对发回重审、改判案件建立研判沟通机制，各中级法院定期汇总本辖区基层法院形成的裁判指引、裁判标准、类案参考，上报省法院审判委员会。对上级法院发回重审、改判的案件，原审法院合议庭经对发回或改判的理由认真研究后，提交本院法官联席会讨论总结审判经验教训，形成综合报告向本院审委会进行汇报。

上级法院对同类案件多次发回重审、改判的，原审法院相关审判团队针对该类型案件及时进行调研后，提炼为裁判指导性文稿提交审判委员会审议。原审法院审判委员会对上级法院发回重审、改判的案件有不同意见的，以书面形式向上级法院审判委员会提出。对原审法院审判委员会针对发回重审、改判案件提出的反馈意见，上级法院审判委员会进行讨论研判后，以会议决议形式向原审法院反馈。

（八）以持续推进法院标准化为抓手不断深化，司法体制综合配套改革全面落实司法责任制（天津市高级人民法院）

近年来，天津市高级人民法院始终以习近平新时代中国特色社会主义思想为指导，坚持用改革的思维解决改革中遇到的问题，按照“司法标准化先行、政务标准化跟进、信息化技术保障”的工作思路，连续五年推动法院标准化建设，为法官办案和行政人员服务保障列出了权责“清单”和流程“节点”，为群众衡量司法公正提供了“标尺”，有力推动了司法责任制的落地见效。虽然与改革前相比，全市法院办案法官减少近半、案件增加三成，但案件收结和审判质效始终保持良性运转。2018 年 1 至 10 月，全市法院法官人均结案 169.33 件，案件平均审限 43.86 天，结案率同比上升 2.32 个百分点，一年半以上长期未结案件同比下降 28.77%。

1. 坚持问题导向，确定标准化解决思路

2014 年，天津市高级人民法院党组认真学习党的十八届三中全会精神和司法改革顶层设计方案，针对司法改革中可能出现的案多人少矛盾更加突出、院庭长监督管理虚化、类案法律适用不统一情况多发、人员分类管理导致行政保障工作质效下降等问题，提前研判，反复调研论证，提出要深刻理

解习近平关于标准化工作的重要论述精神，以推进法院标准化建设为抓手，调动全市三级法院力量，统筹解决上述问题，确保改革顺利推进。2015 年 6 月，天津市高级人民法院制定《天津法院司法标准化规划纲要》，提出司法标准化的架构设计，三年内初步建成司法流程、司法裁量、司法质量、司法权责、司法公开和诉讼服务等六大标准体系。2017 年 3 月，天津市高级人民法院制定《天津法院政务标准化规划纲要》，确定用两年时间构建涵盖法院各项行政事务工作的政务标准化体系。每年根据计划，按照统一体例和规范流程，编写、发布标准，加强标准培训和考评监督，有序推进标准实施。

2. 坚持司法标准先行，规范审判执行工作

编制实施立案、送达、审判流程、审限管理、执行结案等司法流程标准，将诉前保全、立案、分案、排期、审限、裁判、执行、结案、上诉、司法救助等各个办案阶段细化为 402 个程序环节，形成 1 020 项程序标准，明确办案流程节点和时限，加强办案期限预警、程序监控和风险评估，实现对办案流程的依法管控。编制实施物业纠纷、机动车交通事故责任纠纷、消费者权益纠纷、融资租赁合同纠纷等司法裁量标准，统一类案法律适用尺度。编制实施审判组织、审判职权行使和审判责任认定等司法权责标准，合理配置审判委员会、院庭长、合议庭、独任法官的审判权限和法官助理、书记员的工作权限，明晰院庭长监督管理权力清单。编制实施庭审、裁判文书等司法质量标准，并对照案件质量责任追究标准，确定法官扣减绩效奖金、延缓职级晋升、退出员额、调离岗位等相应责任，确保有权必有责、有责要担当、失责必追究。截至 2019 年，天津市高级人民法院已出台四批 29 个司法标准，初步实现立案、审判、执行全流程覆盖，并连续三年对全市法院审判执行工作逐项进行“达标”检查，评选出达标示范法院。中央深改办在《改革情况交流》上专题刊载天津市高级人民法院的做法。2017 年，中央政法委将《天津法院为司法公正明确“标准尺”“对照表”》列入《改革案例选编》向全国推介。

3. 坚持政务标准跟进，提升服务保障水平

在司法标准化取得显著成效后，天津市高级人民法院再接再厉，按照“权威、实用、简便、统一”的原则，编写和实施政务工作标准，并在政务标准化进程中实现“四个结合”。一是与全面落实司法责任制相结合。将传统“师傅带徒弟、口传身授”的工作方法转变为依据标准开展工作，解决改革带来的人员流动（审判部门与行政部门之间）、工作断档问题，保障审判

团队稳定，高效服务审判工作。二是与推进司法标准化相结合。通过编制实施政务标准，解决司法标准化文件落实中涉及的组织人事、信息化建设、装备配置、警务、宣传等相关工作配套问题，形成审判与政务工作的内外啮合传动体系，促进各项工作无缝对接。三是与推进内设机构改革相结合。实行政务标准化，将标准相近、时间互补的工作安排给一人，解决基层法院行政科室合并后，行政部门从一人一岗转为一人多岗或者多人多岗时出现的工作混乱、纰漏频出问题，促进内设机构改革后人力资源与工作任务相互匹配。四是与优化行政部门人员素质相结合。将以往在实践中体悟出的工作技巧和积累的工作经验，变为稳定、显性的标准要求，为行政人员提供工具手册，更好地传承和推广工作经验，提升业务能力。截至 2019 年底，共发布实施三批 33 个标准，不但有效缓解了司法改革后行政部门事多人少的矛盾，而且促使法院政务工作更加规范高效。天津市高级人民法院政务标准化工作被《新华社内参》刊载，并受到中央政法委郭声琨书记、最高人民法院周强院长等领导的批示肯定。

4. 坚持信息技术保障，实现标准化和信息化良性互动

将标准化和信息化作为加强法院管理、促进法院工作现代化的“双翼”，构建标准化和信息化深度融合的司法运行新模式。一是发挥大数据在标准编制中的调研优势。通过集数据平台、智能查询、预测推荐等功能于一体的司法数据深度应用平台，及时总结实践中法律适用不统一的问题，为标准编制的立项提供依据。二是通过健全完善信息化系统保证标准的自动实施。按照标准确定的流程、节点、权限、达标要求等开发和完善网上办公办案系统，实现有关审判执行和政务工作全程监管、全程留痕、全程可查，确保关键问题无疏漏。比如，审判流程标准规定，各类案件首次开庭在审限的 1/3 期限内进行。院庭长可以在网上办案系统中直接查看案件是否在规定期限内开庭。庭审质量标准规定，法官按照规定穿着法袍。高院审判管理部门可以直接在网上办案系统中调阅下级法院庭审视频，监督着装是否规范、用语是否达标。将《收文发文工作标准》规定的流程节点和要求全部嵌入网上办公系统，使收发文过程中缺少任一环节都无法完成工作，确保标准的精准实施。三是以信息化手段提升标准化管理水平。研发应用标准化管理平台，实现对标准应用情况的智能监控。例如，法官、审判管理部门、院庭长均可以通过该平台自动检测案件达标情况，通过信息化、人工智能手段，变人盯人、审批式的监督管理向全程、实时、智能的数据监督、精准管理转变。

（九）在创新中发展在发展中创新，奋力推进多元化纠纷解决机制改革（重庆市高级人民法院）

重庆市高级人民法院立足大城市、大农村、大山区、大库区的特点和需求，深入发掘多元化纠纷解决机制改革的提升社会治理水平、分流化解矛盾纠纷、缓解“案多人少”矛盾三大功能，充分发挥司法的引领、推动和保障作用和人民法院在建设多元化纠纷解决机制中的带头作用，紧紧围绕“全方位构建、全系统参与、全流程开展”工作思路，构建分层递进、衔接配套的纠纷解决体系，打造“智能 e+ 平台”，有效优化司法资源配置、提高社会治理水平，切实履行好全面依法治国实践者、推动者的职责使命。

1. 积极争取支持，全方位构建纠纷多元化解机制

中国共产党中央委员会办公厅、国务院办公厅印发《关于完善矛盾纠纷多元化解机制的意见》后，重庆市委、市政府和各区县党委政府对多元化纠纷解决机制改革更加重视、推动更加有力、保障更加到位，为全方位构建纠纷多元化解机制提供了坚实基础。在政法委、综治办和司法行政机关的支持下，全市法院全面设立“驻院调解工作室”，在诉讼服务中心为律师参与矛盾化解、公证人员参与调解纠纷、青年志愿者参与诉讼引导设置平台、提供阵地。截至目前，全市法院调解室已有特邀调解员 1 278 人，成为协助法院化解纠纷的重要力量。各法院充分发挥司法的引领、推动和保障作用，主动参与当地纠纷多元化解机制建设：荣昌法院因地制宜，构建以“独立建制、多向互动、七步法则”为特色的矛盾纠纷综合调处机制，被最高人民法院收录为人民法院改革案例选编。万州法院通过联席会议制度等方式，与劳动保障、医疗卫生、国土房管、工商管理、民政机关、证券期货、保险协会等部门的行业性纠纷解决组织之间进行对接，形成“1+N”诉调对接模式，相互借力，解决领域内矛盾纠纷，将大量矛盾纠纷化解在诉前。两个法院均被最高人民法院确定为全国“多元化纠纷解决机制改革示范法院”。此外，渝北法院通过设立便民联系点、巡回审判站等方式，与当地的矛盾纠纷综合调处中心开展深度对接，深受当地群众的欢迎。江津法院设立流动车载法庭，集立案、审判、远程视频接访于一体，打通“最后一公里”，切实方便人民群众参与诉讼。奉节法院第三人民法庭“溜索法官”，克服交通不便障碍，乘溜索深入边远地区开展巡回审判和法制宣讲，被评为 2015 年“感动重庆十大人物”，其先进事迹被中央电视台报道。

2. 强化责任担当，全系统参与纠纷多元化解

把纠纷多元化解作为人民法院发挥审判职能、服务发展大局的应有之义，全面参与纠纷多元化解工作。一是突出三级联动。高、中、基三级法院全面参与纠纷多元化解，形成高院牵头抓总、协调各方，中院承上启下、指导监督，基层法院因地制宜、具体落实的工作格局。将多元化纠纷解决机制建设纳入区县综治考评，为各法院争取有力支持；建立多元化纠纷解决机制专项评估体系，开展多元化纠纷解决机制改革达标创建，确保各法院将多元化纠纷解决机制改革措施落到实处，取得实效。二是强化条线联动。要求刑事、民事、行政各审判条线都要打破就案办案的僵化思维，把防范和化解矛盾纠纷，实现法律效果与社会效果的有机统一作为公正司法的应有之义。要求全市各人民法庭紧紧依托“庭站点员”四位一体、覆盖全市乡镇村社的便民诉讼网络，深入开展巡回审判、就地办案，积极参与乡村治理，通过法官多跑腿来实现群众少跑路。2018 年以来，全市人民法庭办理案件总量达 85 917 件，占传统民事一审收案总量 48%。其中 70% 以调解撤诉方式结案。三是注重宣传联动。主动加强与新闻媒体的联动，打造纠纷多元化解宣传平台。积极通过“两微一端”开展法治宣传，构建多种载体齐头并进的法治宣传阵地，市四中法院通过微信公众号《无讼之道》生动形式地宣传多元化解工作，市一中法院拍摄的法治微电影《无讼为贵》《无处遁形》获全国优秀微电影奖。创新新闻宣传形式，重庆市高级法院与重庆市司法局、重庆电视台合作设立全国首个电视调解节目《法官理家事》，成为重庆电视台收视率最高的自办节目之一。忠县法院女子法庭通过创作《和谐歌》《劝和谣》化解矛盾、宣传法律，深受群众欢迎。

3. 抓住关键环节，全流程开展纠纷多元化解

立足司法职能，切实将多元化解贯穿于矛盾纠纷解决的全过程。一是抓住诉前分流环节。加大在立案环节的释明引导，积极引导来院当事人选择非诉方式解决纠纷。2018 年以来，全市法院立案前委派调解案件已达 27 897 件。万州法院诉前分流化解纠纷接近民事收案总量的 30%。二是抓住诉中化解环节。对进入诉讼的案件不是简单的一判了之，而是积极引导当事人选择和解方式解决。2018 年以来，全市法院诉中委托调解案件已达 26 993 件。全市基层法院民事调撤案件 228 429 件，调撤率为 52%。诉前分流化解、诉中调解撤诉案件数量超过民事一审案件的 60%。三是抓住诉外指导环节。切实履行指导人民调解职能，通过业务培训、组织观摩庭审等方式，帮助人民

调解员提升调解能力。对人民调解组织调解达成协议的纠纷，通过司法确认赋予其法律效力。2018 年以来，全市法院共办理司法确认案件 17 115 件，确认有效 16 695 件，提升了人民调解的权威性。

4. 强化科技保障，打造智能 e+ 纠纷多元化解平台

以互联网、移动技术为支撑，倾力打造以“易审、易诉、易解、易达”四大平台和法智云中心的核心架构的“4+1 重庆智慧法院新生态”。实现网上引导、网上调解、网上立案、网上确认等一站式服务，打造“网上枫桥经验”。网上多元化解系统——“易解”平台，与最高人民法院“人民法院调解平台”及道路交通事故纠纷“网上数据一体化处理”平台成功对接。该平台整合司法调解、人民调解、行政调解、行业调解等所有调解资源，为群众解决矛盾纠纷提供“全流程”在线服务。“易解”平台自 2018 年 8 月份运行以来，已注册调解员 3 111 名，办理人民法院委派、委托调解案件 14 699 件，在“人民法院调解平台”的数据显示居于全国前列。道路交通事故纠纷“网上数据一体化处理”平台申请调解 2 478 件，调解金额 10 763 万元，其中调解完成 2 109 件，调解成功 2 099 件，调解成功率 99.5%，在线分流化解矛盾纠纷的功能初步显现。合川法院试点应用易解平台成效显著，受邀在最高人民法院“枫桥经验”座谈会发言。

推进多元化纠纷解决机制改革，是人民法院践行以人民为中心的司法理念，参与构建共建共治共享社会治理格局的历史使命和政治责任。重庆法院虽然做出了一些成绩，但与先进法院相比还存在一定差距。在今后的工作中，重庆市高级人民法院将深学笃用习近平关于坚持创新发展“枫桥经验”的新理念、新思想、新战略，进一步强化全市法院推进多元化纠纷解决机制改革的创新意识，激发其工作积极性，让“枫桥经验”在重庆法院系统中绽放新的时代光芒。

（十）“三治结合”搭桥梁，“寻乌经验”闯新路（江西省寻乌县人民法院）

江西省寻乌县人民法院大力弘扬人民司法传统和“深入、唯实”的作风，主动顺应乡村治理新形势，围绕促进乡村平安和谐文明的目标，将基层司法与乡村治理深度融合、将人民司法的优良传统与便民利民深度融合、将审判职能与服务农村改革发展深度融合，创新探索基层治理模式，推进乡村治理自治、法治、德治“三治”融合，逐渐形成了“联村共治、法润乡风”

的“寻乌经验”。最高人民法院周强院长批示：“寻乌基层司法工作实践充分表明，基层司法是乡村治理和振兴的重要基础，大有可为。”

1. 坚持以自治为基，紧密依靠群众

第一，与基层群众加强情感联结。寻乌法院在全县60个较大的村庄设立农村“五老”人员（老党员、老干部、老劳模、老退伍军人、老教师）联系站，制定《关于邀请农村五老人员参与矛盾纠纷化解的指导意见》，邀请“五老”人员处理矛盾纠纷，打消群众对打官司的顾虑。第二，与人民群众加强工作联系。寻乌法院从2017年开始实施1256巡回审判模式，即一个员额法官联系1个乡镇、2个中心法庭、5个巡回审判法庭、60个巡回审判联系点，实现群众参与乡村司法的网络全覆盖，让群众依法有序参与和监督司法，扩大司法民主，增强司法亲和力。第三，与基层组织增强工作联动。在各村委会组建村民理事会、红白理事会、“禁毒禁赌会”等多个村民自治组织的基础上，制定《员额法官与村民自治组织定期联系制度》，通过担任理事会顾问、列席自治组织会议等方式，建立与村民自治组织定期联系机制，共同化解纠纷。与全县15个乡镇和交警大队等10家单位携手，设立诉前调解办公室，搭建行政调解、人民调解、行业调解三大对接平台。近三年来，诉前联合化解各类矛盾纠纷212起，委托人民调解组织、乡镇综治员调解案件69件。

2. 坚持以法治为本，倡导规则意识

第一，法治宣传，化纠纷于未然。寻乌县果业是该县的支柱产业。后因为柑橘黄龙病蔓延，涉果矛盾纠纷不断。寻乌法院主动下到果园、果企和农户家中，走访相关部门，通过解剖麻雀式的调查研究，起草了《致果农果商朋友的一封信》、果品销售样式合同，编写了涉果矛盾纠纷典型案例，并印制成册30 000份，常年开展“法制宣传进果园、纠纷调处进果园、法官服务进果园”的“三进”活动。2015年以来，无涉果纠纷进入诉讼程序。第二，延伸服务，适度诉前介入重大矛盾纠纷化解。寻乌县人民法院出台《服务和保障全县中心工作妥善化解重大矛盾纠纷的意见》，对涉及脱贫攻坚、“三农”问题、“两违”整治（违法用地和违章建设）等工作引发的矛盾纠纷，建立依法提前介入机制，提前了解情况、提前现场处置、提前进行调解、提前释法析理，防止矛盾激化成诉，有力维护地方发展和稳定大局。第三，巡回审判，方便群众诉讼。推行以“诉讼服务在一线、调查研究赴一线、巡回审判到一线、判后回访去一线”为内容的“一线工作法”，让案件当事人不出乡、不出村，甚至不出家门就可以得到及时有效的审判服务。第四，司法为民，真情服务群众。寻乌县当地素有喝茶的习惯，接待当事人时，养成“请吃茶”的工作习惯，为当事人泡上一杯茶，问一问情况，摸摸底，不少纠纷就在这样的氛围中化解了。沟通交流时，培养“讲土话”的能力，使法院干警成为群众心目中的“自家人”。运用智慧法院最新成果，利用“收转发 e 中心”，有效实现所有案件网上办理和诉讼材料收、转、发事务集约化、智能化管理，真正实现由单向服务的“窗口部门”向“对外服务群众、对内服务审判”的双向平台转变。

3. 坚持以德治为先，培育文明乡风

第一，寓乡风于审判。寻乌系赣南客家人聚居区，寻乌县人民法院充分运用客家文化的民间习俗、家风家训，大力弘扬吃苦耐劳、艰苦奋斗、努力拼搏的“客家精神”，把以客家人“中原古风”为核心的朴素正义观引入司法裁判中，在办理案件时将公序良俗、传统道德、乡规民约、人情事理等吸纳进来。寻乌县人民法院搜集整理了近 100 条常用客家俗语，并研究制定了《关于在审判工作中运用客家善良风俗习惯有效化解社会矛盾纠纷的指导意见》，张贴在法庭。同时，充分利用祠堂文化中“和”的元素，和宗族之间形成的血亲凝聚力，将发生在同宗同族之间的民事纠纷引入祠堂调解，巧借祠堂文化解决纷争。第二，引乡风向文明。开展涉老年人案件专项治理，寻乌县人民法院会同有关部门制定《关于依法治理不孝行为、“老人住老房”问题专项工作的通知》，重拳整治不孝敬老人、老人有病不照料、不赡养老人及“儿女住新房好房、老人住破房或条件明显较差房屋”等现象。针对赣南地区婚嫁彩礼一直比较高，时有彩礼致贫、发生纠纷的情形，寻乌县人民法院起草了《提倡婚事新办、树立文明新风的通告》，对彩礼的范围、金额和返还额度发出倡议，并制定婚约彩礼协议样本，通过广泛宣传，鼓励青年男女通过共同劳动致富，改变大操大办、通过彩礼不劳而获或者因高额彩礼致贫返贫等不良现象。第三，固乡风为法治。寻乌县人民法院充分发挥专业优势，帮助各村委会开展村规民约“法律体检”，并对村规民约的修改完善提供法律指导，辅之以司法个案诉讼维权，促进村民自治依法规范运行。比如，限制外嫁女落户、参与分配征拆补偿，成年儿子承担赡养费而外嫁女儿不用承担等有关做法也相继得到纠正。

（十一）纵深推进繁简分流，规范购买社会化服务，缓解司法供需矛盾（深圳市中级人民法院）

近年来，深圳市中级人民法院围绕着让人民群众在每一个司法案件中感受到公平正义的目标，针对日益凸显的司法供需矛盾问题，统筹推进案件繁简分流机制改革、法院购买社会化服务机制改革，并在2018年5月出台的《深圳法院深化司法体制综合配套改革全面落实司法责任制工作规划（2018—2019）》中做出重点安排，通过内部挖潜提速提质，借助社会力量减负增效，走出了一条缓解司法供需矛盾、提升司法效能的新路。2018年1至11月，全市法院在受理案件同比增长8.4%的情况下，办结案件341 449件，同比增长13.9%。

1. 配套升级，纵深推进案件繁简分流

自2016年6月以来，深圳法院率先在全国构建全口径覆盖、系统性分流、标准化速裁的全新工作体系，成效显著。2018年，两级法院被确定为全国法院案件繁简分流机制改革示范法院后，坚持以系统化、标准化为重点深化改革。

一是优化人案配置，健全分流体系。继续加强专业化办案力量，两级法院速裁快执团队现已增加至105个，配备法官166人，占全市法官的18.8%。优先为速裁快执团队配齐配强法官助理和书记员，目前速裁法官与审判辅助人员配比达到1 ∶ 2.8。自2016年以来，全市法院通过速裁快执程序办结同期57.9%的案件，司法办案质效显著提升。在简案快办的同时，做好普案细办、繁案精审。市中院对买卖合同纠纷等六类常见民商事案件、交通肇事罪等13类常见刑事案件实行跨部门均衡分案，确保繁简分流后人案平衡。制定院庭长办案细则，发挥院庭长办理疑难复杂案件的带头示范作用。光明新区滑坡事故案、华为与三星标准必要专利侵权纠纷案等社会广泛关注的疑难复杂案件均由院庭长办理。

二是完善程序衔接，缩短办案周期。建立简案的诉前准备工作机制，实现诉前调解与诉讼程序有效衔接。依托纠纷多元化解“融”平台，发挥调解员在地址确认、案件繁简识别、固定无争议事实、争议焦点等方面的积极作用。诉前调解中已固定的事项可不需质证、认证，即可在庭审中直接确认，进一步简化诉讼程序。两级法院先后开展“千场庭审直播”“万场庭审直播”，促进当庭宣判，一审简案当庭宣判率近70%，其中宝安区人民法院达到85%。目前，深圳市中级人民法院速裁案件平均结案周期仅为42天。

三是统一裁判标准，提升办案质量。制定 12 类简单民商事案件裁判标准，统一速裁案件裁判尺度。制定复杂疑难案件裁判文书说理标准，确保疑难复杂、新类型、群体性、社会舆论关注等案件严格规范审理。充分发挥专业法官会议的质效监管平台作用，深圳中院自 2019 年以来召开专业法官会议 221 次，讨论案件 3 103 件。提高复杂疑难案件考核权重系数，建立精品案例激励机制，将办精品案与法官绩效考核奖励有机结合。自 2019 年以来，一审判决改判发回重审率同比下降 0.1 个百分点。

四是依托信息技术，加速案件流转。完善速裁案件管理系统，实现全口径、全流程、一网式自动实时监控，确保简案快办规范运行。全面推行电子卷宗随案生成，上诉案件卷宗全部实现网上流转，速裁案件可自动抓取信息生成裁判文书。目前，盐田区人民法院已全面实行无纸化办案。开发 E 键送达平台，法律文书和送达地址与邮政 EMS 系统自动对接，司法专邮工作人员直接打印送达，送达信息自动反馈。推行语音文字转化系统，福田区人民法院、龙岗区人民法院速裁案件已全面实现录音录像替代速录员记录。

2. 系统规范，推动法院购买社会化服务长效运作

深圳市中级人民法院充分发挥市场机制作用，借助社会力量参与司法供给。2018 年底以前，已购买调解协助、辅助登记立案、诉讼引导、档案管理辅助等 18 项社会化服务，文书送达、执行辅助等 15 项服务的社会化购买也即将完成，实现了法院购买社会化服务规范化、长效化运作，减负增效逐步显现。

一是注重制度引领，推动购买服务运作规范化。在总结前期的探索经验、全面深入调研的基础上，深圳市中级人民法院会同市财政委，制定了《深圳市法院购买社会化服务暂行办法》，在全国法院首次以规范性文件的形式，明确法院购买社会化服务的内涵，对购买主体、承接主体、购买内容及指导性目录、预算管理和购买标准、购买方式和程序、监督管理和绩效评价等进行全方位、体系化规制，为购买服务提供制度遵循和规范指引。

二是创设目录清单，完善购买服务内容体系。完善购买服务范围和内容，解决“买什么”的核心问题。购买服务领域实现全覆盖，在购买具体内容上，明确涉及诉讼服务、审判执行、法院管理、后勤保障、司法公开、信息化建设和文化建设领域的七大类 41 项服务可以向社会购买。对法院购买服务的具体范围，实行指导性目录管理，将购买事项划分为三级目录，明确事项清单和必要的细分要求，实现法院购买事项清晰化、体系化。

三是抓住专业特点，精细区分购买服务标准。将辅助事务区分为核心辅

助事务和非核心辅助事务。对大部分专业性强的核心辅助事务，由在编和劳动合同制辅助人员承担。对一部分重复性和操作性强、适于集约实施的非核心辅助事务，则适度剥离，交由社会力量实施。自2019年以来，通过购买调解协助服务，已成功诉前调解纠纷15 829件，利用社会力量对20余万案件的纸质材料集中扫描、生成电子卷宗，办案效率不断提升。

四是加强集约管理，实现购买服务效益最大化。将法院购买服务与辅助性事务集约化、信息化运作相结合，设立辅助事务集约办理中心，集中统筹办理，提高社会化服务效率。加强对购买服务的预算管理、监督管理，对购买服务数量、质量和资金使用效益进行全方位考核评价，建立激励约束机制，发挥绩效评价结果的导向作用，促进法院购买服务效益最大化。

（十二）以信息化助力司法改革（苏州市中级人民法院）

近年来，苏州市中级人民法院认真贯彻落实最高人民法院、江苏高院的决策部署，坚持以司法改革需求引领信息化发展，以信息化为司法改革提供科技支撑，加快信息化建设步伐，较好发挥了信息化助力司法改革的积极作用。按照“电子卷宗+全景语音+智能服务”的总体思路，形成以“电子卷宗随案同步生成”“材料流转云柜互联”“庭审语音智能转写”“电子质证随讲随翻”“文书制作左看右写”“案例文献自动推送”“简易判决一键生成”“同案同判数据监测”八大平台为主要内容，覆盖立案、审理、裁判整个诉讼流程的智慧审判苏州模式。2017年1月23日，最高人民法院周强院长指出，应大力推广智慧审判苏州模式。2017年4月，时任中共中央政治局委员、中央政法委孟建柱书记经现场考察，对该模式给予充分肯定。2017年，智慧审判苏州模式获评全省政法工作优秀创新成果一等奖。

自2018年以来，苏州市中级人民法院结合全面落实司法责任制，以推进无纸化办案为目标，进一步优化系统功能，创新再造审判流程，构建了以电子卷宗随案同步生成及深度应用为基础，以纸质卷宗智能中间库为关键，以辅助事务集约化管理和人员分类管理为保障的智慧审判苏州模式“千灯方案”，初步实现立案流程标准化、法官庭审电子化、资源利用集约化、内部管控精细化、全程留痕可视化。2018年7月17日，周强院长对此做出批示：要在全国大力推广。其主要做法包括以下几个方面。

1. 贯穿一条主线，协同改革发力

作为江苏省首批司法体制改革试点单位，苏州市中级人民法院认真学习

贯彻周强院长关于“深化司法改革和推进信息化建设，是人民法院工作发展的车之两轮、鸟之双翼”的指示精神，充分认识到信息化对深化司法改革，实现审判体系和审判能力现代化的重大意义，把构建人力与科技深度融合的司法运行新模式作为一条工作主线，坚持技术革新与机制变革相结合，统筹推进信息化建设与司法改革，确保两者协同发力。为此，我们在信息化规划、设计、建设及应用的各环节，高度重视与司法改革重点任务的衔接配合，重点围绕提升审判质效、强化监督管理、推进繁简分流等方面，构建完善相应系统，形成了智慧审判苏州模式“千灯方案”的基本内容。

2. 聚焦两大难题，激发改革动能

在员额制改革、法官数量减少的情况下如何完成办案任务、司法责任制改革放权的同时怎样做到有效监管是司法改革过程中面临的两大难题，也是推进信息化建设始终聚焦的重点。

一方面，以信息化提升审判效率，助力释放改革红利。解决案多人少的矛盾是建设智慧审判苏州模式最现实的需要和直接动因。苏州市中级人民法院把服务法官办案作为信息化的首要任务，坚持向科技要生产力，促进提高审判效率。一是借助图文识别技术为法官减负。将纸质诉讼材料同步扫描转化为可读取的电子卷宗，在全国率先推出文书制作“左看右写”模式。首创电子卷宗智能标注编目系统，方便法官对相应内容快速定位检索、可视化编辑应用。通过系统智能抓取，实现立案、结案信息自动回填和程序性格式文书自动生成。二是借助语音识别技术为审判提速。庭审记录实现语音向文字的同步智能转换，搭建“全景语音合议庭”“全景语音审委会”平台，首创“随讲随翻”电子质证系统和“随讲随查”法条检索系统，做到电子卷宗可视化质证、法条实时查询。三是借助大数据技术为办案增效。与法院系统内网案例推送平台合作实现案例文献推送，依托中国司法大数据研究院建立类案智能推送系统，利用苏州政法平台研发刑事法官“AI 助理”，为法官办案提供辅助和参考。据统计，通过智慧审判系统的应用，法官平均审判效率提高 30% 左右。昆山市人民法院千灯法庭自推行无纸化办案以来，法官人均月结案 44.5 件，同比上升 45.3%。

另一方面，以信息化增强监管实效，确保改革顺利推进。适应司法责任制改革要求，利用科技手段创新监督管理方式是智慧审判苏州模式建设的重要内容。为此，苏州市中级人民法院借助数据分析技术，探索建立“同案同判”查询平台，对可能偏离裁判模型的案件予以提醒，促进裁判尺度的统一。利用物联技术提升管理效能，建设全国法院首个“纸质文档智能管理云平台——云柜系统”，建成全国第一个智能中间库、柜，形成全市法院线下全智能运行的指挥系统，单位内部、两级法院之间纸质材料流转实现人机链接。全面推行网上办案，搭建无纸化办案集成平台，实现对办案流程的实时、动态监控，切实将审判权、执行权关进了“数据铁笼”。

3. 坚持“三个结合”，提升改革实效

一是将技术革新与审判辅助事务集约化管理相结合。为确保电子卷宗随案生成的时效性、全面性，建立“诉讼材料收发中心”，通过购买社会服务，将纸质材料分类、扫描，法律文书邮寄等事务通过外包的方式完成，减轻办案人员的工作负担。加强资源整合优化，率先在全国建设“苏州法院数据加工工场”，将基层法院扫描数据汇聚至中院进行人机耦合智能编目，确保数据处理质量。据不完全统计，通过智慧审判苏州模式的有效运行，法官事务性工作可剥离40%左右，书记员事务性工作可减少约50%。

二是将技术革新与人员分类管理相结合。根据无纸化办案的要求，在千灯法庭试点由多名法官和法官助理共享同一个审判辅助事务服务团队的新模式。这一模式改变了书记员跟固定法官办案的传统做法，通过将书记员集中编入“辅助事务集约服务中心”，实现了审判辅助力量统筹利用、法官与服务中心相互协作和监督，院庭长流程监管更为直观，审判辅助事务标准化程度也大大提高。

三是将技术革新与回应群众司法需求有机结合。坚持以人民为中心的发展思想，注重从人民群众多元化司法需求出发，不断完善系统功能设置和应用。推进诉讼服务中心转型升级，建立审判流程信息面向全社会的“零门槛”公开平台，初步实现了电子卷向当事人同步公开，努力构建更加开放、动态、透明、便民的阳光司法机制，在满足当事人知情权、自觉接受监督的同时，倒逼法官提高司法能力和办案效率，不断增强人民群众的司法获得感。

智慧审判苏州模式在助力司法改革方面取得了一定成效，但是与上级法院的要求和一些兄弟法院的经验相比，仍存在不小的差距。下一步，苏州法院将以此次会议的召开为契机，认真贯彻落实会议精神，深化思想认识，加大工作力度，进一步统筹推进司法体制综合配套改革和信息化建设，充分发挥科技理性与司法理性融合效应，为深化司法改革，不断提升司法公信力作出新的贡献！

（十三）法院公安联动协作，合力攻坚执行难题（福建省漳浦县人民法院）

近年来，漳浦县人民法院主动加强与公安机关的联动协作，创新“大综治、建机制、查人物、调矛盾”等执行新举措，有效破解执行难题。自2016年3月以来，漳浦县公安局共协助促使274名被执行人履行义务1 027万元、执结案件269件（其中自2018年以来促使67名被执行人履行义务358万元、执结63件），取得明显成效。

1. 依靠党委领导，全面构建执行攻坚失信惩戒大格局

党委高度重视。县委常委会议专题听取法院执行攻坚汇报，县委政法委将履行义务情况列入单位平安创建、综治考评的重要内容，对单位或个人存在失信情形的，一律在综治考评中予以扣分，并降低平安单位创建等级，形成“县委领导、人大监督、政府支持、法院主办、部门配合、社会各界参与”的综合治理执行难大格局。

强化联合惩戒。县人大、政协、纪委、组织部、统战部、乡镇党委在人大代表、政协委员、村居主干提名和干部提任、入党政审、诚信红黑名单推荐报送时，均要求由法院出具是否存在不履行法院生效裁判失信情况的审查意见。自2016年3月以来，共审查4 258人次（其中自2018年以来审查1 025人次），因属失信被执行人而被否决的有11人。

广泛宣传发动。法院及时主动向县委、人大汇报，政府、政协通报决战决胜执行难战役情况，加强诚信法治宣传，自主创作以真实执行案例改编的微电影《执心》获全国法院第五届微电影微视频执行类十佳微电影，有力促进了社会诚信体系的构建。自2016年3月以来，促使52名被执行人主动履行义务212.4万元（其中自2018年以来促使12人履行义务48.7万元）。

2. 完善机制建设，强力推动公安机关协助执行常态化

常态化沟通联络。深化与漳浦县公安局的执行联动，与公安局联合制定《公安协助法院破解执行难实施方案》等专项文件，明确攻坚责任领导、决战部门和专门人员，按片区开展专项执行会战。

专业化执行力量。对内实行“1+1+2+2”团队化工作机制，由1名员额法官、1名法官助理、2名书记员和2名司法警察组成办案团队，统筹安排、职责到人、协同完工，同时构建“1+1+3+1”执行权运行模式，优化1个执行指挥中心，成立1个执行事务团队，组建3个执行实施团队，完善1个保

全中心，四类系统协调运转有力提升执行效率。对外，于2018年5月18日，正式揭牌设立县公安局“驻法院执行警务室”，由公安局选派2名业务骨干常驻警务室，法院专班负责对接，共同制定执行警务协作应急预案。

精细化打击举措。对涉嫌拒执犯罪的“老赖”、妨碍公务及非法处置查扣、冻结财产的被执行人一律由警务室干警提前介入，配合执行人员固定涉执犯罪的相关证据，无法查找到下落的，依法上网追逃，确保涉执犯罪查得准、捕得快；对执行实施中出现的阻碍执行、抗拒执行等行为，负责联络、调度接处警工作，及时处置化解涉执应急事件。自2016年3月以来，漳浦县公安局以涉嫌拒执犯罪立案侦查28件34人（其中自2018年以来立案侦查5件7人），被执行人自动履行率提高了17%。

3. 精准查控行踪，全力打通执行“查人找物”瓶颈

实现数据互联互通。从解决执行“人难找、物难寻”入手，与漳浦县公安局设立全市首个公安网络专用平台，实时掌握被执行人的身份信息、身份证使用情况，入住宾馆，购买车辆、机票、高铁票，进入高消费场所，出入边境等信息，实现司法大数据与公安大数据的资源共享，无缝衔接法院与公安执行力量，确保执行提速提效。

借力公安全网查控。通过专用平台，漳浦县公安局协助法院对被执行人的身份、行踪准确定位，进行临时控制协助并及时反馈；对在日常执法执勤和检查工作中，发现有法院商请协助查找及需要查控的被执行人或车辆，指令交警部门予以临时查控或进行控制。法院成立查控专班，一旦接获“老赖”行踪或车辆情况，便第一时间到达现场，全方位对被执行人予以精准控制，便于精准打击。自2016年以来，实时反馈“老赖”行踪信息746条，查扣车辆79辆（其中自2018年以来反馈行踪146条，查扣车辆14辆）。

畅通司法拘留协作。将协助法院执行司法拘留情况纳入漳浦县公安局各相关部门年终绩效考评，明确辖区派出所要发挥熟悉社情民意的优势，根据法院出具的《协助执行通知书》等文书，由公安部门安排专人布控、查找、控制被执行人，并畅通拘留所绿色体检通道，提高对被拘留人的收押效率。自2016年以来，漳浦县公安局协助司法拘留304人，约占同期拘留1 185人的26%（其中自2018年以来协助拘留154名，约占同期拘留237名的65%）。

4. 强化协同攻坚，合力化解社会矛盾，促进和谐执行

成立矛盾化解工作室。联合漳浦县公安局在拘留所成立“司法拘留矛盾

化解工作室”，主动介入存在涉稳隐患的执行案件，共同推动案件执结，合力化解社会矛盾。

协力开展心理攻势。依托该工作室，利用被执行人在移送羁押的24小时内心理防线差的“黄金时期”，充分发挥拘留所管教人员的作用，法院执行人员与其共同提审被拘留人，加强释法析理，打开其心理防线，通过掌握、核查被拘留人的财产状况，依法督促其履行义务。自工作室成立以来，在司法拘留环节促使167名被执行人主动履行义务658万元，执结案件151件。

对症下药，严控信访。借助公安派出所密切联系基层、充分了解基层的优势，及时通报涉执信访动态，共同教育疏导感化有信访苗头的当事人，使之安心生产生活；对情绪一时未能平复的当事人，实施稳控措施，成功预防两起准备赴省信访事件的发生；对个别无理缠访闹访、违法行为明显、反复教育规劝无效的当事人，移交公安局精确打击，给予行政拘留或追究刑事责任，产生较大的震慑效果。

第七章　新时代地方法治文化建设路径探索

中国特色社会主义已进入了新时代，全面推进依法治国、建设中国特色社会主义法治体系、建设中国特色社会主义法治文化、建设社会主义法治国家是中国特色社会主义进入新时代的主要目标。党的十九大报告明确了新时代法治文化建设相关内容，明确了新的法治文化建设高度、新的法治理论、新的宪法权威、新的法治文化建设方针、新的党法关系、新的治党气象、新科技法治等。在新时代中，明确法治文化建设目标，总结建设历程中存在的缺陷和不足，探寻建设发展道路，落实“新”的法治文化建设要求是本研究的着眼之处。

一、法治文化的缘起和内涵

（一）法治文化的缘起

中国古代法家最早提出了“以法治国”的理念。早在春秋战国时代，一些政治家和思想家就提出了“以法治国”的主张，将这种政治主张阐述为系统理论，并在一定程度上付诸实践。著名法学家刘海年先生把这一时期的法治主张和理论概括为四个方面的内容：第一，治理国家必须实行法治，反对人治，即“威不两错，政不二门，以法治国，则举措而已”(《管子·明法》)。“明王之治天下也，缘法而治。”（《商君书·君臣》）“国无常强，无常弱。奉法者强，则国强；奉法者弱，则国弱。”（《韩非子·有度》）第二，法治要适应历史发展，符合当时实际，反对因循守旧。商鞅说：“是以圣人苟可以强国，不法其故；苟可以利民，不循其礼。”“各当时而立法，因事而制礼。礼

法以时而定……治世不一道，便国不必法古。”（《商君书·更法》）韩非更为明确而深刻地指出：“治民无常，唯治为法。法与时转则治，法与世宜则有功……时移而治不易者乱。”（《韩非子·心度》）第三，法令是人们言行的标准，君上臣下均不得曲法任私。为此，法令必须“布之于百姓”（《韩非子·难三》），使“万民皆知所避就”“吏不敢以非法遇民，民不敢犯法以干法官也”（《商君书·定分》）。他们还从历史的经验中得出“法之不行，自上犯之”（《史记·商君列传》）的精辟结论，提出要“壹刑”，而“所谓壹刑者，刑无等级，自卿相、将军以至大夫、庶人，有不从王令、犯国禁、乱上制者，罪死不赦”（《商君书·赏刑》）。“法不阿贵，绳不挠曲，法之所加，智者弗能辞，勇者弗敢争。刑过不辟大臣，赏善不遗匹夫。”（《韩非子·有度》）第四，以法为本，法、势、术结合。管仲最早提出这种主张，韩非子继承了这一思想并把它系统化，明确指出治国要“以法为本”（《韩非子·饰邪》）。在此前提下也要“擅势”和“用术”。“势”即权力或权威，“术”即监督、考核、驾驭群臣的手段。与法家同时代的儒家主张法治与德治互补并用。汉代以后，德主刑辅成为封建社会的主流法治文化。其核心如下：强调以人为本，以民为本，社会和合；善于通过人文精神对社会成员心理和观念世界的整合与引领，来维系和规范、引导整个社会；注重礼法互补，主张德治与法治并存，强调明德慎刑；注重法律的教育功能，主张以法为教，强调法律的任务不仅是“禁暴惩奸”，还要“弘风阐化”，仁义礼乐者，皆出于法；注重治国者、执法者的道德品质及对国家的责任感和使命感，主张为官者、执法者要清正廉洁，光明正大，发挥以吏为师的榜样作用；注重法律的综合意义，主张对法律条文和典籍从天理、国法、人情的有机结合上予以解释和注释，法律的实施不能就事论事；注重变法促进，强调通过变法革新来解决社会深层次矛盾，保持社会稳定，推动社会发展。

当然，中国封建社会时期诸法合一、以刑为主，因此那时的思想家和政治家所说的“法”总体上是刑法，并且“有生法，有守法，有法于法。夫生法者，君也；守法者，臣也；法于法者，民也”（《管子·任法》）。皇帝和国家统治者奉行以君权神授、专制独裁、权大于法为核心的理念，强调国家至上、君本位、官本位、义务本位，漠视个人权利及其保护；依靠刑讯逼供，屈打成招，甚至迷信神明裁判。这种法治文化使中国封建社会的法治在本质上属于主权者实施专制独裁的工具。

中国古代法治思想是基于对统治阶级利益的维护而提出的，并非立足于维护百姓权益的角度，因此既有精华，也有糟粕，具有历史局限性。不过，虽然古代的法治并未实际脱离人治，但其仍有部分观念可用于当今社会。可以说，中国古代法治思想精华是中国共产党法治思想发展创新的理论借鉴之一。此外，马克思主义法学理论亦为中国共产党法治思想的理论来源，我国法治文化是在中国传统法治思想、西方法治思想的共同影响下，以马克思主义法学思想为指导逐步形成和发展起来的。

（二）法治文化的内涵

当代中国学者至少在三种意义上使用法治文化的概念①。第一种是作为领域或对象的法治文化概念。大致分为两种，即以法治为对象和以文化为对象，对应法治文化化和文化法治化。很多研究者都是把法治文化概念当作一种文化状态来理解，表现为法治文化化，如有学者认为法治文化是法治社会呈现出来的一种文化状态和精神风貌。具体而言，法治文化是指熔铸在人们心底和行为方式中的法治意识、法治原则、法治精神及其价值追求，是一个法治国度的法律制度、法律组织、法律设施所具有的文化内涵，是人们在日常生活和工作中涉及法治的行为方式，是法律语言、法律文学艺术作品和法律文书中所反映和体现的法制内涵及其精神②。

第二种是作为方法的法治文化概念，即对法治展开文化分析，需要注意的是这种类型的法治文化概念，并不要求严格区分法治文化和法律文化的概念，因为两者同时强调文化解释的方法，或是以文化为方法对法治进行解读，如梁治平关于法律的文化解释方法，“用法律去阐明文化，用文化去阐明法律”③，舒国滢等对西方法治进行的文化社会学解读④。这些都是以文化作为方法对法律和法治进行解读。

第三种法治文化概念强调法治文化的整体意蕴，法治文化组合成一个统一的整体，具有超越法治概念和文化概念的新的意义。法治文化有广义、狭义之别，对法治文化的内涵亦应从不同角度阐述。广义的法治文化涵盖了精神、制度、行为等几个层面。狭义的法治文化为精神层面的内容，涵盖法治意识、精神、理念等内容。学界通常认为法治文化不仅包含法律制度、规

① 王金霞．论当代中国法治文化的概念 [J]. 中国政法大学学报，2014（1）：31-45.

② 刘斌．中国当代法治文化研究范畴 [J]. 中国政法大学学报，2009（6）：5-24.

③ 梁治平．比较法与比较文化 [J]. 读书，1985（9）：82-89.

④ 舒国滢，程春明．西方法治的文学社会学解释框架 [J]. 政法论坛，2001（4）：135-148.

则，还包含法治意识、法律精神，即包含了法律主治精神、人民主治精神、平等之治精神，以及法律自律意识、信仰意识等内容。所以，我们认为，法治文化实为一个民族、国家的法的精神内核，是法治与文化的有机融合，兼具制度形态、观念形态、实践形态，它是在长期历史发展中逐步形成的、为人们所普遍认可的法治价值观。

二、新时代中国特色社会主义法治文化

（一）新时代中国特色社会主义法治文化的内涵

从本质上来看，新时代中国特色社会主义法治文化不同于我国传统的人治文化，它是以社会主义法治形式所展现的先进文化，具有丰富的内涵。

从内容上看，新时代中国特色社会主义法治文化可以分为三个层面：一是制度文化。在制度层面上，社会主义法治文化体现的是以宪法为核心的中国特色社会主义制度体系，既包括法律、行政法规、地方性法规体系，也包括市民公约、乡规民约、行业规章、团体章程在内的社会规范体系。二是治理文化。在立法、行政、司法、法律监督、法制宣传、司法服务等法治实践环节，贯彻社会主义核心价值观，在立法中把社会主义核心价值观的要求体现到法律法规中，在法律实施中提升人民群众对法律法规的认同感。三是精神文化。社会主义法治文化体现的是法治精神、法治意识、法治思想、法治信仰。他们不是凭空产生的，而是通过社会主义法治实践而形成的，在社会主义意识形态领域发挥重要作用。体现了国家与民众法治化程度，构成了社会主义法治思维方式和法治价值观。

从特点来看，新时代中国特色社会主义法治文化具有三大特征：一是社会主义性。社会主义性是新时代中国特色社会主义法治文化的最基本特征。作为社会主义国家，社会主义性体现在政治、经济、文化等各个方面，法治文化也不例外。社会主义的本质是实现人民当家作主，处处从人民群众的实际出发，这就要求中国社会主义法治文化的建设要坚持以人为本的科学发展观，体现出对人的关怀。二是与时俱进性。与时俱进是马克思主义优秀的理论品质，这就要求我们在建设社会主义法治文化时，要随着时代的发展不断改革与创新。法治文化建设不是一成不变的，中国特色社会主义法治文化建设在前期规划、制度建设及实践过程中均体现出与时俱进性。随着社会的进

步，法律体系不断得到完善，法治理念持续更新，法治理论不断创新。三是系统科学性。中国社会主义法治文化建设坚持以马克思主义为指导思想，充分结合中国的基本国情，在发扬中国优良传统文化的同时，充分吸收借鉴国外的经验，积极主动地将西方国家先进的法治思想和法治精神与中国的具体实际相结合，取其精华，糅合为合适的中国法治文化并积极进行实践，既系统又科学，努力建设具有中国特色的先进的法治文化。

（二）新时代中国特色社会主义法治文化的价值与功能

从近代追求现代化的历史可以得知，如果没有合适的思想文化土壤，仅仅变革技术和制度是不可能完成现代化的任务的。中国的法治文化建设之路关键在于“培育社会主义法治意识、法治观念和完善社会主义法律制度”。新时代中国特色社会主义法治文化既是社会主流文化的重要组成部分，也是国家法治化程度的重要标志，更是建设法治社会与法治国家的精神支撑，以及经济发展和社会稳定的重要保障。

1.社会主义法治文化是社会主流文化的重要组成部分

法治即为法的价值及以落实这些价值为目的的相关法律制度所构成的系统。现代社会下，法治文化应当彰显出以人为本的理念，体现对人权的尊重和保护，并能有效规制国家公权力的滥用，体现平等、自由等观念。法治文化应为社会主流文化的重要组成部分，与社会占主导地位的价值观相适应，其所体现出的价值观应当符合社会大多数人的价值观。

2.社会主义法治文化是建设法治社会与法治国家的精神支撑

法治文化的发展是建设法治社会的具体实践和体现，中国法治建设历经多年发展，虽然日趋完备，但是大部分都是在制度建设中培养的，距离社会民众对法治思想的普遍认同和自觉履行，仍有相当一段路程要走。在当今社会民众权利意识觉醒、熟人社会瓦解、利益诉求多元化、社会诚信普遍缺失的情况下，法治社会、国家的建设步履维艰，建设法治文化是破解困局的必由之路，更是建设法治社会、法治国家的重要精神支撑。法治文化的建设是将社会群众生活的各方面与法治理念相融，进而将法治精神、观念渗透到不同领域。此外，法治工作的开展唯有上升到文化的层次，使其成为我国文化的重要组成部分，才能建设真正意义上的法治国家和法治社会。

3.社会主义法治文化是国家法治化程度的重要标志

国家法治化程度包含法治体系构建的完备程度、社会群众价值观与法治理念的相适应及司法人员的严格执法和普通群众的自觉守法程度等层面的内容。建设法治文化本质上是对理想社会状态（即“法治社会”）的追求，同时是衡量国家法治化程度的标准。法治的实现最终必将呈现为合理、规范的社会秩序。法治化程度较高的社会应是法律能够有效规制国家权力、规范政府和公民行为，并且能够保障各方的合法权益，进而维护社会的正常秩序的社会。

4. 社会主义法治文化是经济发展和社会稳定的重要保障

随着改革的不断深化，我国社会结构、利益转换、群众观念、生活方式及价值观均发生了极大的变化。为此，加快法治文化建设已成为当今我国法治社会建设的迫切任务。

从法治文化与社会稳定的关系来看，当今我国社会矛盾日益突出，群体性事件频发，加剧了群众和政府之间的不信任，这更要求创新社会管理。事实上，法治文化的建设过程亦是促进群众价值观和法治理念相适应的过程，是促进群众认可法律且自觉守法的过程，因此法治文化是维系社会稳定的重要保障。

三、新时代中国特色社会主义法治文化的建设目标

（一）弘扬社会主义核心价值观

法治文化建设的主线是培育和弘扬社会主义核心价值观。弘扬社会主义核心价值观和建设法治文化是内在联系、有机统一的。社会主义核心价值观不仅本身就包含法治内容，其基本理念和精神也是与社会主义法治文化相通的。把社会主义核心价值观融入法治文化建设的一个关键步骤就是将其贯穿于立法、执法、司法、守法各个环节。在立法中，推动社会主义核心价值观入法入规，把社会主义核心价值观的要求体现于法律法规之中，使法律法规的规范性和价值导向性结合起来。在执法过程中，坚持严格执法，完善执法程序，改进执法方式，在坚持以法律手段协调社会矛盾的同时，综合运用教育、协商、调解、疏导等办法，引导和支持人们合理合法表达利益诉求，使社会治理的过程成为培育和践行社会主义核心价值观的过程。在司法中坚持公正司法，努力让人民群众在每一个司法案件中都能感受到公平正义，在提

升司法权威的同时弘扬法治文化。

（二）树立全民法治观念和法治信仰

法治文化建设的关键是让广大人民群众树立起法治观念、法治信仰。为此，必须加强法治宣传教育。自1986年以来，我国已经制定实施了七个五年普法规划，为法治宣传教育提供了重要的政策依据和保障。从实践来看，保证普法工作扎实推进，还需进一步完善法治宣传教育机制。一是完善谁主管谁普法、谁执法谁普法的责任机制。实行普法责任制是促使国家机关自觉承担普法工作责任、保证普法工作贯彻落实的重要举措。二是建立健全领导干部学法制度。领导干部带头学法、模范守法对法治文化建设具有重要的带动作用。可以将有关法律法规纳入干部学习培训内容，完善干部学法用法考试制度，逐步推进领导干部、国家工作人员网上学法用法考法，提高学习效果。三是完善青少年法治教育工作机制。加强青少年法治教育是推进全面依法治国、加快建设社会主义法治国家的基础工程。应把法治教育纳入国民教育体系，科学安排不同阶段的法治教育内容，帮助广大青少年树立法治观念、提高法治素养。

（三）以有效传播使法治文化深入人心

法治文化建设的重点是以有效传播使法治文化深入人心。当前，应进一步拓展法治文化建设阵地。建设法治文化广场、长廊和法治文化墙等，拓展法治文化实体阵地。根据信息化时代文化传播的新特点，推进“互联网+法治文化”，通过普法网站、微信、微博等途径，开展形式多样的网上法治宣传活动，打造覆盖广泛的法治文化传播平台。推动法治文化传播，根本在于丰富法治文化产品、打造法治文化精品。鼓励创作以社会主义法治建设为主题的文学、戏剧、曲艺、影视作品，进一步增强法治宣传教育的感染力。利用重大纪念日、传统节日等开展法治文化活动，让人民群众在休闲娱乐中接受文化熏陶、感受法治力量。

（四）实现全民守法的社会形态

全民守法是中国特色法治文化建设的归宿。首先，人民群众的法治意识和理念是法治文化建设的基础。确立法治意识和理念，最重要的是要确立公

民规则意识，即在对法律信仰、认同的基础上，积极主动、自觉地遵守和服从法律规则，包括权利正当行使的意识、权利的节制意识、自觉守法意识、社会公德意识等。其次，要让法治思维成为社会治理的主要思维模式。法治思维是一种整体性的思维，是一种国家治理的理念、视角和思路，它不仅是社会治理中的价值追求，还是一种治国方法、手段的选择。具体而言，化解各种社会矛盾，把法治思维模式作为创新社会管理的基本思维模式，就是要注重法律方法和手段的运用，全面落实依法治国方略，完善各种具体法律制度，确立公民和各级政府机关的规则意识和契约意识，引导公民对待各种涉及自身利益的纠纷寻求理性的解决手段。

四、地方法治文化建设的实践

（一）地方法治建设宣言

自 1999 年 3 月 15 日“依法治国，建设社会主义法治国家”正式写入《中华人民共和国宪法》后，法治国家建设便成为地方法治文化建设的主导思想，各地相继出台了地方法治建设的决定和决议，形成了地方法治建设的宣言。

其一，地方法治建设宣言在省级层面出现。例如，2004 年 7 月 14 日中共江苏省委率先印发了《法治江苏建设纲要》，提出建设“法治江苏”，把推进经济生活、政治生活、社会生活的法治化作为建设法治江苏的核心目标，努力实现事事有法可依、人人知法守法、各方依法办事的建设目标。2006 年 4 月，浙江省委十一届十次全会审议通过了《中共浙江省委关于建设“法治浙江”的决定》，对建设法治浙江进行了全面部署，开启了作为市场经济先发地区运用法治思维、法治方式治省理政的征程。2006 年 5 月 24 日，浙江省人大常委会通过《关于建设“法治浙江”的决议》，把党委重大决策转化为人民的意志，提出加快建设社会主义民主更加健全，社会主义法治更加完备，依法治国基本方略得到全面实施，人民政治、经济和文化权益得到切实尊重和保障的法治社会的建设目标。2006 年 4 月，中共云南省委出台了《关于推进依法治省创建法治云南的意见》，明确了创建法治云南的指导思想、基本原则、总体目标、主要任务和组织保障，为云南法治文化建设进一步指明了方向。

其二，地方法治建设宣言在市级层面得到深化。2006 年 5 月 16 日，中共宁波市委通过了《关于建设法治宁波的决定》，提出“法治宁波”建设理念，将“法治观念深入人心，权力制约体系严密，各级领导干部有较高的依法执政水平，国家机关工作人员有较强的依法办事能力，广大公民有良好的法治素质”作为法治文化建设目标。2006 年 5 月 29 日，中共杭州市委出台了《关于建设“法治杭州”的决定》，提出基本实现经济、政治、文化和社会生活的法治化，实现社会主义民主更加完善、社会主义法治更加完备、公民法律素质普遍提高、依法治国基本方略得到全面落实、公民合法权益得到切实尊重和保障的法治社会建设目标。此外，其他城市人大常委会也纷纷出台了地方法治建设宣言。2010 年 4 月 30 日，淄博市人民代表大会常务委员会出台了《关于建设“法治淄博”的决议》；2012 年 4 月 27 日，郴州市人民代表大会常务委员会通过了《关于加强法治郴州建设的决议》等。

其三，十八届四中全会后，各地全面深化地方法治建设理念进一步加强。2014 年 10 月 23 日，中国共产党第十八届中央委员会通过《中共中央关于全面推进依法治国若干重大问题的决定》后，各地纷纷出台全面深化地方法治建设决定。例如，2014 年 12 月 4 日浙江出台了《中共浙江省委关于全面深化法治浙江建设的决定》，坚持法治和德治相结合，发挥法律的规范作用和道德的教化作用，一手抓法治、一手抓德治，倡导社会主义核心价值观，弘扬与时俱进的浙江精神，践行当代浙江人共同价值观。开展精神文明创建活动，开展“最美”现象系列活动，树立道德模范，继承优秀传统文化，增强法治建设的道德底蕴。深入开展“法律六进”等法治宣传教育活动，推进领导干部学法用法，弘扬法治精神，建设法治文化，培育公民的法治意识和法治信仰，促进法治和德治相得益彰。2014 年 12 月 26 日，中共杭州市委出台了《关于全面深化法治杭州建设的若干意见》，提出“以构建信用杭州体系为重点，在全民守法上走在前列”的建设目标。2014 年 12 月 30 日，中共宁波市委出台了《中共宁波市关于认真贯彻党的十八届四种全会精神全面深化法治宁波建设的决定》，提出“提升全民法治意识和法律素养，基本形成全社会尊崇宪法、遵守法律、信仰法治的良好氛围”的建设目标。2015 年 4 月 28 日，金华市第六届人大常委会第三十一次会议通过《金华市人民代表大会常务委员会关于全面推进法治金华建设的决议》。

（二）法治教育

要树立全民法治信仰，教育是基础。自 1986 年国家推行五年普法规划以来，地方积极落实，把普法教育作为法治文化建设的重要渠道，主要实践表现为以下几个方面。

其一，普法教育规划的逐级落实。中共中央、国务院转发了《中央宣传部、司法部关于在公民中开展法治宣传教育的第七个五年规划（2016—2020 年）》后，各地纷纷落实，逐级制定普法教育规划。以浙江为例，《浙江省普法教育领导小组关于在全省公民中开展法治宣传教育的第七个五年规划（2016—2020 年）》深入开展法治宣传教育，扎实推进依法治理和法治创建，进一步增强全民尊法学法守法用法意识，为实现“十三五”经济社会发展目标、高水平全面建成小康社会和建设“两富”“两美”浙江营造良好的法治氛围。宁波市委市政府印发了《中共宁波市委　宁波市人民政府转发 < 宁波市普法教育领导小组关于在全市公民中开展法治宣传教育的第七个五年规划（2016-2020 年）> 的通知》（甬党发 [2016]13 号），主动适应法治宣传工作新常态和人民群众对普法工作新期待，提出一系列新目标新举措，如，健全社会普法教育机制、建立以案释法制度、推进“互联网 + 法治宣传”行动等。宁波市鄞州区正式出台《关于在全区公民中开展法治宣传教育的第七个五年规划（2016-2020 年）》，提出构建先进繁荣的法治文化体系。充分发挥法治文化的引领、熏陶作用，将法治文化与传统文化、地域文化相融合，从法治文化活动、作品、阵地三方面培育鄞州特色法治文化。

其二，各省人大常委会做出普法决议，并对决议执行情况进行监督检查。自全国人大常委会《关于开展第七个五年法治宣传教育的决议》后，各地省、市人大常委会结合自身实际，纷纷做出本地“七五”法治宣传教育决议，对地方法治文化建设提出了更高的建设标准，并对决议的贯彻落实进行监督检查。例如，《河北省人民代表大会常务委员会关于在全省开展第七个五年（2016—2020 年）法治宣传教育的决议》中明确加强法治文化建设，把法治文化建设纳入现代公共文化服务体系，推动法治文化与地方文化、行业文化、企业文化融合发展。推动法治文化作品创作推广，提升法治文化作品质量，打造法治文化精品。开展群众性法治文化活动，组织开展法治文艺演出、法治文化下乡等法治文化活动，满足人民群众日益增长的法治文化需求。甘肃省人大常委会做出“七五”普法决议，创新发展，积极推进社会主义法治文化建设。该决议明确推进法治宣传教育工作理念、方式方法、载体阵地和体制机制创新，着力提高法治宣传教育实效。把法治文化建设纳入现代公共文化服务体系，推动法治文化与传统文化、地方文化、行业文化的融合发展。坚持法治教育与道德教育相结合，大力弘扬社会主义核心价值观，传承中华传统美德，加强社会公德、职业道德、家庭美德、个人品德教育。健全公民和组织守法信用记录，完善守法诚信褒奖机制和违法失信行为惩戒机制，强化规则意识，倡导契约精神，引导公民和组织自觉履行法定义务。辽宁省人大常委会开展“七五”普法决议执行情况专题调研，主要围绕七个方面 21 项工作内容进行调研：一是明确普法责任，健全完善法治宣传教育工作机制体制方面；二是推动宪法等重点法律法规宣传教育方面；三是对“关键少数”和重点对象等开展法治宣传教育方面；四是以法治宣传教育“七进”为抓手，创新法治宣传教育工作方式方面；五是开展多层次、多领域法治创建活动及普法效果评估方面；六是各地区、各部门在法治宣传教育工作中存在的问题及建议方面；七是各级人民政府建立完善公共法律服务体系方面。

其三，深入开展丰富多彩的法治文化建设活动。各地在开展普法教育工作时，强化法治文化建设，开展丰富多彩的法治文化创建活动。以宁波市为例，一是以宪法宣传为重点，突出法治理念教育。深入开展“尊崇宪法”“学习宪法”“遵守宪法”“维护宪法”“运用宪法”宣传教育活动，提升领导干部宪法意识。推动各级各部门开展领导干部述法、举办宪法报告会、开展宪法学习培训、组织宪法法律考试、开展宪法宣誓活动，重点抓好领导干部任职法律考试，完善考试制度和组织工作，培养领导干部的法治理念。推动青少年学法，提高青少年学法守法意识。以“法在心中”为主题，认真组织开展“学宪法讲宪法”“法治宣传校园行”“法治故事大赛”等系列青少年法治宣传教育活动，培养青少年的法治意识。推动“宪法进万家”宣传活动的发展。全面组织落实司法部、全国普法办等部门印发的《关于组织开展宪法进宾馆活动的方案》《关于组织开展“宪法进万家”活动的方案》《关于集中开展公共交通场所宪法宣传活动的方案》，扩大宪法宣传的覆盖面和影响力。二是落实责任，强化“谁执法谁普法”普法责任制。宁波市普法教育领导小组办公室印发了《2019 年度市直单位普法责任清单》，对全市党委机关、立法机关、行政机关、司法机关、社会团体、高等院校等 53 家机关和单位做出普法任务部署，明确了工作目标，提出了具体责任要求。2019 年下半年，按照“七五”普法规划关于“深入推进宁波特色法治文化建设”的要求，宁波市直单位、部省属驻甬单位围绕中心工作，结合重要法律法规宣传日、宣传月等时间节点，积极组织开展形式多样的法治文化活动和法治宣传活动。三是充分发挥各级群众文艺团体和法治宣传队伍的作用，组织开展各种形式多样、内容丰富的法治文化主题活动，不断拓展法治宣传教育的深度和广度；积极引导各类文化团体和艺术工作者参与法治文艺作品的创作和表演，推出一批群众喜闻乐见、寓教于乐的法治文艺作品；进一步发挥区法治文化中心的辐射带动作用，深化“一镇（街道）一地”“一地一品”、农村文化礼堂等法治文化阵地建设，打造一批特色鲜明、富有内涵的法治文化示范点。四是开展法治文化场馆建设。宁波市司法局通过部门联合、资源整合、地市共建的方式，打造了一批起点高、创意新、特色明、功能全的特色法治文化场馆，有力地推动了该市法治文化建设不断提档升级。截至 2019 年 7 月，已建成特色法治文化场馆 33 家（地市共建 16 家），特色法治文化场馆的数量位列全省第一，成为该市普法新高地、法治风景线。

（三）依法治理

普治并举，深入推进多层次多领域依法治理。一是选树法治模范，发挥表率作用。例如，宁波市已连续开展三届“十大法治人物”选树活动，大力弘扬法治精神，宣传法治建设先进人物，营造法治宁波建设的良好氛围。选树对象包括近三年来，在全市范围内引起社会公众的广泛关注，对人民群众的生产生活产生了较大影响，并对推进城市法治建设、弘扬法治精神产生积极作用的先进典型人物。二是以高水平推进新时代民主法治示范村（社区）建设为抓手，认真总结经验，巩固创建成果，积极开展国家级、省级、市级民主法治示范村（社区）创建活动。截至 2019 年 10 月底，宁波市已有国家级民主法治示范村 24 个，省级民主法治示范村 204 个，市级民主法治示范村 378 个。三是探索开展法治镇乡（街道）创建工作，进一步丰富基层依法治理载体。深化“诚信守法企业”依法治理活动，深入推动民营企业“法治体检”长效机制的形成，积极为民营企业发展营造法治化制度环境。截至 2019 年 10 月底，宁波市拥有省级法治宣传教育基地 24 个，市级法治宣传教育基地 18 个，省级青少年法治教育基地 12 个，市级青少年法治教育基地 36 个，诚信守法企业 180 个，依法治校示范校 110 个。

（四）地方法治文化研究

大数据显示，地方法治建设研究受到了国内外学者的广泛关注，地方法治建设相关论文达 1.1 万篇以上，地方法治文化研究的相关论文也有 4 000 多篇。主要研究成果包含以下方面：一是关于地方法治概念的研究。“法治江苏”“法治浙江”“法治广东”等地方法治实践的兴起使学者们对地方法治的概念产生了理论争议。质疑者认为主权是现代法治概念的基础，地方不是独立的法治单元体，故而地方法治概念不能成立；肯定者从地方法治发展的主客观动力因素出发，分别提出先行法治论、地域文化论、地方竞争论和国家试错论 4 种代表性学说，但均未阐明受质疑的地方法治的权力基础，故而难以有效论证地方法治概念。主权与治权相分离是地方法治概念的法理基础，法律中有关地方治权形态与治权事项的规定是地方法治概念的制度依据，中央主导下的地方治权自主是地方法治概念的社会实效性根据。治权自主理论的提出有助于明确地方法治概念的主体层级、评判地方法治实践及合理界定地方法治与国家法治的关系①。二是关于地方法治文化资源研究。全面推进依法治国必须建设社会主义法治文化，整合法治文化资源是建设法治文化的长期基础性工作，有助于增强法治文化的影响力，提高法治文化的约束力，更好地发挥法治文化的引领和规范作用。整合法治文化资源要从我国的基本国情出发，汲取中华法律文化精华，保持本土法治文化的主体地位；理性分析现代中外法治文化的异同，积极借鉴国外法治文化的有益经验，推进法治文化建设的理论创新，为建设具有中国特色的法治文化提供资源支撑②。地方性法治文化资源虽然有消极的一面，但更具有积极的意义，挖掘它们的实用价值，对推动地方法治建设有很大帮助③。三是关于地方法治文化建构研究。通过重新梳理法治文化的核心含义来探讨当代中国语境下法治文化的建构与培育问题。在将法治概念的核心确定为官员守法，将文化界定为一定范围内较为统一、稳定的行为习惯和思维模式后，将法治文化分为五个层次，其中官员守法文化处于核心层，而公民监督官员守法的文化最为关键。以此为基础，讨论了法治文化建构的基本方略和具体方法，最后梳理总

① 倪斐.地方法治概念证成——基于治权自主的法理阐释[J].法学家，2017,（4）：116-130.

② 董业东.略论法治文化资源的整合[J].广西社会主义学院学报，2015,（1）：99-101.

③ 汪伦举.浅论江西省的地方法治文化资源[J].法制与社会，2015,（5）：161-162.

结了加速形成共识、彻底批判人治、以官员守法为突破口、加强民间监督、保证依法裁判等加速建构和培育法治文化建构的五个战略要点[①]。四是关于地方法治文化建设路径研究。我国各地经济发展不平衡的国情决定了国家治理体系和治理能力现代化进程不可能同时推进，地域差异促进了法治建设与地方特色的有机融合，文化在其中扮演了不可或缺的角色。区域法治文化建设对地方法治发展具有重要意义，须探索行之有效的建设路径。首先，推进区域法治文化建设的长效机制；其次，营造区域法治文化建设的社会氛围；再次，创新区域法治文化建设的方式途径；最后，确保区域法治文化建设的正面效应[②]。五是关于地方法治建设困境研究。地方法治建设在实践层面展开之后，一些结构性不平衡的困境约束凸显出来，如地方政府价值取向存在偏差、地方立法滞后难以顺应发展、地方政府滥用行政权力明显、行政监督约束机制不够完善、地方法治评价指标尚有不足等。推进国家法治建设既需要国家战略层面进行顶层设计，也需要调动地方的积极性、主动性与创造性。促进地方法治建设可以从优化行政决策制度、提升地方立法质量、加强地方行政监督、切实保障司法权威、完善法治评价指标、培养公众法治意识等角度入手，推进地方法治建设还需要领导干部高度重视地方法治、牢固树立地方法治观念[③]。六是关于地方法治建设实践研究。地方法治实践的动力机制研究有两种理论取向：一种是国家“试错”策略理论；另一种是地方竞争理论。就其本质而言，两者并不存在内在冲突，而是一个问题的两个方面，都深深嵌在中央与地方的关系结构之中。国家策略导致地方竞争，地方竞争形塑国家策略，地方法治的逻辑就是国家策略下的地方竞争。反思地方法治实践的动力机制原理，发现国家策略下的地方竞争可能导致地方法治演变为地方应对中央的权宜之计，使地方法治建设流于形式化和表面化，从而使地方法治建设被悬置，难以落地生根。在未来的地方法治发展中，国家或许仍然会采取试错策略，但地方法治应以中央和地方关系的法治化为前提，依法试错。同时，应引导地方法治竞争从应对中央转向回归社会，并将此作为地方法治建设的动力基础和建构逻辑。七是关于地方法治建设的记述和预测研究。例如，近年来从国家到地方出现了蓝皮书、白皮书等对地方法治建

① 王若磊．法治文化之要义及其在当代中国语境下的建构[J]．理论与改革，2013（4）：15-19.

② 唐莞阳．我国区域法治文化建设路径探索[J]．智慧时代，2019（1）：73.

③ 胡海．地方法治建设的困境与对策[J]．湖湘论坛，2016（6）：117-122.

设状态的记叙性和预测性研究，各主要省份都撰写了法治发展蓝皮书，如《四川法治蓝皮书2017》《浙江蓝皮书2016年浙江发展报告（法治卷）》《甘肃法治政府建设蓝皮书（2015）》《河南法治蓝皮书（2014）》等。也有市级层面的法治蓝皮书，如《深圳蓝皮书：深圳法治发展报告（2016）》《宁波发展蓝皮书》等。这些蓝皮书的共性特点是展现了学术界对法治建设的关注，从学界视角对法治建设的全部问题或特定问题展开调查，进行现状分析，提炼经验，汲取教训，对未来发展做出预测。

五、地方法治文化建设水平判断及问题分析

（一）地方法治文化建设水平判断

虽然各地都做到了上令下行，积极作出地方法治建设宣言，出台法治政府建设意见，发布法治教育决议，制定法治教育规划，深入推进法治文化建设，民众的法律意识普遍提高，从地方各级法院审理的民商事案件及行政案件的收案率普遍提高的情况判断，经济发达地区城市居民有了一定的法治信仰。但是从总体来看，各地发展不平衡，城乡差别较大，多数地方法治文化建设效果并不理想，地方法治文化建设水平不高，与新时代法治文化建设目标相比还有相当大的距离。这表现在以下方面：其一，多数地方民众法治观念淡薄，法治信仰尚未形成。当前多数基层民众没有树立法律至上、独立平等的观念，遵守法律、依据法律解决问题、化解矛盾的意识不足，遇事找人情、托关系的现象比比皆是，权本位思想、官本位思想在一定范围内存在着，日常生活中没有形成遵守法律、信仰法律的整体氛围。法律信仰是人民大众在内心深处对法律认同、敬畏的一种情感，这种情感在民众心中还没有完全形成，崇尚法治的社会氛围也没有真正形成。调研显示，城乡居民法治意识差异较大。城镇居民由于工作生活所需，法律学习机会多，工作、生活中遇到的法律事务多，对法律重视度较高，遇事找法的人较多，法律意识相对较强；农村居民法律学习机会相对较少，平时接触法律事务较少，遇事找法的习惯尚未形成。其二，法治应有的权威作用没有形成。法律的作用在于维护社会的公平正义，法律具有巨大的威慑力，是约束每个人的行为规范，需要人人都去遵守。但是从地方实践来看，各地有法不依、执法不严、违法不究现象时有发生，社会上存在着权比法大、文件效力大于法律效力的现象。很

多公民在维权时宁愿上访也不愿意走法律程序，他们认为政府介入比法院判决更有效。司法部门独立办案的空间不足，存在行政干扰司法的现象，法律震慑力作用发挥不够，法律没有树立起应有的权威。其三，法治文化没有形成完善的体系。法治文化体系包括法治教育、法治信仰、法治环境、法治执行、法治监督环节。尽管近些年各地法治建设取得了一定进步，但是无论从法治教育环节、法治信仰情况来看，还是从执法环境来看，我国法治文化体系都不够完善。我国法治教育的现状是学校不设法治教育课，机关单位普法教育走形式，主要以应付上级检查为主，学习时读读写写法律条文，考试时千篇一律，许多地方党政官员游离于法治教育之外。从执法环境来看，不论执法机关还是工作人员，由于法治水平和其掺杂的个人因素，执法行为无形中带有一定的随意性，执法不严、执法不公的情况时有发生，这些对民众法治信仰的树立造成损害①。其四，乡村法治文化建设成效较低。虽然我国乡村依法治理机制在不断创新，但是机制与平台的实效尚有待增强；在送法与迎法之间，村民的法律需求日益增多，但乡村公共法律服务资源供给极不均衡；乡村场域正经历着一场宗法文化与法治文化此消彼长的较量，村组干部在调解纠纷时仍然表现出情理思维偏多，法治思维欠缺的特点；传统的畏讼思想也妨碍了村民对法律的亲和②。

（二）地方法治文化建设问题分析

1.地方立法层面民意体现不多，民众对地方立法接受度、认可度不高

尽管近年来各地立法工作都开始注重发挥人大的主导作用，深入推进民主立法、科学立法，在制度建设上也纷纷制定了地方性法规，强调深入开展立法调研，深入基层、深入群众，充分运用各种新闻媒介征求社会各界对立法建议项目的意见，通过召开立法座谈会、论证会、听证会，听取各方面的意见、建议等，但在实践中，民众意见还是没有得到充分显现。表现为以下几点：其一，立法意见以政府起草部门意见为主。因为各地人大人力和立法能力欠缺，一般立法项目都委托行政部门起草，所以行政部门将自己的管理权力尽量表现在条文中，对民众的权利表现较少。其二，人大对立法草案深

① 刘晓莉.浅析我国法治文化建设存在的问题及对策建议[J].法制博览，2018（31）：149.

② 张麒麦.新时代法治文化建设的内涵意义及路径[J].贵阳市委党校学报,2018年,（6）：46-50.

入基层调研深度不足。人大在对立法草案进行征求意见时，也是以各政府机关的书面意见为主，基层调研深度不足。一般情况下，地方立法机关到基层最多走到县区级人大常委会组织的调研会。一般主要召开各政府部门、两代表一委员、社区代表座谈会，由于缺少对专业工作的了解，两代表一委员意见表达很少，社区代表多数是居委会主任等，并不能完全表达出基层民众的需求。普通的民众代表少之又少，多数情况下是充人数，走过场。专门的基层群众代表座谈会召开得非常少，即使有，也是政府部门安排的、与其意见无分歧的人参加。因此，立法草案并不能完全代表民众意愿。其三，网上向社会公众征询意见往往流于形式，收效甚微。由于民众的法律热情欠缺，对地方立法行为关注度不高，立法草案征求意见稿挂在官方网站上征求意见，多数时候搜集到的意见为零。所以，地方立法表现出的意愿多数还是政府部门的管理意愿，民意体现不多，民众对地方立法接受度、认可度不高。

有学者对五个曾被列为社会管理创新综合试点城市 2015—2018 年出台的 217 个地方规范性文件做过问卷调研，发现这些规范性文件的主要内容多为强调政府的社会管理职能与责任，对民众进行了行为和责任约束。民众对此态度各异，表示肯定的仅占 24.7%，表示否定的占 36.1%，表示无所谓的占 21.2%，还有 18% 带有厌恶情绪 ①。为何有 54.1% 的民众产生否定与厌恶情绪？他们在受访中经常提到的话语是“政府只是想管，它并不关心我们真正需要什么”。可见，民众的需求在地方立法中没有得到充分体现，这导致民众对法的不认同，很难确立法治信仰。

2. 法律实施中尚未能贯彻落实法治精神

法律实施是将法治精神从书本具化到实践的重要途径，其前提在于法治精神得到了有效的宣传与推广，即法治精神在一定程度上成为社会共识。遗憾的是，各地承担普法重任的司法行政部门对法治精神宣传方面并未给予充分重视。有学者所调研的五市司法局“六五”普法期间举办的 126 场活动中，与法治精神直接相关的是全面依法治国精神专题学习，占全部活动的 11.9%，其他活动均局限于法律法规宣传与咨询活动等 ②。法治精神在法律实施层面中不受重视，不仅体现为上述司法行政部门重视不足，更体现为

① 陈淋淋，何跃军 . 当下法治精神维度建设的现状检讨与展开路径 [D]. 宁波：宁波大学，2019.

② 陈淋淋，何跃军 . 当下法治精神维度建设的现状检讨与展开路径 [D]. 宁波：宁波大学，2019.

地方其他行政部门对法治精神的屡次践踏。例如，在农村土地维权问题调研中发现，地方政府忽视维权农民对公平正义的渴求是农民采取维权行动的重要原因[①]。在基层信访问题调研中发现，90%的上访者在提出物质性诉求时必然伴随着明显的要求公平正义的精神性诉求，这些处于特殊困境下的农民或市民并非完全“无理维权”“无理上访”，而是有着正当的精神诉求。并且，90%以上的维权农民或上访市民认为，如果这些精神诉求得到满足，即便“钱赔得少点”，他们也不会采取维权或上访行动。正是这些执法中的违法行为使民众对法律至上的信心受到损伤。

3. 司法不公破坏民众法律至上信念的形成

司法是法治文化建设的核心，而司法公正是法治文化建设的重要前提。诚如培根所说，从造成的恶果来看，一次不公正的审判更胜于十次犯罪。尽管近年来，人民法院的“阳光司法”建设取得了重大进步，但从各地司法实践来看，司法不公、冤假错案比比皆是。司法机关不作为、慢作为、乱作为导致当事人身心俱疲，诉讼成本也大幅提升。更有司法人员知法犯法，对司法机关公信力造成了极大影响。尤其是法官对法律的片面理解和不公处理，破坏了民众内心的道德底线，使其很难树立法治信仰。近年来，受司法地方化影响，部门司法机关于案件中歪曲事实以符合“地方大局”“领导意思”为理由的事件层出不穷，对当事人造成严重伤害的同时形成了广泛的社会不利影响，损害了司法权威。

4. 基层法治教育推进力度不足

自“一五”普法到“七五”普法，我们前后共开展了30余年的普法宣传，民众的法律知识由模糊到知晓，法治观念由淡漠到增强，民众的法治观念和维权意识发生了根本性的变化，遇到矛盾、纠纷时，民众更多选择通过法律途径来解决，合法权益受到侵害时也学会了拿起法律武器来维护自己的正当权益。基层干部依法行政、依法办事、依法管理各类社会事务的意识也明显增强。但从总体来看，基层法治教育还很薄弱。其一，普法教育过于形式化。基层乡镇虽成立了普法领导小组和办事机构，但工作只停留在安排部署、印发文件等方面，缺少督促检查、兑现考核，赠送法规、以会代训、集中宣传成了普法的主要方式。村干部和农民对法律一知半解，基层法治宣传教育难以收到实效。其二，普法队伍力量薄弱。目前乡镇的普法工作主要依

① 何跃军．基层农户的公平观——基于浙江省2000农户的实证调研[J]．北京航空航天大学学报（社会科学版），2016（5）：45-54.

靠乡镇司法所和有关单位配合开展，基层司法所只有 1 ～ 2 名工作人员，既要承担司法行政业务工作，又要进行普法依法治理指导，难以应付。同时，普法队伍思想认识并未完全到位，整体素质良莠不齐，有些普法者自己也没有经过系统、全面、深入的法律培训或学习，只是由于工作的需要充当普法员，他们本身法律素质的缺失阻碍了基层普法的进程。其三，普法范围过于广泛。尤其是农村，由于人口较多，居住比较分散，普法教育存在“面广量大”的现象，特别是地处偏僻、交通不便的地方，集中组织农民开展普法活动的难度更大。普法对象缺少时间，人员分散，普法教育的时间难以安排。其四，群众的参与热情与普法教育的期待之间还有差距。由于历史传统、教育条件和环境等因素，群众参加普法教育活动的积极性不高，总认为学法是领导的事，用法是专业人员的事，自己学不学法不重要，跟自己关系不大。其五，法治宣传形式简单死板。多数地方基层普法形式就是发传单、听法律讲座、普法考试等死板教条的形式，对法治文化的形成起不到积极的推动作用。在农村，普法主要采取挂横幅、贴标语、写黑板报、在宣传橱窗张贴宣传资料、组织“送法下乡”活动等形式进行普法。这样造成了普法方式和基层实际情况之间的差距，有待于通过创新宣传教育方式取得良好的普法效果。其六，经费待遇难以保障，普法工作开展艰难。各地经济发展不平衡，许多地方农村没有集体收入，再加上上级很少有普法经费投入农村，导致基层普法经费匮乏、人员待遇没有保障，使基层普法工作难以正常开展。

5. 法治文化建设过程中的道德失范

中国特色社会主义法治文化建设是和道德建设相辅相成的，从目标上看，两者均从人民群众的利益出发。道德建设是和谐社会不可或缺的元素，更是法治文化建设的重要内容。然而，道德失范问题仍在我国社会普遍存在，这显然无益于法治文化建设。其一，道德观念的开放与道德标准的混乱局面并存。市场经济是开放式经济，这对人们的道德观念产生了巨大的影响，极大地拓展了群众的道德选择空间，加之改革开放以来体制的交替过程中我国法律法规的不完善，为不道德现象留有生存空间。金钱至上的道德观念下，不少人错误地将市场经济含义等同于不惜一切代价追求利益最大化。在“享乐主义”“拜金主义”等思想的影响下，部分党员干部难以经受钱、权、色的诱惑，理想信念动摇，违法乱纪、腐败现象屡见不鲜，更屡禁不止。新旧观念冲突、新旧体制更替、各类思潮涌动的当下，人们物质逐渐丰富的同时，却淡薄了理想价值的追求。传统优秀文化和思想受到了极大冲

击，道德观念日趋淡薄，如何在文化大融通的世界环境中培养文化自觉，重塑以人民利益为标准，实现平等的价值观为时下的重要任务。其二，道德主体意识的强化和道德约束力量的弱化并存。市场经济体制下，人民自主性充分发挥，个体意识增强，但是也会造成个人主体意识膨胀，社会诚信普遍缺失，群众法治意识极为淡薄。生产者、经营者唯利是图，以次充好、缺斤少两更是常见，地方官员则搞形式主义、政绩工程，社会诚信问题已经普遍存在于各个领域。道德约束力量的弱化体现在社会公德、职业道德的弱化上。职业道德是为了更好地履行职业责任，从道德层面出发立足于不同行业提出的行为准则和规范。社会公德则包含了公益理念、环境意识等方面。

六、新时代地方法治文化建设进路探索

（一）把社会主义核心价值观作为地方法治文化建设的思想主导

文化的形成是一个自外而内逐步内化的过程，不仅需要时间沉淀，更需要实践。在中国全面推进依法治国的过程中，始终强调道路选择的“中国特色”，不盲目、机械照搬照抄别国模式。因为从文化发展的规律来看，世界各国文化既有共性，也具有明显的差异性。中国特色社会主义理论体系是中国特色社会主义建设的指导思想，社会主义核心价值观是当代中国特色法治文化创建的价值理念，中国特色社会主义法治文化的建设要围绕社会主义核心价值观展开。我国的法治建设是同中国特色社会主义道路的探索密切相关的，也是伴随着改革开放的实践而逐步形成的。建设中国特色社会主义法治文化，必须以本国的实践为基础，在借鉴国外法治有益经验的同时，面对本国改革开放和法律实践活动所提出的问题，重视本土法律文化资源的利用。

（二）重视从具体法治中培养公民的法治信仰

所谓具体法治，是宏观法治的具体化、制度化，是法治的实践和法治的实现。在法治目标已经确立的情况下，具体法治就显得更为重要。当前，在中国特色社会主义法治的整体框架下，正在形成诸多具有相互逻辑关联和制度互补功能的具体法治运行体系。我们应当积极将其落实到具体的制度建设中，既要关注宏观问题，也要关注具体法治，确保社会主义法治文化实实在在地为政治、经济和社会发展服务。其一，地方立法突出人大指导作用，强

化公众参与，在地方立法中充分反映人民的意愿，增强民众对法的认同感，提升民众对法的接受度。其二，依法执政、依法行政凸显法的权威。强化领导干部的法治理念，增强行政主体的法治意识，推动行政主体依法行政，在每个具体行政行为中表现出法的作用，引导民众学法、知法、懂法、用法，提升法律意识。其三，司法机关公正司法，树立法治精神。让每一个案件都能彰显公平正义，让老百姓敢于打官司，在打官司过程中学习法律、认知法律，增强法律意识。打击腐败，制裁违法犯罪，增强民众法治信心。其四，深入推进法治教育，培养法治信仰。打破法治教育的形式主义，有针对性地开展普法教育，培养民众遇事找法的习惯。深入推进普法教育与社会治理的深度融合，理论联系实际，通过具体社会矛盾的解决，彰显法治精神，树立民众法治信仰。

（三）营造法治氛围，引导群众自觉认同

党的十九大着重提出了全民普法力度问题，社会主义法治文化建设应秉承法律至上及法律面前人人平等的法治观念。中国特色社会主义法治文化建设应开展普法宣传教育，营造法治氛围，使法律观念深入人心，进而增强群众对法治文化的自觉认同[①]。其一，深入开展普法教育，营造法治文化氛围。推动审判公开、检务公开、警务公开、狱务公开，定期组织开展司法执法机关开放日活动，让人民群众在感受法律评价中接受法律指引，在接受法治教育中感受公平正义。定期开展公民旁听庭审活动，加强法官、检察官、行政执法人员、律师以案释法工作，加大对重点司法执法案例的宣传力度。其二，重视典型教化，通过道德模范、文明典型、守法先进的感染激励作用，引导社会公众形成良好的法治意识。其三，加强养成教育，增强守法意识。法治文化的形成在于点滴积累，在营造法治文化氛围的过程中，要通过小事和细节，依靠“蝴蝶效应”的推动力，强化全社会的法治意识。青少年是法治教育的重点对象，要通过父母等的言传身教，让青少年从小养成懂事明理、行为端正、遵纪守法的习惯。其四，提高传播水平，弘扬法治精神。在宣传渠道和手段上，要高度重视和充分发挥微博、微信、微视频等新媒体应用的传播优势，采用以案说法、以戏演法、图文解说等方法，推动法治宣传

① 莫纪宏，翟国强．中国特色社会主义法治建设的新时代[J]．人民论坛，2017（26）：23-25.

由静向动转变，打造见声见色、可移动的普法平台。其五，坚持以民为本，凸显法治惠民本色。在法治文化建设中要着眼于提升公民法治素养，创造性开展群众性法治文化活动，要以全体人民利益为出发点和落脚点，使地方法治建设成果惠及人民，让老百姓拥有更多的获得感。

（四）促进道德建设和法治文化建设协同互动

根据党的十九大报告的要求，新时代依法治国必须坚定不移地坚持中国共产党的领导，坚定不移地走中国特色社会主义法治道路，完善以宪法为核心的法律体系、法治体系、法治国家，必须坚持新时代中国特色社会主义，发展中国特色社会主义法治理论。这就要求我们进行法学研究、法学教育、法治实践，学习借鉴国外经验时，应牢记中国国情，立足于中国实践和发展需要。从我国当下来看，促进道德建设、法治文化建设的结合恰是破解困局的必由之路。其一，道德法律化与法律道德化的有机结合。道德、法律的特征决定了道德法律化应体现社会义务性、普遍性、现实性，并且有一定的范围限制。法律产生于现实社会关系的需求，并且受其制约，而道德则兼具现实和理想层面的内容。为此，法律化的道德应当是满足社会现实发展需求的道德。鉴于个体素质、修养的差异，道德不可能是对所有人的强制要求。因此，法律化的道德是基本道德，也是最低限度的道德，能够影响民众的情感、思想乃至基本信仰的精神领域。中国特色社会主义法治文化的建设应设定法律运行及实施道德的路标，关注法律的道德化，立法者应以道德价值为引，遵循道德的“应然”状态，具体表现为法律内容、形式的合乎道德，贯彻社会公正、平等、正义的价值追求。其二，道德“柔性”和法律“刚性”的结合。“和”是事物得以存在、平衡发展的根基。马克思主义唯物辩证法也指出，唯有在不同部分的互相作用、联系下才能将效能最大化。法律、道德兼具社会调节作用，在分别发展的同时应觅求两者不同层面的辅助，将道德建设、法治文化建设相结合，贯彻于立法、执法、司法各个环节，提升执法者的执法道德，形成全社会普遍守法的观念，助推法治文化建设。

（五）挖掘地方传统文化资源，加强法治文化建设

各地要进一步挖掘地方传统法治文化的宝贵遗产，把地方悠久的历史、深厚的文化与法治建设相结合，真正让法治融入地方市民的生活中。目前各

地的地方法治文化资源挖掘路径主要表现在以下方面：其一，鼓励各地打造法治文化精品工程。目前各地方不断挖掘具有地方特色的法治文化精髓，做大做强地方特色法治文化事业，打造“一地一品”法治文化品牌，多数地方根据地方特有文化，逐年推动打造一批主题鲜明、特色鲜明、群众喜闻乐见的法治文化场馆，逐步建立起多层级精品法治项目，这一主题建设需要深入推进。其二，鼓励各县（市、区）将法治题材文艺作品纳入各类文艺创作、评选和展示活动，鼓励和支持社区（乡村）法治文艺作品创作，常态化开展法治文艺作品展演活动，利用多种形式积极营造社会主义法治文化氛围。其三，促进法治文化扎根基层。将法治文艺作品纳入地方文化建设工程。鼓励群众参与法治文艺活动，培育命名一批优秀群众性法治文艺演出团队。定期组织开展法治人物、法治事件评选宣传活动。开展“法治文化巡讲、法治文艺巡演、法治电影巡映”，促进法治文化深入民心、扎根基层。其四，根据城区人口发展和分布，科学规划建设法治文化广场（长廊、公园等）；城市公园在规划建设过程中，体现法治内涵、丰富法治元素；做好相关雕塑、景观带选址建设等。加强乡（街道）、村（社区）法治文化阵地建设，使法治文化有效融入社区综合文化服务中心。